고대 이스라엘은 남한 땅의 1/3도 안 되는 작은 나라였다. 그러나 그들이 믿는 하나님은 가장 큰 신이요, 유일한 신이었다. 당시 세계는 신들의 나라였다. 다양한 신들이 서로 경쟁하고 견제하고, 또는 협력하면서 크고 작은 모든 나라들을 통제하며 그들의 운명과 역사를 결정했다. 이 책은 우리로 하여금 그 신들의 세계를 배경으로 구약성경을 다시 읽게 해준다. 추천인은 구약학자로서 이 책에서 많은 새로운 사실을 깨달았다. 책을 읽으면서 여러 차례 감탄이 터져 나왔다. "오! 이 본문이 제국의 우상들의 무능과 한계, 헛됨과 거짓됨을 저격하는 의미를 지닌다고?" 고대 근동의 신들은 모두 각기 특화된 전문 역할이 있었고, 몸담고 있는 영역이 제한되어 있었다. 따라서 많은 신들이 필요했고, 신들이 많을수록 유익했다. 이 책은 구약성경이 그 신들의 무능과 한계를 드러내고 있음을 밝힌다. 야훼만이 유일하시다. 야훼는 그 모든 신들의 직무를 홀로 총괄하고 통제하는 유일한 분이시며, 무소부재하고 전지전능한 신이시다. 무엇보다 이 책은 그동안 출간된 고대 근동의 신들과 신화에 대한 책들과 달리, 쉬운 대중의 언어를 통해 고대의 신화의 무대로 우리를 이끈다. 저자는 명쾌한 논지로 구약의 야훼가 얼마나 놀라운 하나님이신지를 감격적으로 변증하고 있다.

김경열
총신대학교 교수 및 토라 말씀의 집 대표

이상환 교수가 새로운 책으로 독자들을 찾아왔다. 이번에는 구약성경에 등장하는 야훼 하나님과 다양한 이방신들을 고대 근동의 세계관 속에서 살피는 책이다. 본서는 구약성경이 고대 다신관의 세계관 속에 살던 언약 백성을 "오직-야훼-신앙"으로 인도하기 위해 다신관을 배격하는 방식으로 쓰여졌다고 본다. 간결한 필치로 쓰여 가독성이 매우 좋지만 내용은 매우 전문적이고 구체적이다. 메소포타미아의 입 씻기-입 열기 의식이나 이집트의 '심장이 무겁다'의 의미, 특정 영토에서만 능력을 발휘하는 고대 근동의 신들, 이집트의 기록말살형나 이집트 신들의 모임인 오그도아드 등에 반영된 고대 근동의 신관을 구약성경 본문에 투영하여 "오직-야훼-신앙"을 풀어내고 있다. 또한 각주 역시 전문 서적을 풍부하게 소개하고 있어 고대 근동 세계에 관심이 있는 사람들에게 좋은 가이드를 제공한다. 독자들은 그동안 구약성경을 읽으면서 갸우뚱했던 본문들이 "아하!" 하고 이해의 영역으로 들어가는 경험을 하게 될 것이다. 이 책을 통해 구약성경이 말하는 야훼 하나님이 전능하시고 무소부재하신 분이라는 것을, 그리고 바로 그분이 나와 함께 하시는 하나님임을 깨닫게 될 것이다.

박성진
미국 미드웨스턴 침례신학교 아시아부 학장 및 구약학 교수

전작 『Re: 성경을 읽다』를 통해 '가정된 배경지식'의 중요성을 역설했던 저자는 이번 책을 통해 그러한 배경지식이 우리의 성경 해석에 어떻게 구체적인 도움을 줄 수 있는지 보여준다. 특별히 이 책에서 저자는 교리 속 명제적 하나님을 '탈박제'하여 성경이 증언하는 보다 생생한 하나님을 독자들에게 소개하고자 한다. 그 목적은 또 하나의 지적 유희를 선사하는 데 있지 않고, 오늘날 참되고 유일하신 하나님을 섬기는 것이 무엇일지 독자들로 하여금 고민하게 하는 데 있다. 이 귀한 작업의 도움을 받아 성경을 다시 읽어나가면서 우리가 신앙하는 하나님이 어떤 분이신지를 더욱 깊이 깨닫고, 그분만을 온전히 경배하는 삶으로 나아갈 수 있기를 소망한다.

송태근
삼일교회 담임목사

이 책은 암기의 영역에 박제된 "사진의 하나님"을 이해의 영역에 탈박제하여 "실물의 하나님"을 복원하는 과업을 설득력 있게 성취한다. 이를 통하여 단면적인 "교리의 하나님"을 입체적인 "성경의 하나님"으로 제자리를 찾아드린다. 이 책은 구약성경이 계시하는 야훼 하나님을 고대 근동의 눈으로 이해한다. 최근에 논의되는 고대 근동 연구의 결과가 이 책에 고스란히 녹아 있는 점도 새로운 배움을 자극한다. 저자는 구약성경의 주된 기록 목적이 고대 근동의 다신관을 배격하기 위함으로 본다. 그래서 구약성경의 신관을 신선한 용어인 "오직-야훼-신앙"으로 정의한다. 언약 백성의 신관은 "갈팡질팡 오직-야훼-신앙"에서 "지고지순 오직-야훼-신앙"으로 발전했다는 것이다. 이 책은 고대 근동의 배경 안에서 구약성경의 하나님의 독특성을 밝혀내는 탁월한 작업이다. 또한 구약성경과 현대인들을 연결하려고 시도한 점도 상당히 주목할 만하다. 고대 근동의 세상과 마찬가지로 오늘날 역시 "전쟁의 신들"은 군사력으로, "성(sex)의 신들"은 외모지상주의로, "재물의 신들"은 물질만능주의로 환생한 신들의 세상이라는 지적은 탄성을 자아내게 한다. 이 책은 최근의 학술 연구가 충분히 사용된 전문서적이면도, 일반인도 어렵지 않게 구약성경의 하나님에 빠져들게 하는 교양서적이기도 하다. 동시에 기독교 신앙인들에게는 하나님을 새롭게 배움으로 신선한 은혜를 경험하게 하는 신앙서적이기도 하다. 학자와 일반인과 신앙인들 모두를 아우르고 있다는 사실에 탄복을 자아낼 수밖에 없다.

차준희
한세대학교 구약학 교수 및 한국구약학연구소 소장

밤하늘의 별처럼 빛나고 있는

그리고 어두웠던 내 목회 길을 밝게 비추어 주었던

정유경, 이주환, 박재현, 김연자, 김진학, 손자영, 유해석, 경임 O'Connor에게

이 책을 헌정합니다.

신들과 함께

고대 근동의 눈으로 구약의 하나님 보기

이상환 지음

· **일러두기**

1. 성경 구절들은 하나의 역본에 매이지 않고 문맥의 흐름을 가장 잘 반영한다고 판단되는 역본들을 두루두루 인용했다. 또한 역본을 인용할 때, 원어를 토대로 일부 단어를 수정하여 인용하기도 했다.

2. 본서는 신명사문자(神名四文字; יהוה)를 "야훼"로 번역했다. 역본들을 인용할 경우에도 "주," "주님," "여호와" 등으로 번역된 신명사문자를 "야훼"로 고쳐서 사용했다.

박제된 하나님

시작하며

　본서는 학술 서적이 아니다. 학술 서적처럼 보이는 신앙 서적이다. 나는 학계에 새로운 주장을 제시하기 위해 본서를 쓰지 않았다. 대신 독자들에게 내 신앙—성경을 하나님의 특별계시로 보는 신앙, 성경의 양면성(역사성과 초월성)을 존중하는 신앙, 성경이 계시하는 하나님을 전지전능자로 보는 신앙—을 나누려는 목적으로 본서를 썼다. 그래서 독자들은 본서를 구성하는 논증들 사이에 켜켜이 쌓여 있는 내 신앙을 마주하게 될 것이다. 혹시 누군가가 본서를 한 문장으로 요약해 달라고 부탁한다면, 나는 이렇게 말하고 싶다.

이 책은 제가 그동안 암기만 했던 하나님, 그래서 깊이 이해할 수 없었던 하나님을 성경 연구를 통해 깊이 알아가는 과정을 담은, 그리고 그 과정을 통해 만나게 된 하나님을 나누는 신앙 서적입니다.

이로 미루어 보건대, 본서는 하나님을 더 깊이 이해하기 위해 몸부림치는 구도자의 고백록이라고 할 수 있겠다. 나는 그 고백록으로 독자들을 초대한다.

교리의 하나님과 성경의 하나님

성경을 직접 읽을 수 없던 아이였을 때, 나는 교회의 주일학교 선생님으로부터 하나님에 대해서 배웠다. 내가 배운 하나님은 **전지전능하고 무소부재한 초월자**였다. 성경이 하나님을 정말 이렇게 증거하는지에 대해서는 알 수 없었다. 그저 선생님께서 가르쳐 주신 내용을 외우며, 암기된 하나님을 성경의 하나님으로 믿었다.

우리의 자녀들도 이와 비슷한 경로를 통해 하나님을 배운다. 아직 성경을 읽을 수 없는 연령일 때, 아이들은 부모님 또는 주일학교 선생님을 통해 하나님에 대해 배운다. 아이들이 암기하는 하나님도 우리가 암기하는 하나님과 동일한 분이다. 성경이 하나님을 정말 그렇게 증거하는지 아이들은 모른다. 그저 배운 바를 외우고, 암기한 하나님을 성경의 하나님으로 믿을 뿐이다. 이처럼 다수의 현대인들은 타인을 통해 하나님을 배우고 암기하는 과정으로 신앙생활을 시작한다.

여기에는 장단점이 있다. 장점은 깊고 오묘한 성경의 하나님을 간단명료하게 정리된 대상—교리의 하나님—으로 파악하게 된다는 것이다. 이 방법은 성경을 직접 읽으며 하나님을 알아가는 과정이 불가능한 이들에게 큰 도움이 된다. 하지만 단점도 있다. 자칫 잘못하면 광대하신 하나님을 교리에 고착된 존재로 오인할 수 있다는 것이다. 이와 같은 위험은 하나님을 알아가는 과정이 암기의 영역에서 멈출 때 발생한다. 그러므로 이전에는 타인을 통해 **교리의 하나님**을 배우고 암기했다면, 이제는 하나님의 말씀을 통해 **성경의 하나님**을 이해하고 깨닫는 과정이 필요하다.

동일하지만 다른 하나님

물론 교리의 하나님과 성경의 하나님은 동일한 분이시다. 그러나 둘 사이에는 무시할 수 없는 차이가 있다. 이를테면, 실물과 사진의 차이를 연상해 보라. 실물이 입체적이고 동적이라면, 사진은 단면적이고 정적이다. 또한 실물은 사진을 온전히 포함하지만, 사진은 실물을 온전히 포함하지 못한다. 실물과 사진 사이에 이러한 차이가 나타나는 이유가 무엇일까? 실물은 시공간을 흐르지만, 사진은 찰나(刹那)를 박제하기 때문이다. 성경의 하나님과 교리의 하나님 사이에도 이와 비슷한 차이가 있다. 전자가 영원하신 하나님, 입체적인 하나님, 동적인 하나님이라면, 후자는 찰나의 하나님, 단면적인 하나님, 정적인 하나님이라 할 수 있다. 비록 둘은 동일한 하나님이지만, 둘 사이에는 깊이와 너비와 부피의 영역에서 누구도 부인할 수 없는 차이가 있다. 요컨대 성경의 하나님은 교리의 하나님을 온전히 포함하지만, 교리의 하나님은 성경의 하나님을 온전히 포함하지 못한다.

상상보다 아름다운 실체

어느 추운 겨울, 학교 수업을 마치고 나오니 눈이 내리고 있었다. 온 세상이 하얀 눈으로 뒤덮여 있었다. 당시 내 옆에는 나와 함께 수업을 듣던 아프리카계 유학생 한 명이 있었는데, 눈을 보는 그 친구의 얼굴에서 일종의 경이로움을 엿볼 수 있었다. 그 친구는 태어나서 처음으로 눈을 보는 것이라고 말했다. 그동안 말로만 듣던 눈, 사진으로만 봤던 눈, 상상만 했던 눈이 처음으로 그의 시각, 촉각, 후각, 청각, 미각을 통해 인식된 날이었다. 그 친구는 본인이 직접 경험하여 이해한 눈은 지금까지 타인을 통해 배우고 암기된 그 어떤 눈보다 차갑고 하얗고 아름답다고 말했다.

그 둘은 분명 같은 눈이었다. 그러나 이해의 영역에서 만난 눈은 암기의 영역에서 만났던 눈에 깊이와 너비를 더했다. 이에 따라 무시할 수 없는 변화가 일어났다. 암기 속에 박제되어 있던 눈이 마침내 박제를 깨고 살아난 것이다. 그 결과, 이해된 눈은 암기된 눈에 생명력을 불어넣고, 암기된 눈은 이해된 눈을 연상시키는 선순환(善循環) 구조가 형성되었다. 친구의 입가에 가득 머금어진 함박웃음은 그 경험이 본인에게 얼마나 특별했는지를 여실히 보여주었다.

암기와 이해의 상호 보완성

내게도 비슷한 경험이 있다. 하지만 내 경험의 경우 자연의 영역이 아닌 신학의 영역에서 일어났다. 내가 성경을 연구하며 만난 하나님, 그래서 이해하게 된 하나님은 타인을 통해 배운 하나님, 그래서 암기하고 있던 하나님과 비교할 수 없을 정도로 높고, 크고, 위대한 분이셨다. 암기의 영역에 박제되어 있던 하나님께서 처음으로 탈(脫)박제되던 날, 나는 소리를 지르며 전율했던 기억이 있다. 내 몸은 그분의 임재 앞에 떨렸고, 내 무릎은 그분의 위대하심 앞에 꿇렸으며, 내 손은 그분의 영광 앞에 들렸다. 내가 이해의 영역에서 만난 하나님은 암기의 영역에서 만났던 하나님과 분명히 같은 분이셨다. 하지만 깊이와 너비의 차원에서 이전과 비교할 수 없을 정도로 광대한 분이셨다. 그 결과 이해된 하나님이 암기된 하나님에 입체감을 불어넣고, 암기된 하나님은 이해된 하나님을 연상시키는 선순환 구조가 형성되었다.

이 경험을 통해 내가 깨달은 바가 있다. 암기의 영역에 박제된 하나님은 이해의 영역으로 탈박제되어야 한다는 것이다. 성경의 하나님을 전지전능하고 무소부재한 초월자로 암기했다면, 그 후에는 성경이 하나님의 초월성을 어떻게 드러내는지를 이해해야 한다는 뜻이다. 이해되지 않고 암기된 하나님은 박제된 신일 뿐이다. 박제된 하나님은 우리를 전율시키지 못한다. 우리를 전율시키는 하나님은 이해의 영역에서 당신의 초월성을 위풍당당하게 드러내시는 역동적이고 입체적인 영원의 하나님이시다. 그러므로 전지전능하고 무소부재한 초월자를 깊이 만나기를 원한다면, 그래서 그분께 영혼 깊은 곳에서부터 솟아나는 예배를 드리기 원한다면, 암기의 영역을 넘어 이해의 영역으로 들어가야 한다. 그리고 그곳에서 하나님을 깊이 만나야 한다.

"셰마"의 기능

고대 이스라엘 백성이 하나님을 암기하는 데 그치지 않고 이해까지 하려고 했다는 점은 시사하는 바가 크다. 잠시 "셰마"로 알려진 신명기 6:4-5를 보자.

> [4] 이스라엘은 들으십시오. 야훼는 우리의 하나님이시요, 야훼는 오직 한 분뿐이십니다. [5] 당신들은 마음을 다하고 뜻을 다하고 힘을 다하여, 야훼, 당신들의 하나님을 사랑하십시오. (신 6:4-5, 『새번역』)

"셰마"는 하나님의 유일성에 대한 고대 이스라엘의 기본 교리와 규범을 알려주는 가장 오래된 신앙고백이다.[1] 많은 학자들이 주장하듯이, 이스라엘 백성은 "셰마"를 암기함으로써 그들의 시선을 오직 야훼 하나님께 고정하려 했다. 하지만 그들은 "셰마"를 암기하는 데 그치지 않았다. 한 걸음 더 나아가 암기된 하나님을 읽기, 듣기, 배우기를 통해 이해하려고 노력했다(출 17:14; 왕하 22:9-11; 느 8:1-9). 거기에

---

1   주원준, 『신명기』 (한님성서연구소, 2015), 145n.6.

더해 야훼께서 행하신 위대한 사건들을 스토리텔링[2] 방식으로 전달함으로써 하나님을 현재적으로 인식하려고 노력하기까지 했다.

이로 인해 놀라운 일이 일어났다. 암기와 이해의 선순환 구조가 형성되었던 것이다. 이 구조는 하나님을 "셰마" 교리에서 지속적으로 탈박제시켰고, 탈박제된 하나님을 "셰마" 교리를 통해 찬란히 빛나게 했다. "셰마"가 하나님을 암기의 영역에 가두는 장치가 아니라 광대하신 하나님을 가리키는 이정표로 기능할 수 있었던 이유가 바로 여기에 있다.[3]

기독교 교리

우리가 암기하는 기독교 교리도 선순환 구조 속에서 작용해야 한다. 기독교 전통은 오랜 세월 동안 수많은 이단들과 전쟁을 치르며 성경이 계시하는 하나님의 속성을 간단명료하게 정리했다. 따라서 "전지전능성," "무소부재성," "초월성" 등과 같은 교리적 용어들

---

2 문맹률이 높았던 그 시절, 스토리텔링은 하나님에 대한 지식을 역동적으로 전달하고 보존하는 데 가장 효과적인 방법이었다. 그리고 정보 전달을 위해 가장 널리 사용된 방법이었다. 스토리텔링을 통해 전달되는 하나님은 암기 속에 박제할 수 있는 단면적인 존재가 아니었다. 대신 이야기를 통해 현재적으로 현현하시는 광대한 초월자였다.

3 "교육 신경"(신 6:20-25)과 "역사 신경"(신 26:5-10)도 대표적인 예이다. 비록 학자들은 "신경"이라는 단어로 이 구절들을 표현했지만, 이 "신경"들은 하나님의 사역을 스토리텔링으로 전달하려는 목적으로 만들어진 것이다. 그밖의 신경들(출 12:25-27; 13:14-16; 수 24:2-13)도 마찬가지다. 이스라엘 백성은 추상적인 개념들로 하나님을 정의하는 대신, 하나님께서 역사 속에서 행하셨던 사건들을 서술함으로써 하나님을 역동적으로 인식하려 했다.

은 아름답고 가치 있는 기독교의 유산들이다. 하지만 교리는 입체적이고 역동적인 영원의 초월자의 단면을 찍은 사진일 뿐이다. 만약 우리가 타인이 가르쳐준 교리의 하나님을 암기하는 데서 멈춘다면, 우리의 하나님은 박제된 신에 그치게 된다. 타인을 통해 요약된 하나님을 만났다면(그래서 암기했다면), 그 후에는 성경을 통해 요약되지 않은 하나님을 만나야 한다(그래서 이해해야 한다). 그때야 비로소 교리가 제 기능—하나님을 가두는 장치가 아니라 교리가 다 포함할 수 없는 성경의 하나님을 가리키는 이정표 역할—을 할 수 있게 된다.[4]

잠시 우리의 모습을 돌아보자. '혹시 하나님을 암기하는 일에는 빨랐지만, 암기된 하나님을 이해하는 일에는 게으르지 않았는지?' '여러 종류의 신경들을 즐겁게 외웠지만, 신경들이 가리키는 하나님을 성경을 통해 이해하는 데는 무관심하지 않았는지?' 암기를 중요하게 여기는 사회 풍토에 정형화된 우리가 반드시 되짚어 봐야 할 부분들이다.

---

4 이와 같은 사유는 성경신학과 조직신학의 관계를 상호보완적으로 봐야 한다는 김희석 교수의 주장과 맥락을 함께한다. 그는 조직신학자들의 바람직한 연구 방향을 다음과 같이 제시했다. "성경신학을 통해서 새롭게 연구되고 발견된 많은 통찰들을 받아들여 활용하는 것이 바람직한 조직신학의 방법일 것이다. 그래서 우리가 받은 훌륭한 전통들의 큰 체계나 핵심적 내용은 바뀌지 않도록 경계선을 잘 지키면서, 성경신학의 연구물들을 바탕으로 교리의 내용에 대한 설명을 더욱 깊이 있게 조망하고 풍성하게 발전시켜 나가는 일들을 조직신학 연구자들이 감당해 주면 좋을 것이다." 김희석, 『언약신학으로 본 구약의 하나님 나라: 성경 본문으로 읽는 언약 이해』(솔로몬, 2022), 13.

탈박제 작업

본서의 목적

본서의 목적은 암기의 영역에 박제된 하나님을 이해의 영역에 탈박제하는 일이다. 하지만 이 작업을 진행하기 전에 먼저 나누어야 할 부분이 있다. 바로 본서가 어떤 방식으로 주제에 접근할지를 설명하는 일이다. 우리가 알다시피 사람마다 각기 다른 전제를 가지고 성경에 접근한다. 그래서 같은 성경을 본다고 할지라도 각각 다른 해석과 적용을 만든다. 본서의 저자인 나와 본서를 읽고 있는 독자들도 예외는 아니다. 그러므로 내가 어떤 방식으로 탈박제 작업을 시도할지를 나누는 일은 우리 사이에 발생할 수 있는 해석의 혼선을 최대한 줄일 수 있다. 아래는 본서에 사용된 일곱 가지 전제들이다.

#1 탈박제 작업의 범위

본서는 탈박제 작업의 범위를 **구약성경**으로 한정한다. 우리는 구약성경과 신약성경을 모두 하나님의 특별계시로 믿는다. 그래서 구약과 신약 사이에 연결성—구약을 신약의 뿌리로, 신약을 구약의 꽃으로 비유할 수 있는 관계성—이 있다고 본다. 내게도 동일한 믿음이 있다. 하지만 아무리 구약과 신약이 유기적으로 연결되어 있다고 할지라도, 한 권의 책으로 신구약의 신론(神論)을 모두 논하기에는 역부족이다. 예컨대, 우리는 구약의 하나님을 유일신으로, 신약의 하나님을 삼위일체 신으로 믿는다. 그리고 둘 사이에 나타나는 차이점을 "점진적 계시"의 틀 속에서 이해하려 한다. 이는 구약과 신약의 탈박제 작업을 위해서는 적어도 세 가지 주제—구약의 유일신, 신약의 삼위일체 신, 신구약을 연결하는 점진적 계시—를 다루어야 한다는 의미이다. 하지만 각각의 주제들은 그 자체로 매우 방대한 설명을 필요로 한다. 이와 같은 이유로 본서는 탈박제 작업의 범위를 구약성경으로 한정한다.[5]

#2 구약성경과 일차 독자

본서는 구약성경의 일차 독자를 고대 근동 지역에 살았던 언약 백성으로 본다(히브리 민족 → 이스라엘 민족 → 북이스라엘/남유다 민족 → 흩어진/포로기 민족 → 디아스포라/귀환기 민족). 이런 사실을 의지적으로 기억하는 일은 매우 중요하다. 구약성경은 고대 근동 지역에 살았던 사람들이 고대 근동 지역에 살았던 사람들에게 쓴 문서들의 묶음이다. 따라서 고대 근동 사람들 사이에 공유되어 있던, 그러나 현대인에게는 생경한 세계관을 가정한 채 이야기가 전개된다. 현대인들이 구약성경을 읽을 때 해석의 어려움을 만나는 이유가 여기에 있다.

고대 근동의 세계관은 현대인의 세계관과 달라도 너무 달랐다.[6]

---

5 물론 그렇다고 해서 신약성경을 전혀 언급하지 않겠다는 의미는 아니다. 나는 필요에 따라 신약성경을 언급함으로써 우리의 신앙은 구약과 신약의 총체적인 계시 속에서 구동되어야 함을 명시할 것이다.

6 고대 근동의 세계관에 입문하기 원한다면 주원준 박사의 책들을 보라. 주원준, 『구약성경과 신들』 (개정판; 한님성서연구소, 2018); 『구약성경과 작

우리가 이런 차이를 고려하지 않고 현대인의 관점으로 구약성경을 읽는다면, 세계관의 차이 때문에 발생하는 혼란으로 인해 해석의 길을 잃게 된다. 우리는 현대인의 안경을 벗고 고대인의 안경을 착용해야 한다. 그리고 그 안경을 통해 구약성경을 읽어야 한다. 그때야 비로소 성경이 계시하는 무소부재하고 전지전능한 초월자를 이해의 영역에서 마주할 수 있다. 본서는 이를 위해 고대 근동의 세계관을 최대한 고려하며 구약성경에 다가갈 것이다.

#3 구약성경이 기록된 이유

본서는 구약성경이 기록된 이유 중 하나를 고대 근동의 다신관을 배격하기 위함으로 본다. 탈박제 작업을 준비하는 우리가 의지적으로 기억해야 할 부분이 있다. 구약의 백성은 신약 시대 이후의 신경들—사도신경, 니케아 신경, 칼케돈 신경, 아타나시우스 신경, 제네바 요리문답, 하이델베르크 요리문답, 벨직 신앙고백, 도르트 신경, 웨스트민스터 신앙고백—이 만들어지기 전 시대를 살았다는 사실이다. 신경들은 특정 시대에 발생한 문제에 대응하기 위해 만들어졌다. 예를 들어, 4세기의 니케아 신경은 아리우스 논쟁이 한창이던 토양

은 신들: 그리스도교 신앙의 뿌리에서 발견한 고대 근동 신화와 언어의 흔적들』(성서와함께, 2021);『인류 최초의 문명과 이스라엘: 고대 근동 3천년』(서울대학교출판문화원, 2022);『구약의 사람들: 신과 인간의 서사를 만든 첫째 성경 인물 열전』(EBS, 2023). 아울러 '한국고대근동학회'(Korean Association for Ancient Near Eastern Studies)에서 발행하는 「한국고대근동학 노트」도 유익하다.

에서 생성되었고, 5세기의 칼케돈 신경은 단성론과 네스토리우스주의 논쟁이 한창이던 토양에서 생성되었다. 16세기의 제네바 요리문답, 17세기의 벨직 신앙고백, 도르트 신경, 웨스트민스터 신앙고백 등도 특정 문제가 발생했던 토양에서 생성되었다. 따라서 각각의 신경들은 그들이 탄생한 시대적 맥락 속에서 이해되어야 함이 마땅하다.

구약성경도 마찬가지다. 구약성경은 언약 백성이 속해 있던 고대 근동의 토양에서 발생한 특정 문제들에 대항하기 위해 기록되었다. 가장 대표적인 문제는 하나님의 백성을 끊임없이 타락으로 유혹했던 **이방국들의 다신론**이었다. 이와 같은 이유로 구약성경은 많은 지면을 할애하여, 고대 근동의 다신론을 의도적으로 그리고 노골적으로 저격하며 야훼 하나님의 초월성을 논증한다. 본서는 고대 근동의 다신론이 구약의 일차 독자들이 최선을 다해 맞대응했던 문제였음을 고려하며 탈박제 작업을 진행한다.

#4 오직-야훼-신앙

본서는 언약 백성의 신앙을 "유일신 신앙"이 아닌 "오직-야훼-신앙"으로 **표현한다**. 현대교회는 유일신론이라는 용어를 '오직 한 분의 신이 존재한다'라는 의미로 사용한다. 하지만 이 용어가 언약 백성의 신관을 정확히 반영하지 못한다는 목소리가 점차 커지고 있다.[7] 구약

---

7   P. Hayman, "Monotheism-A Misused Word in Jewish Studies?," *JJS* 42.1 (1991): 1-15; Nathan MacDonald, *Deuteronomy and the Meaning of*

성경에는 이방신들의 존재를 인정하는 구절들이 분명히 존재하기 때문이다(이를테면, 출 12:12; 18:11; 시 136: 1-2). 많은 학자들이 지난 200년 동안 여러 가지 학술 용어들(Polytheism, Ethnotheism, Henotheism, Monolatry, Inclusive monotheism, Exclusive monotheism)을 통해 언약 백성의 신관을 보다 정확하게 표현하려 노력했다. 하지만 학자마다 조금씩 다른 의미로 각 단어들을 사용했을 뿐만 아니라, 역자들도 각자의 취향에 따라 다른 번역을 제시했기 때문에 문제가 더욱 복잡해졌다. 그로 인해 독자들 사이에 의미의 혼선이 발생하기 시작했다. 본서는 불필요한 혼선을 피하고자 중립적이고 직관적인 표현인 **오직-야훼-신앙**을 사용하기로 한다. 이 표현은 이방신들의 존재 여부가 아닌 이스라엘 민족이 마땅히 취해야 할 신앙의 모습—이방신들을 버리고 오직 야훼 하나님만 섬기는 모습—에 방점을 찍는다.

여기에서 하나의 의문을 마주하게 된다. 구약성경에는 분명 이방신들의 존재를 부정하는 것처럼 보이는 구절들이 등장한다(신 6:4-5; 사 45:5-8). 이 구절들은 어떻게 이해해야 할까? 다수의 학자들은 이방신들의 존재를 부정하는 표현을 수사적 장치—이방신들의 존재를 인정하지만 그들을 야훼 하나님과 견주어 볼 때 신들이라고 부

'Monotheism' (FAT 2.1; Tübingen: Mohr Siebeck, 2003); R. W. L. Moberly, "How Appropriate Is 'Monotheism' as a Category for Biblical Interpretation?," in *Early Jewish and Christian Monotheism* (ed. L. T. Stuckenbruck and W. E. S. North; JSNTSS 263; London: Sheffield Academic, 2004), 216–34; Michael S. Heiser, "Monotheism, Polytheism, Monolatry, or Henotheism? Toward an Assessment of Divine Plurality in the Hebrew Bible," *BBR* 18.1 (2008): 9–15.

를 수 없을 정도로 무가치하고 무능력한 존재임을 고백하는 장치—
로 본다.[8] 즉, 부정형의 표현들은 "세상에 존재하는 신(들)의 수에 대
한 정보"가 아니라 "언약 백성이 마땅히 예배해야 하는 신의 수에
대한 정보"를 계시한다는 의미이다.

앞서 언급했던 "유일신론"이란 용어도 같은 맥락 속에서 이해되
어야 한다. 학자들이 주장하듯, 유일신교와 다신교의 차이는 숭배되
는 신의 수(단수의 신 vs 복수의 신들)가 아니라, 숭배되는 신의 속성(초월적
[전지전능하고 무소부재한] 신 vs. 비초월적 신)에 있다.[9] 예컨대, 오직 하나의 신
을 섬기는 민족은 그들의 신이 전지전능하고 무소부재한 속성을 지
닌 유일무이한 초월자이기 때문에 다른 신들이 불필요하다는 믿음
을 따른다. 반면에 많은 신들을 섬기는 민족은 유일무이한 초월자
는 없기 때문에 다수의 신들이 필요하다는 믿음을 따른다. 이와 같
은 구도 속에서 구약성경의 유일신론을 "야훼의 범주적 우월성"(혹
은 절대적 독특성)을 나타내는 용어라고 정의하는 학자도 있다.[10] 범주적

---

8   Matthew Lynch, *Monotheism and Institutions in the Book of Chronicles:
     Temple, Priesthood, and Kingship in Post-Exilic Perspective* (FAT 2.64;
     Tübingen: Mohr Siebeck, 2014), 25–26.

9   Christine E. Hayes, *The Emergence of Judaism: Classical Traditions in
     Contemporary Perspective* (Minneapolis: Fortress, 2011), 39. John H. Walton,
     *Old Testament Theology for Christians: From Ancient Context to Enduring
     Belief* (Downers Grove, IL: InterVarsity, 2017), 30도 참고하라.

10   Lynch, *Monotheism and Institutions in the Book of Chronicles*, 27. Hayes, *The
     Emergence of Judaism*, 40; Bill T. Arnold, *Introduction to the Old Testament*
     (New York, NY: Cambridge University, 2014), 341도 참고하라.

우월성이란 신(神)이라는 범주 속에 여러 종류의 신들(야훼와 이방신들)이 포함되어 있지만, 다른 신들과 달리 야훼는 존재적으로나 속성적으로나 상위에 계시는 신이라는 의미를 수반한다. 즉, 야훼는 영원하고, 무소부재하며, 전지전능한 초월자인 반면, 이방신들은 시간, 공간, 능력 면에 한계가 있다는 뜻이다.

요약하자면 구약성경은 야훼 하나님의 초월성을 나타내기 위해 크게 두 가지 방법—(1) 야훼의 초월적 속성과 다른 신들의 비초월적 속성을 비교함으로 야훼를 높이는 방법, (2) 오직 야훼만 예배를 받기에 합당한 신이라고 주장하기 위해 다른 신들의 존재를 부정하는 방법—을 사용했다. 본서는 이와 같은 구약성경의 정신을 오직-야훼-신앙이라고 표현하며 탈박제 작업을 진행한다.

#5 하나님의 계시성과 계시의 수용성

본서는 언약 백성의 신관이 갈팡질팡 오직-야훼-신앙에서 지고지순 오직-야훼-신앙으로 발전했다고 본다. 학자들은 이스라엘 민족의 신관이 다신론에서 출발했는지, 혹은 오직-야훼-신앙에서 출발했는지에 대해 논쟁한다. 이 논쟁의 양 끝에는 전혀 다른 주장들이 있다. 한쪽에는 "초기에 다신론자들이었던 이스라엘 백성이 북왕국의 몰락과 남왕국의 포로기를 거치며 제국주의의 영향을 받아 오직-야훼-신앙자들로 변했다"라는 관점이다. 이 주장은 이스라엘이 여러 신들을 섬겼음을 보여주는 고고학적 자료와 구약성경 안에서 발견되는 다신론적 증언—언약 백성이 다른 신들을 따르는 증언—등에 근거한다.

다른 한쪽에는 "이스라엘 백성이 주변의 다신론 국가들과는 다르게 처음부터 오직-야훼-신앙의 국가로 등장했다"라는 관점이 있다. 이 관점은 야훼 하나님의 특별계시성과 구약성경이 시대를 막론하고 야훼 하나님의 독특성을 언급한다는 데 기인한다. 다수의 학자들은 양쪽 진영 사이에 있는 어딘 가에서 답을 찾으려 한다.[11] 하지만 본서는 언약 백성의 신관이 갈팡질팡 오직-야훼-신앙에서 출발해 지고지순 오직-야훼-신앙으로 발전했다는 개념을 따른다. 이렇게 볼 경우, 성경의 내적 및 외적 증거들을 모두 설명할 수 있다.

이를 더욱 구체적으로 이해하기 위해 하나님의 계시성과 계시의 수용성(受容性) 차이를 알아보자. 존 H. 왈튼(John H. Walton)은 하나님의 계시를 받은 이스라엘 백성이 여전히 다른 신들을 섬겼던 이유를 아래와 같이 설명한다.

> 구약성경은 야훼 이외의 다른 신들을 신으로 인정하지 않는다. 야훼께서는 홀로 지존하시다. 그러므로 표준화되고 이상적인 이스라엘 신학의 특징 중 하나는 만신전이 구동하지 않는다는 점이다. 하지만 실제로는 대부분의 이스라엘 백성은 이 가르침을 삶에 반영하지 못했다. ⋯ 이들이 마주했던 신학적 난제는 "어떻게 한 명의 신이 모든 일을 할 수 있을까?"였다. ⋯ 그들이 야훼 하나님을 우주를 관리하는 신, 자연을 관리하는 신, 국가를 관리하는 신, 부족을 관리하는 신으

---

11 Christopher A. Haw, *Monotheism, Intolerance, and the Path to Pluralistic Politics* (New York, NY: Cambridge, 2021), 155–56의 요약을 보라.

로 동시에 생각하기는 어려웠을 것이다. 이는 말도 안 되는 개념처럼 다가왔을지도 모른다.[12]

왈튼은 하나님의 계시성과 계시의 수용성 사이에 간격이 있음을 지적하고 있다. 하나님께서는 당신을 전지전능하고 무소부재한 초월자로 계시하셨지만(하나님의 계시성), 모든 언약 백성이 오직-야훼-신앙을 즉시 수용한 것은 아니라는 의미이다(계시의 수용성). 고대 근동에 퍼져 있던 다신론이 그들의 사고에 깊이 자리하고 있었기 때문이다. 물론 하나님의 계시를 받고 비교적 빠르게 야훼를 따른 소수의 무리도 있었다. 하지만 언약 백성의 다수는 갈팡질팡했다. 그중에는 야훼를 버리고 이방신들을 따른 자들도 있었고, 이방신들과 야훼를 함께 섬긴 자들도 있었으며, 둘 사이를 왔다 갔다 했던 자들도 있었다. 구약성경에 반복되어 등장하는 언약 백성의 배교나 그들이 이방신들을 섬겼음을 보여주는 고고학적 자료들은 이런 사실을 여실히 드러낸다.

그러나 하나님께서는 오래 참고 기다리시며 당신을 꾸준히 계시하셨다. 그들이 이해할 수 있도록, 따라올 수 있도록 점진적으로 당신의 초월성을 계시하셨다. 그 결과 언약 백성은 갈팡질팡 오직-야훼-신앙에서 지고지순 오직-야훼-신앙으로 서서히 변화되어 갔다. 본서는 이러한 하나님의 계시성과 계시의 수용성 차이를 고려하며 탈박제 작업을 진행한다.

---

12   Walton, *Old Testament Theology for Christians*, 35, 38.

#6 구약성경과 이차 독자

본서는 구약성경의 신론(神論)과 이차 독자들을 연결하는 시도를 한다. 구약성경에 접근하는 방법은 여러 가지가 있다. 혹자는 구약을 사제계(P), 비사제계(non-P), 신명기계(D) 전통으로 나누어 각각의 전통에 나타나는 고유성을 살펴본다. 혹자는 신명사문자(神名四文字 [יהוה])와 야훼의 속성을 분석해 야훼의 기원을 찾는 데 주력한다. 혹자는 구약에 사용된 히브리어, 아람어, 그리고 헬라어(LXX)를 분석해 편집자들의 지층을 파헤친다. 이러한 접근들은 학문적 진보를 위해 매우 중요하고 유의미한 연구임이 틀림없지만, 평신도들이 다가가기에는 진입 장벽이 높다. 그래서 본서는 평신도의 눈높이에서 히브리어 표준편집본인 BHS(*Biblia Hebraica Stuttgartensia*)와 상호 작용하면서, 구약의 신론을 공시적 틀 속에서 해석하고(제1장-제4장), 해석한 바를 삶에 적용하는 방향을 택한다(제5장).

이러한 접근을 시도한 이유는 구약성경과 현대인들의 관계를 회복하기 원하는 내 바람 때문이다. 안타깝게도 많은 기독교인들이 구약성경을 "현대인과 직접적으로 상관없는 책" 혹은 "신약성경을 위한 발판" 정도로 이해한다. 이는 가슴 아픈 현상이 아닐 수 없다. 기독교인의 신앙은 구약성경과 신약성경을 모두 하나님의 특별계시로 수용하는 믿음에 근간한다.[13] 이는 구약성경도 신약성경과 동일한 권위가 있을 뿐만 아니라, 하나님께서는 구약성경을 통해서도 현대인에게 말씀하신다는 믿음을 포함한다. 물론 구약성경에는 이

---

13   김희석, 『언약신학으로 본 구약의 하나님 나라』, 14-15을 보라.

해하기 난해하고 우리가 직접 적용할 수 없는 내용들이 많다. 하지만 이런 이유가 구약성경을 21세기의 현대인들과 무관한 계시로 만들지는 않는다. 단지 구약성경을 건전하고 타당하게 해석하고 적용할 수 있는 방법이 요구될 뿐이다. 나는 『Re: 성경을 읽다』(도서출판 학영, 2023)를 통해 의사소통 모형(Communication Model)으로 고대의 문서와 현대의 독자를 연결하는 방법을 소개한 바 있다.[14] 본서에서도 같은 방법을 통해 구약성경이 계시하는 야훼 하나님의 초월성이 21세기의 성도들에게 어떤 의미로 다가올 수 있는지를 조명하려 한다. 이를 통해 구약성경을 바라보는 현대인의 시각이 개선되고, 구약성경을 보다 가깝게 읽을 수 있는 독자들이 조금이라도 생긴다면 무척 기쁠 것 같다.

#7 한계가 있는 시도

본서는 저자가 제시하는 해석이 절대적이라고 주장하지 않는다. 나는 이 부분을 강조하여 말하고 싶다. 학자들이 자주 언급하듯이, 고대 근동의 자료들은 대개 부분적이며 불완전하다. 게다가 자료를 생성했던 자들의 주관적인 관점을 담고 있기에 정보의 객관성을 보장하지 않는다. 따라서 이런 자료들을 통해 고대 근동의 세계관을 손실 및 왜곡 없이 그대로 복구하는 일은 불가능하다. 결국 우리가 시도

---

14 의사소통 모형은 고대 근동의 언약 백성을 성경의 일차 독자로, 현대의 독자를 이차 독자로 구분한 후, 둘 사이에 존재하는 차이점을 존중하며 성경에 접근할 수 있는 규칙을 제공한다. 자세한 내용은 이상환, 『Re: 성경을 읽다』(도서출판 학영, 2023)를 참고하라.

하는 탈박제 작업은 그 출발점부터 한계가 있다는 의미이다. 우리가 겸손의 옷을 입고 작업을 진행해야 하는 이유가 바로 여기에 있다. 독자들은 이러한 한계를 기억하며 본서의 내용에 신중하게 다가가야 한다. 그리고 수용할 부분은 수용하고, 개선해야 할 부분은 개선하며, 비판해야 할 부분은 비판해야 한다. 그래서 독자들이 본서를 딛고 더 넓은 탈박제의 바다로 나갈 수 있다면 본서는 본연의 역할을 다했다고 볼 수 있겠다.

이 책의 구조

본서는 아래와 같은 순서로 탈박제 작업을 시도한다. 제1장 「신들의 세상」은 고대 근동 시대에 만연했던 다신론의 핵심 요소들을 분석한다. 구약성경의 계시는 문화의 진공 상태에 있던 불특정 다수에게 아무런 목적 없이 주어지지 않았다. 대신 다신론의 문화 속에 잠식되어 있던 언약 백성에게 오직-야훼-신앙을 소개하기 위해 주어졌다. 그러므로 다신론의 핵심 요소들을 살펴보는 작업은 탈박제 작업의 첫 순서로 적합하다.

제2장 「이방인들의 세상」은 구약성경에 등장하는 이방인들의 다신관을 다룬다. 구약성경의 저자들[15]은 많은 지면을 할애해 이방인들의 다신관과 언약 백성의 오직-야훼-신관을 대립 구조로 놓는다. 이를 통해 이방신들의 제한적인 속성을 드러내고, 야훼의 초월적인 속성을 칭

---

15 본서에 사용된 "구약성경의 저자들"은 성경의 서기관들과 편집자들까지 통칭하는 표현임을 밝힌다.

송하기 위함이다. 그러므로 이방인들에게 나타나는 다신관을 분석하는 일은 야훼의 초월성을 이해하는 데 큰 도움이 된다.

제3장 「언약 백성의 세상」은 구약성경이 묘사하는 언약 백성의 신관을 살핀다. 제2장이 이방인들의 다신관에 초점을 맞추었다면, 제3장은 언약 백성의 오직-야훼-신앙에 초점을 맞춘다. 앞서 언급했듯이, 구약성경의 저자들은 이방인들의 다신관과 언약 백성의 신관을 대립 구조로 놓는다. 이 구조를 통해 이방신들과 비교할 수 없을 정도로 위대하신 야훼 하나님을 증거하기 위함이다. 제3장은 전지전능하고 무소부재한 야훼 하나님의 초월성을 고대 근동의 언어로 분석하는 데 주력한다.

제4장 「이방신들이 죽은 세상」은 구약성경의 저자들이 오직-야훼-신앙을 더욱 확실하게 보존하기 위해 사용한 논쟁적 장치를 연구한다. 성경 저자들은 오직-야훼-신앙이 언약 공동체 안에 굳건히 뿌리내릴 수 있도록 야훼의 초월성을 가르쳤다. 하지만 여기에서 멈추지 않고 이방신들의 한계 드러내기, 이방신들을 조롱하기, 이방신들의 신성을 강등하기, 이방신들로부터 신성을 적출하기와 같은 방법을 통해 이방신들을 적극적으로 탈신화(脫神化)하기도 했다. 그 결과 구약에 등장하는 이방신들은 야훼보다 모든 면에서 열등한 존재들로 강등되었고, 또한 사람들로부터 예배를 받기에 합당하지 못한 존재들로 전락했다. 그러므로 성경 저자들의 탈신화 작업을 살펴보는 일은 오직-야훼-신앙의 백미를 알게 해준다.

제5장 「환생한 신들의 세상」은 지금까지 진행했던 탈박제 작업이 현대

인에게 어떤 의미로 다가오는지를 나눈다. 탈박제 작업은 암기의 영역에 있는 초월자 야훼를 이해의 영역에서 만나는 데서 끝나지 않는다. 여기에서 한 단계 더 나아가 하나님께서 21세기의 현대인들과 어떤 관계가 있는지도 살핀다. 탈박제 작업의 궁극적인 목적은 우리가 전지전능하고 무소부재하신 하나님 앞에 올바른 예배자로 서는 일이기 때문이다. 이 과업을 이루기 위해 우리는 21세기의 세상도 고대 근동의 세상과 별반 다를 바 없는 신들의 세상이라는 점을 살펴볼 것이다. 그리고 이 세상에 새롭게 환생한 신들이 우리의 시선을 야훼로부터 빼앗고 있다는 점도 살펴볼 것이다. 따라서 우리는 제5장을 통해 하나님과 우리와의 관계를 바르게 정립할 수 있는 방법을 깨닫게 될 것이다.

정리하기

준비

우리가 암기하는 하나님과, 성경이 계시하는 하나님은 **전지전능하고 무소부재한 초월자**이시다. 하지만 암기의 하나님과 성경의 하나님 사이에는 커다란 격차가 벌어져 있음을 부인할 수 없다. 본서는 둘 사이에 존재하는 간격을 줄이는 여행으로 독자들을 초대한다. 이 여행은 결코 편하거나 단조롭지 않다. 우리는 지금까지 당연시해 왔던 여러 가지 개념들을 수정하고, 한 번도 경험하지 못했던 고대의 사고 방식에 노출되어야 한다.

미리 밝히자면, 독자들은 때때로 혼란과 혼돈을 마주할 수 있다. 현재 우리의 머릿속에는 단순하게 개념화된 하나님이 암기되어 있기 때문이다. 암기된 하나님을 기준 삼아 실체의 하나님을 이해하려 할 때, 다소 혼돈과 혼란이 발생할 수 있다. 하지만 이는 암기된 하나님을 이해의 영역에 탈박제하기 위해 반드시 거쳐야 할 과정이다. 우리는 절대로 혼란과 혼돈의 영역에 영구히 머무르지 않는다. 그 영역을 넘어 반드시 이해의 영역으로 들어가게 될 것이다. 그리고 그곳에서 당신의 전지전능함과 무소부재함을 위풍당당하게 계시하시는 초월자 하나님을 만나게 될 것이다. 이를 통해 하나님을 향한 우리의 예배는 더 깊어지고 풍성해질 것이다.

두 가지 당부

이 여행을 떠나기에 앞서 독자들에게 두 가지 당부를 하고 싶다. **첫째, 조급함을 버리기를 바란다.** 내 경험에 의하면 탈박제 작업은 단순하지도 않고, 일회적으로 끝나지도 않는다. 반대로 오랜 시간을 거치며 점진적으로 일어난다. 솔직히 말하자면, 나는 여전히 탈박제 과정을 거치고 있다. 그리고 이 과정이 앞으로도 오랫동안 지속될 것임을 안다. 실제로 내 속에 암기된 하나님이 생각보다 광범위하게 자리 잡고 있음을 매일 발견한다. 성경을 공부하면 공부할수록 그 부피와 크기가 나를 압도한다. 하나님의 말씀을 통해 성경의 하나님을 이해하려 노력했던 시간보다, 단순히 교리의 하나님을 외웠던 시간이 더 많았기 때문이다. 앞서 언급했듯이, 교리의 하나님을 암기하는 일은 매우 중요하고 유의미한 과정이다. 그러나 거기에서 멈추면 안 된다. 반드시 성경을 통해 교리의 하나님을 이해하는 데까지 나아가야 한다. 그러니 독자들이 조급함을 버리고 나와 함께 천천히 그러나 너무 느리지 않게 이 길을 걷기를 부탁한다.

둘째, 두려워하지 않길 바란다. 탈박제 과정에서 만나게 되는 가장 어려운 일은 교리의 하나님과 성경의 하나님 사이에 모순처럼 보이는 내용이 발견될 때이다. 이때, 큰 두려움이 엄습한다. 혹자는 이를 가리켜 "믿음의 근간이 흔들리는 현상"이라고 표현한다. 그렇다면 이는 매우 건설적인 현상이라고 말하고 싶다. 암기의 하나님이 믿음의 근간이라면 흔들리는 것이 마땅하다. 성경이 계시하는 하나님은 흔들릴 수 없는 반석이다. 흔들리는 것은 박제된 하나님일 뿐이다. 박제된 하나님은 흔들려야 한다. 흔들림을 통해 탈박제 되어야한다. 우리가 추구하는 하나님은 박제된 신이 아니라 전지전능하고무소부재하신 초월자이시다. 그러니 탈박제 작업 중에 흔들림을 만나거든 흔들림 뒤에 우리를 전율시킬 초월자가 계신다는 희망을 붙잡고 열심히 흔들려 보자. 하나님께서는 당신을 찾고자 부르짖는우리가 흔들림에 무너지지 않도록 장중에 붙잡고 지키실 것이다.

출발

이제 시간이 되었다. 우리는 이제 구약성경이 계시하는 야훼 하나님을 고대 근동의 눈으로 이해하는 여행을 떠날 것이다. 우리가본서의 끝에서 고백하게 될 하나님은 과연 어떤 분일까? 모세를 전율시켰던 하나님일까?, 다윗을 전율시켰던 하나님일까?, 아니면 엘리야를 전율시켰던 하나님일까? 그렇다면 우리도 그 하나님 앞에서진심과 전심으로 전율할 수 있을까? 전지전능하고 무소부재한 초월자 야훼의 경이로움이 우리의 무릎을 그분 앞에 꿇게 만들까?, 우리의 두 손을 그분을 향해 들게 만들까?

> "내가 야훼에 대해 지금까지 내 귀로만 들었는데 이제 내 눈으로 야훼를 보게 됐습니다." (욥 42:5, 『우리말성경』)

욥의 고백처럼, 우리의 입술도 "제가 야훼에 대해 지금까지 제머리로만 암기했었는데 이제 제 전인격을 통해 야훼를 이해하고 예배하기 시작했습니다"라고 고백할 수 있을까?

　언약 백성의 탈박제 작업을 이끄셨던 야훼 하나님, 그들을 향해 오래 참고 기다리셨던 하나님, 그들에게 오직-야훼-신앙의 위대함을 인식시키셨던 하나님께서 우리의 탈박제 작업을 인도해 주시기를 바란다. 우리를 향해서도 오래 참고 기다려 주시기를 바란다. 우리에게도 오직-야훼-신앙의 위대함을 인식시켜 주시기를 바란다. 그래서 앞서 물음표로 끝난 문장들을 모두 느낌표로 변화시켜 주시기를 바란다. 하나님께서 그러한 은혜를 우리 모두에게 베풀어 주시기를 간절히 바라며 본서의 첫 장을 연다.

텍사스 주 달라스에서

이상환

제1장

신들의 세상

제1장 신들의 세상

"이쯤에서 우리는 고대인의 신앙에 대해 크게 오해하고 있는, 혹은 편향적으로 알고 있는 개념 하나를 수정해야 한다. 바로 '고대 근동의 신들은 모두 가짜'라는 개념이다. 현대인은 고대인이 자연(태양, 돌, 나무, 물 등)을 신으로 섬겼다고 생각한다. 혹은 돌과 나무로 만들어진 신상을 신으로 믿었다고 판단한다. 이런 사유('자연=신' 또는 '신상=신')에 의하면 이방신들은 모두 사람의 상상력이 만든 허울들이다. … 하지만 고대인들은 우리처럼 생각하지 않았다. … 이들은 자연을 신으로 섬긴 것이 아니라 자연을 주관하고 있는 신을 섬겼다. 그리고 신상을 신으로 섬긴 것이 아니라 신상에 깃든 신을 섬겼다. 이들에게 있어서 신은 자연이나 신상과는 엄연히 다른 존재, 즉 시퍼렇게 살아있는 실존자였다."

고대 근동의 신관

신들과 함께

고대 근동 사람들은 **신들의 세상**에 살았다. 그들은 보이는 세계(지상계)와 보이지 않는 세계(천상계와 지하계)에 신들이 가득하다고 믿었다. 하늘에는 하늘을 주관하는 신, 땅에는 땅을 주관하는 신, 바다에는 바다를 주관하는 신, 지하에는 지하를 주관하는 신들이 있었다. 나라마다 나라를 지키는 수호신이 있었고, 나라를 구성하는 도시마다 도시의 수호신이 있었으며, 도시를 구성하는 마을마다 마을의 수호신이 있었다. 가정마다 가정의 수호신이 있었고, 개인마다 개인의 수호신이 있었다. 산에는 산신, 사막에는 사막신, 강에는 강신이 있었다. 바람을 주관하는 풍우신, 운명을 주관하는 운명신, 질병을 주관하는 질병신도 있었다. 각각의 신들은 고유의 속성을 지니고 있었으며, 필요에 따라 사람의 생사화복에 개입할 수 있었다. 각각의 신들은 만신전(pantheon)의 위계질서 속에서 각자 맡은 일들을 수행했고, 직급이 높은 신들은 천상회의(divine council)를 통해 삼라만상의 질서를 결정했다. 이처럼 고대 근동의 신들은 무척이나 많았고, 계급, 지역, 속성 등에 따라 다양하게 분류될 수 있었다. 고대인들이 "수천 명의 다양한 신들을 믿었고, 신들에 관한 이야기로 대화의 꽃을 피웠다"[1]라는 표현은 결코 과장이 아니다. 그들은 신들이 없는 세상을

---

1   Craig G. Bartholomew, *The Old Testament and God: Old Testament Origins*

상상할 수 없었다. 그래서 그들은 "매사에 신들을 … 언급했다."[2]

유일신 사상에 익숙한 우리는 고대의 다신관(多神觀)을 미개하게 생각한다. 한 신이 할 수 있는 일을 쪼개어 여러 신들에게 할당했던 이유를 이해하지 못하기 때문이다. 하지만 우리의 신관이 다신론에서 유일신론으로 변한 것이 그리 오래되지 않았다는 점을 기억해야 한다. 불과 얼마 전까지만 해도 이 세상은 신들로 가득 채워져 있었다. 예컨대, 우리 조상들만 해도 신들의 세계 속에서 살았다. 그들은 하늘의 옥황상제, 바다의 용왕, 저승의 염라대왕을 믿었다. 그리고 마을 입구에 세워져 있던 천하대장군과 지하여장군을 마을의 수호신으로 섬겼다. 아기를 점지해 준다는 삼신 할머니, 천둥을 주관한다는 벼락 장군, 집을 관리한다는 대신 할머니, 문자를 주관한다는 글문신장도 우리 조상들의 삶을 가득 채운 신들이었다. 우리 조상들은 위에 언급한 신들을 허구의 존재라고 생각하지 않았다. 대신 인간의 생사화복에 직접적으로 영향을 끼칠 수 있는 실존자들로 믿었다. 동이 틀 무렵, 정화수가 담긴 그릇을 장독대 위에 올려놓고 천지신명(天地神明)께 비는 모습은 사극에나 나오는 꾸며낸 이야기가 아니다. 신들의 세상에 살던 조상들의 삶을 구성하던 실체였다.

이처럼 불과 얼마 전까지만 해도 이 세상은 신들로 가득 채워져 있었다. 하물며 수천 년 전의 시대에는 어떠했을까? 구약성경의 배

---

and the Question of God (Grand Rapids, MI: Baker Academic, 2022), 211.

2   Theodore J. Lewis, The Origin and Character of God: Ancient Israelite Religion through the Lens of Divinity (Oxford: Oxford University, 2020), 10.

경이 되는 고대 근동 지역은 우리 조상들이 믿었던 신들과 비교할
수 없을 정도로 많은 신들이 살았던 세상이었다.

많은 신들이 필요한 이유

여기에서 우리는 하나의 질문을 만난다. 고대인들이 수많은 신
들을 믿었던 이유가 무엇일까? 질문의 답을 찾는 일은 의외로 쉽다.
이들은 '신들이 존재할 수 있는 범위와 영향을 끼칠 수 있는 범위에 제한이
있다'라고 생각했기 때문이다. 즉, 신이 무소부재하고 전지전능한
초월자라고 생각하지 못했다. 고대인들이 생각했던 신은 인간과 절
대적 초월자의 중간 지점에 있는 초인 정도였다.[3]

잠시 마블 코믹스(Marvel Comics)에 등장하는 천둥의 신 토르나 DC
코믹스(Comics)에 등장하는 크립토인 칼 엘(슈퍼맨)을 떠올려 보자. 토
르와 칼 엘은 인간과 비교할 수 없을 정도의 큰 능력을 지니고 있다.
그러나 이들에게 전지전능성과 무소부재성은 없다. 이들에게는 지
력의 한계와 능력의 한계뿐만 아니라 약점으로 작용하는 아킬레스
건까지 있다. 토르와 칼 엘은 평범한 인간의 영역을 초월하지만, 절
대적 초월자의 영역에는 미치지 못한다.

우리의 관심을 좁혀 마블 코믹스의 세계관을 살펴보자. 마블의
세계관에 따르면 한 명의 초인이 홀로 지구의 질서를 지키지는 못
한다. 그래서 토르, 캡틴 아메리카, 아이언 맨, 헐크, 블랙 위도우, 호

---

3   고대 근동의 종교적 개념을 살피려면, Bartholomew, *The Old Testament and
    God*, 199–367을 보라.

크 아이와 같은 다수의 초인들이 필요하다. 마블의 세계관은 한 명의 초인이 홀로 지구의 질서를 지키기에는 역부족이라는 전제하에 작동하는 셈이다. 그래서 지구의 범위를 넘어가는 우주의 질서를 지키기 위해서는 또 다른 초월적 존재들—캡틴 마블, 스타로드, 닥터 스트레인지—의 힘이 필요하다.

마블 코믹스의 세계관은 고대 근동의 세계관을 이해하는 데 적잖은 도움을 준다. 고대 근동의 신들도 마블의 초인들과 크게 다를 바 없었기 때문이다. 몇 가지 예를 들어보자. 고대 근동의 신들에게는 존재의 시작점이 있다. 이들은 살기 위해 먹고 마셔야 했고, 잠도 자야 했다. 그리고 생명을 유지하기 위해서 생계와 관련된 노동도 해야 했다. 신들은 약점을 소유하고 있었고, 타인에게 속을 수도 있었으며, 심지어는 죽임을 당할 수도 있었다. 게다가 종종 사람에게 의지해야 할 경우도 있었다. 이런 신들에게 우주는 혼자 통치하기에 너무나도 거대했다. 그 어떤 신도—만신전의 최상위 신조차도—홀로 삼라만상을 다스릴 수는 없었다. 그래서 이들은 만신전이라는 체계 속에서 각자에게 할당된 영역을 다스림으로써 삼라만상의 질서를 함께 유지했다.

이처럼 고대 근동의 신들과 마블의 초인들 사이에는 유사점이 있다. 하지만 둘 사이에는 커다란 차이점도 있다. 우리는 마블의 초인들을 허구의 존재라고 믿지만, 고대인들은 신들을 실존자로 믿었다는 부분이다.

고대인의 삶과 다신관

우리는 교회에 가자마자 하나님의 무소부재성과 전지전능성을 배우고 암기한다. 그래서 한 분의 초월자가 존재한다는 개념을 어려움 없이—혹은 지나치게 쉽게—수용한다. 하지만 우리가 교회에서 배우는 신관은 고대 근동 사람들에게 매우 이질적이고 받아들이기 어려운 개념이었을 것이다. 한 명의 신이 우주의 삼라만상과 사람의 생사화복을 절대적으로 주관할 수 있다는 개념은 고대 근동의 다신관에 부합하지 않는 신관이었기 때문이다.

고대 근동 사람의 일상을 우리 조상의 삶에 빗대어 표현하자면 아마도 다음과 같을 것이다.

> 산에 삶의 터전을 내린 개똥이 아빠는 매일 새벽에 일어나 산신(산을 지키는 수호신)께 예배를 드린다. 가뭄이 극심해 산딸기가 열리지 않을 때는 용왕(비를 주관하는 신)께 기도한다. 명절을 맞이하여 섬에 계신 부모님을 찾아뵐 때는 대신 할머니(빈집의 수호신)께 간구하고, 폭풍을 만날 때에는 벼락 장군(바람을 주관하는 신)께 기도한다. 부모님 마을에 도착해서는 마을 어귀에 있는 천하대장군과 지하여장군(마을의 수호신)께 간구한다. 집으로 돌아올 때는 부모님을 떠올리며 삼불제석(건강과 생명을 주관하는 신)께 기원한다.

개똥이 아빠는 여러 명의 신들에게 기도하고 있다. 그 이유가 무엇일까? 한 명의 신이 모든 영역에 존재한다거나, 모든 영역을 주관한다고 믿지 않았기 때문이다. 고대 근동 사람들의 신앙도 이와 비슷했다. 야훼 하나님의 특별계시를 받지 못한 고대인들의 이치에 맞는 신관은 오직 다신론뿐이었다. 다신론의 세계관에 따르면 신들은 다다익선, 즉 많이 섬기면 많이 섬길수록 좋았다.

모든 신들에게 올리는 기도

앗슈르바니팔 도서관에서 발견된 고대 근동 자료—「모든 신들에게 올리는 기도」(*Prayer to Every God*)—는 고대 다신관의 양상을 압축해서 보여준다.[4] 이 기도문의 저자는 본인이 신에게 죄를 범한 대가로 병을 얻었다고 생각한다. 그래서 병을 내린 신에게 용서를 구하기 위해 기도를 드린다. 하지만 문제가 생겼다. 저자가 어떤 신을 노엽게 했는지, 그리고 무슨 죄를 지었는지 모르는 게 아닌가? 그래서 그가 선택한 방법은 그가 아는 신들과 알지 못하는 신들에게 무작정 기도하는 일이었다. 기도문의 일부를 살펴보자.

> 나를 향한 내 주의 진노가 잠잠해지기를 바랍니다.
> 나를 향한 알려지지 않은 신[의 진노가] 잠잠해지기를 바랍니다.
> 나를 향한 알려지지 않은 여신[의 진노가] 잠잠해지기를 바랍니다.
> 나를 향한 신―내가 알거나 알지 못하는 신―[의 진노가] 잠잠해지기를
> 바랍니다.

---

4   J. B. Pritchard (ed.), *Ancient Near Eastern Texts Relating to the Old Testament with Supplement* (3rd ed; Princeton: Princeton University, 1969), 391-92을 보라.

나를 향한 여신―내가 알거나 알지 못하는 여신―[의 진노가] 잠잠해지기를 바랍니다.

나를 향한 내 신의 마음이 잠잠해지기를 바랍니다.

나를 향한 내 여신의 마음이 잠잠해지기를 바랍니다.

나의 신과 여신이 나를 향해 잠잠해지기를 바랍니다.

[나에게 진노한] 신이 나를 향해 잠잠해지기를 바랍니다.

[나에게 진노한] 여신이 나를 향해 잠잠해지기를 바랍니다.

…

오 나의 신이시여, [내] 죄[의 무게]는 일곱의 일곱 배입니다.

내 죄를 사하여 주소서.

오 내가 알거나 알지 못하는 신이시여,

[내] 죄[의 무게]는 일곱의 일곱 배입니다. 내 죄를 사하여 주소서.

오 내가 알거나 알지 못하는 여신이여,

[내] 죄[의 무게]는 일곱의 일곱 배입니다. 내 죄를 사하여 주소서.

기도문의 저자는 특정 남신들과 여신들을 알았다. 그리고 본인이 알지 못하는 남신들과 여신들도 존재함을 알았다. 문제는 그에게 찾아온 병이 누구에게서 왔는지를 알 수 없었다는 점이다. 그래서 그가 취한 행동은 모든 신들―아는 남신들, 아는 여신들, 알지 못하는 남신들, 알지 못하는 여신들―에게 기도를 올리는 것이었다. 이는 지극히도 다신론적인 해결책이었다. 다신론자들은 될 수 있으면 많은 신들을 만족시킴으로 삶의 모든 영역에서 평안을 찾고자 했다. 그래서 신들은 다다익선이었다. 하지만 여기에는 적잖은 대가가 따랐다. "알지 못하는 남신들"과 "알지 못하는 여신들"은 그들의 삶에서 평안을 부지중에 앗아갈 수 있는 암초로 늘 숨어 있었기 때문이다.

위의 기도문에는 고대 근동의 신관을 보여주는 또 하나의 요소가 있다. 신이 병을 준 대상으로 전제되어 있다는 점이다. 앞서 언급했듯이, 기도문의 저자는 자신이 무슨 죄를 범했는지 모른다. 게다가 어떤 신을 노엽게 했는지도 모른다. 그런데도 본인의 병이 신에게서 왔다고 확신했다. 그 이유가 무엇일까? 우리는 고대인들이 신들의 세계에 살았다는 점을 기억해야 한다. 신들의 세계에는 신의 개입을 배제하고 이해할 수 있는 영역이 거의 없었다.[5] 병의 영역도 마찬가지였다. 고대인들은 병을 주관하는 신들이 있다고 믿었다. 그래서 기도문의 저자는 본인에게 찾아온 병도 응당 신의 개입에 의한 결과라고 생각했다.

이처럼 고대 근동 사람들은 신들과 어떤 관계를 맺는지에 따라 인생의 생사화복이 결정된다고 믿었다. 고대인들의 들숨과 날숨에는 종교성이 있었다. 혈관을 흐르는 피에도 종교성이 있었다. 심지어 그들의 발자국과 그림자에도 종교성이 있었다. 고대인들에게 있어서 신들이란 삶에서 떼려야 뗄 수 없는 필연적 요소였다. 고대 근동 지역에 널리 분포된 수많은 산당과 신상들은 이와 같은 삶을 여실히 보여준다.

---

5   이 부분은 제2장 「이방인들의 세상」에서 구체적으로 다룬다.

현대인들의 오해

이쯤에서 우리는 고대인들의 신앙에 대해 크게 오해하고 있는, 혹은 편향적으로 알고 있는 개념 하나를 수정해야 한다. 바로 "고대 근동의 신들은 모두 가짜"라는 개념이다. 현대인들은 고대인들이 자연(태양, 돌, 나무, 물 등)을 신으로 섬겼다고 생각한다. 혹은 돌과 나무로 만들어진 신상을 신으로 믿었다고 판단한다. 이런 사유('자연=신' 또는 '신상=신')에 의하면 이방신들은 모두 사람의 상상력이 만든 허울들이다. 마치 『해리포터』의 볼드모트, 『반지의 제왕』의 사우론, 『나니아 연대기』의 하얀 마녀와 같이 이집트의 아문, 블레셋의 다곤, 우가릿의 바알, 바벨론의 마르둑은 모두 허상일 뿐인 것이다.

하지만 고대인들은 우리처럼 생각하지 않았다. 곧 살펴보겠지만, 그들은 자연을 신으로 섬긴 것이 아니라 자연을 주관하고 있는 신을 섬겼다. 그리고 신상을 신으로 섬긴 것이 아니라 신상에 깃든 신을 섬겼다. 그들에게 있어서 신은 자연이나 신상과는 엄연히 다른 존재, 즉 시퍼렇게 살아있는 실존자였다.

자연과 신

자연인가 신인가?

현대 기독교인들은 구약성경에 등장하는 여러 종류의 신들을 단지 허울—사람의 상상력이 만든 실존하지 않는 존재—정도로 생각한다. 내가 대학부 학생이었을 때, 수련회에 오신 강사 목사님께서 전하신 강의가 기억난다. 목사님께서는 고대의 이집트 이야기를 하시면서 "이집트 사람들은 태양을 신으로 숭배했다"라고 말씀하셨다. 그리고 "이런 현상은 근대화 과정을 거치지 않았던 사람들, 즉 현대 과학의 혜택을 받지 못한 미개한 사람들에게서 나타나는 전형적인 현상"이라는 말씀도 덧붙이셨다. 하지만 우리에게 내려온 고대 근동의 자료는 이런 개념에 수정을 요구한다. 고대인들 중에는 자연(태양, 돌, 나무, 물 등)이 아니라 자연을 주관하는 신을 섬긴 자들이 있었음을 보여주기 때문이다.

이집트의 태양과 태양신

일례로 아래에 [삽화 1]에 나오는 두 개의 문자는 각각 태양과 태양신을 의미하는 이집트 문자들이다.

[삽화 1] 이집트어 '태양'(왼쪽)과 이집트어 '태양신'(오른쪽)[6]

---

6   ©이상환. 여기에 소개된 문자들은 '태양'과 '태양신'을 나타내는 여러 이집트어 문자 중의 하나임을 밝혀 둔다.

이집트 문자를 이해하기 위해서는 간단한 이집트어 지식이 필요하다. 고대 이집트 문자는 문장 속에서 세 가지 기능을 담당할 수 있었다. 첫째는 알파벳의 조합으로 소리를 나타내는 역할이다. 예컨대 알파벳 ⌒은 'r'의 음가를, 알파벳 ⌐은 'a'의 음가를 가지고 있다. 그래서 ⌒과 ⌐이 만날 때 'Ra' 소리가 만들어진다.[7] 둘째는 이미지로 의미를 나타내는 역할이다. 예컨대 이미지 ⊙는 '태양'을 의미하고, 이미지 🜚는 남성 '신'을 의미한다. 셋째는 알파벳으로 구성된 단어의 의미를 이미지로 한정하는 역할—결정사(determinative)—이다.[8] 결정사를 이해하는 일은 우리의 논의에 도움이 되니 조금 더 구체적으로 알아보자.

앞에 설명했듯이, 알파벳 ⌒과 ⌐이 만날 때 'Ra' 소리가 만들어진다. 이집트어 'Ra'는 '태양'이나 '태양신'을 나타낼 수 있는 동음이의어이다. 그래서 'Ra' 만으로는 '태양'을 의미하는지 '태양신'을 의미하는지 알 수 없다. 이집트인들은 이런 애매모호함을 피하고자 결정사를 사용했다. 결정사란 이미지(이집트어의 두 번째 기능)를 알파벳으로 구성된 단어(이집트어 첫 번째 기능) 뒤에 붙임으로써 단어의 의미를 구체화하는 문법 장치(이집트어의 세 번째 기능)이다. 예컨대 'Ra'가 '태양'

---

7   이집트어 알파벳 ⌐이 a와 e중 어떤 음가를 가지고 있었는지에 대해서는 의견이 분분하다. 학자들이 태양이나 태양신을 "라" 혹은 "레"로 부르는 이유가 여기에 있다.

8   결정사에 대해서는 James P. Allen, *Middle Egyptian: An Introduction to the Language and Culture of Hieroglyphs* (3rd ed.; Cambridge: Cambridge University, 2014), 35을 참고하라.

을 의미하기를 원한다면 알파벳 ⌒과 ⌐의 조합 뒤에 '태양' 이미지 ⊙를 붙였고([삽화 1]의 왼쪽 이집트어), '태양신'을 의미하기를 원한다면 알파벳 ⌒과 ⌐의 조합 뒤에 '신' 이미지 🜊를 붙였다([삽화 1]의 오른쪽 이집트어).

이집트인들의 신관

이집트어에 태양과 태양신을 구별하는 장치가 있었다는 사실은 이집트의 신관을 보여주는 중요한 단서이다. 이집트 학자 밥 브라이어(Bob Brier)의 말을 들어보자.

> 이집트인들은 다른 단어를 사용하여 태양과 태양신을 표현했다. 이는 이집트인들이 하늘에 있는 불타는 구(球)를 숭배하지 않았다는 사실을 의미한다. 비록 태양은 신과 연결되었지만, 태양 그 자체가 신으로 여겨지지는 않았다. 이런 신관은 무생물을 숭배하는 신관보다 훨씬 더 정교한 체계이다.[9]

그러므로 "이집트 사람들은 태양을 신으로 숭배했다"라는 표현은 이집트인들의 신관을 온전히 대변하지 못한다. 이집트 사람들은 태양(日)과 태양신(神)을 분명히 구별했다. 그들이 숭배했던 대상은 하늘에 떠 있는 태양이 아니라 태양이 상징하는 신, 곧 태양을 주관

---

9   Bob Brier, *Decoding the Secrets of Egyptian Hieroglyphs: Course Guidebook* (Chantilly: Great Courses, 2016), 24.

하는 신이었다. 그러므로 모든 이집트인이 하늘에 떠 있는 태양을
신으로 예배했다는 생각은 옳지 않다.

메소포타미아인들의 신관

메소포타미아인들도 예외는 아니었다. 메소포타미아에서도 결
정사를 통해 태양과 태양신을 구별했다. 예컨대 수메르 신화인 「엔
키와 우주의 질서」(*Enki and the World Order*)에는 다음과 같은 이야기가
나온다.

> 용감한 우투(태양신), 위풍당당하게 [그의] 힘을 과시하며 든든하게
> 서 있는 황소, 해가 뜨는 위대한 도시의 아버지 ….[10]

태양신 우투(*Utu*)와 불타는 구인 태양이 구별되어 있다. H. W. F.
새그스(Saggs)의 주해처럼, "본문에서 신과 물리적 태양은 의심할 여
지 없이 구분되어 있고, 후자는 [신을 나타내는] 결정사가 없이 표
기되었다."[11]

달과 달신의 관계도 마찬가지였다. 고대 근동에는 달을 관찰하
여 미래를 예측하는 의식이 매우 중요하게 여겨졌다. 메소포타미아
에서는 달을 나타낼 수 있는 장치가 여럿 있었는데, ≪≪(이 가장 대표

---

10   번역은 Samuel N. Kramer, *The Sumerians: Their History, Culture, and
      Character* (Chicago: University of Chicago, 1963), 181을 따랐다.

11   H. W. F. Saggs, *The Encounter with the Divine in Mesopotamia and Israel*
      (London: Bloomsbury Academic, 2016), 89.

적으로 쓰였다. 《《은 숫자 30을 의미하는 그림 언어이다. 이 기표가
달을 지칭하기 위해 사용된 이유는 음력이 30일로 구성되어 있다는
고대인들의 관념 때문이었다. 예상되듯이, 《《은 '달'이나 '달신'을
모두 의미할 수 있는 장치였다. 그렇다면 고대인들이 《《가 사용된
주술문을 접했을 경우, 《《이 '달'을 의미하는지 혹은 '달신'을 의미
하는지 어떻게 구별했을까? 이때 역시 결정사였다. '달'을 의미할
때는 신을 나타내는 결정사가 붙지 않았던 반면, '달신'을 의미할 때
는 결정사가 붙었다. 설령 결정사가 잘못 사용되었을 경우—붙어야
할 곳에 부재하거나 없어야 할 곳에 등장할 때—에도 문맥을 통해
달과 달신을 어렵지 않게 구별할 수 있었다. 아래는 《《이 사용된 주
술문이다. 독자들이 《《가 달인지 달신인지 구별해 보기를 바란다.

> 만약 《《이 노란색이고 오른쪽 뿔이 무디고 왼쪽 뿔이 뾰족하다면,
> … 2년 동안 좋은 봄을 맞이할 것이다.[12]

> 만약 《《의 밝기가 아주 어두워진다면, 적이 국경 도시를 점령할 것
> 이다.[13]

---

12 Dennis R.M. Campbell, "Translation among the Hittes," in *Complicating the History of Western Translation: The Ancient Mediterranean in Perspective* (ed. S. McElduff and E. Sciarrino; New York: Routledge, 2011), 161–75(173).

13 Zoë Misiewicz, "Mesopotamian Lunar Omens in Justinian's Constantinople," in *The Circulation of Astronomical Knowledge in the Ancient World* (ed. J. M. Steele; TAC 6; Leiden: Brill, 2016), 350–95(372).

주술문에 사용된 𒀭𒌍(는 문맥 속에서 숭배의 대상이 아니라 관찰과 분석의 대상으로 읽힌다. 그러므로 𒀭𒌍은 '달신'(神)이 아니라 '밤하늘에 뜨는 달'(月)을 의미하고 있음을 알 수 있다.

이처럼 메소포타미아인들도 자연과 신을 구별했다. 새그스의 분석에 따르면, 그들은 자연과 자연을 움직이는 힘을 명확히 구별할 수 있었다.

> 메소포타미아 사람들은 [자연] 현상이 신 그 자체가 아니라는 점을 의식적으로 알고 있었다. 그들은 눈에 보이는 [자연적] 물체 뒤에 있는 신령한 힘을 무척 생생하게 느꼈다. 그리고 그 힘은 메소포타미아 사람들에게 신이라는 존재를 즉시 현실로 만들어 주었다.[14]

고대인들의 신관

지금까지 살펴본 바에 따르면, 자연과 신을 구별했던 고대인들이 분명히 존재했다.[15] 물론 개중에는 태양이나 달을 신으로 섬긴 자들도 있었을 것이다. 마치 하나님을 믿는 현대인들 사이에도 하나

---

14 Saggs, *The Encounter with the Divine in Mesopotamia and Israel*, 89.
15 수메르의 풍우신 이쉬쿠르(*Iškur*)도 마찬가지이다. 고대인들에게 있어서 이쉬쿠르는 문맥에 따라 풍우신이나 바람을 의미했다. 그러나 이 둘은 동일하게 여겨지지 않았다. 이쉬쿠르를 바람을 타고 전쟁을 일으키는 풍우신으로 묘사하는 부분은 이런 사실을 명시한다. J. B. Pritchard (ed.), *Ancient Near Eastern Texts Relating to the Old Testament with Supplement* (Princeton: Princeton University, 1969), 578을 보라.

님을 이해하는 깊이와 너비에 차이가 있듯이, 고대 근동 사람들 사이에도 신을 이해하는 깊이와 너비에 차이가 있었을 것이다. 하지만 우리가 분석한 고대의 자료들은 다수의 고대인들이 자연과 신을 분리하여 이해했음을 보여준다. 그러므로 모든 고대인들의 신앙이 '자연=신'이라는 공식으로 작동되었다는 개념은 틀렸다.

이제 우리는 보다 복잡한 주제를 다룰 준비가 되었다. 고대인들이 생각했던 신(神)과 신상(神像)의 차이를 고대 근동의 관점으로 분석하는 일이다. 앞으로 살펴보겠지만, 자연과 신 사이에 엄연한 차이가 있는 것처럼, 신과 신상의 사이에도 명백한 차이가 있다.

신상과 신

신상과 신

현대인들은 고대인들이 신상을 신으로 믿었다고 생각한다. 그래서 고대의 신들은 돌이나 나무의 변형된 모습일 뿐이라고 이해한다. 하지만 이런 사유는 고대 근동의 신상신학을 온전히 반영하지 못한다. 우리에게 전승된 자료들은 신상과 신을 동일체로 언급하지 않기 때문이다. 놀랍게도 고대 근동의 신상신학은 신과 신상 사이에 분명한 경계선을 긋는다.[16] 이 경계선에 따르면, 신이 영적 존재라

---

16 고대 근동에는 신과 신상을 지칭하는 단어들이 각각 따로 있었다는 점은 유의미하다(*ilu*, *šiuni*와 *ṣalmu*, *šiuniyatar*를 비교하라).

면, 신상은 신이 인간계로 확장되는 통로이자, 머무르는 거처이며, 또한 자신을 나타내는 장치였다.

대내림 의례

이해를 돕기 위해 우리의 민속신앙인 "대(竿)내림 의례"를 간략히 소개하고자 한다. 대내림은 멀리 있는 신을 대로 초대해 사람들과 소통하게 하는 의식이다. 의식이 진행되는 순서는 아래와 같다.

1. 장인은 대나무나 소나무로 대를 만든다.
2. 의례자는 신을 대로 초대하는 의식을 치른다.
3. 초대에 응한 신은 대로 내려와 사람들과 소통한다.
4. 신이 대에 머무르는 동안 대는 신이 깃들어 있는 신물로 여겨진다.
5. 소통이 끝나면 신은 대를 떠나 본래의 장소로 돌아간다.
6. 대는 상태에 따라 파기되거나 보관된다.

대내림 의식에 등장하는 신과 대를 비교해 보자. 둘은 동일체일까? 아니다. 비록 밀접하게 연결되어 있지만, 둘은 같은 대상이 아니다. 신이 영적 존재라면, 대는 그 존재가 지상계로 내려오는 통로이자, 잠시 머무르는 거처이며, 자신을 나타내는 장치이다. 몇 가지 유의미한 차이를 더 언급하자면 다음과 같다. 신은 대가 만들어지기 전부터 존재한다. 신은 대가 없어도 존재할 수 있다. 대가 파기될 때도 신은 여전히 존재한다. 바꿔 말하자면, 대는 신이 아니다. 대는 신을 일시적으로 담는 임시적인 몸이요, 집일 뿐이다.

고대 근동 사람들이 이해했던 신과 신상의 관계도 이와 매우 흡사했다. 고대인들은 신과 신상을 동일체로 보지 않았다. 신이 영적인 존재라면, 신상은 신을 담는 몸이요, 집으로 생각했다. 보이지 않는 신은 신상을 통해 숭배자들에게 가시적으로 현현했고, 숭배자들은 보이는 신상을 통해 보이지 않는 신을 봤다. 이처럼 신과 신상은 긴밀히 연결되어 있지만 동일체는 아니었다. 물론 일부 고대인들은 돌과 나무로 만들어진 조각상을 신으로 숭배했을 가능성이 있다. 그러나 모든 고대인들이 조각상을 신으로 여겼다고 생각해서는 안 된다. 고대 근동의 자료에 따르면, 신은 신상이 만들어지기 전부터 존재했었고, 따라서 신상이 없어도 신은 존재할 수 있었다. 고대 근동의 입 씻기-입 열기 의식(*mīs pî pīt pî*)은 이런 사실을 명시한다.

입 씻기-입 열기 의식: 거시적 관점

입 씻기-입 열기 의식은 신상에 들어온 신을 신상과 유기적으로 연결하는 의식이다. 이 의식과 관련된 자료들은 고대 근동 지역(니느웨, 앗시리아, 바벨론, 시퍼, 니푸르, 카르후, 우룩 등)에서 광범위하게 발견된다.[17] 이 자료의 생성 연대는 이스라엘 민족이 고대 근동 지역에서 활발히 활

---

17 모든 자료들이 한치의 차이 없이 입 씻기-입 열기 의식을 묘사하지는 않는다. 자료들 사이에 나타나는 다양성은 고대 근동 사람들에게 표준화된 입 씻기-입 열기 의식이 없었다는 점을 보여준다. 하지만 입 씻기-입 열기 의식을 구성하고 있는 골격은 매우 흡사하기 때문에, 이 자료들은 여전히 귀중한 배경지식을 제공한다.

동하던 주전 9세기부터 5세기 사이이다. 따라서 입 씻기-입 열기 의식은 언약 백성이 속해 있던 고대 근동의 신관을 생생히 보여주는 귀한 자료이다. 본서에서는 이 의식이 가장 풍성히 보존된 니느웨 자료를 뼈대로 삼고, 나머지 자료들을 통해 살을 붙이는 방식으로 입 씻기-입 열기 의식의 총체적 과정을 재구성하려 한다.[18]

우선 신과 신상을 연결하기 위해서는 신상이 필요했다. 신상을 만드는 일은 현대인이 상상하듯 아무 때나 마구잡이로 진행되지 않았다. 의례사제(儀禮司祭)들은 신상을 만들기 전에 제사, 기도, 주문 등의 의례 형식을 통해 신과 접촉해야 했다. 만약 신이 접촉에 응한다면, 사제는 신에게서 신상 작업에 필요한 정보—신상을 만들 장인(匠人)들, 장소, 시간, 그리고 신상의 생김새—를 받았다. 접신이 안될 경우에는 신이 신상을 원하지 않는다고 간주하여 신상을 만들지 않았다. 이처럼 신과 접촉하는 일은 신상을 만들기 전에 반드시 거쳐야할 과정이었다. 고대 근동 사람들은 신상 만들기 작업을 전적으로 신의 의지와 허락에 달린 일로 이해했던 것이다.

신과의 접촉이 끝나면 신중하게 신상 제작에 들어갔다. 신상을 만드는 모든 과정, 이를테면 나무를 선택하는 일, 나무를 정화하는 일, 나무를 조각하는 일, 나무에 금칠을 하는 일, 나무에 보석을 다

18 니느웨 자료에는 입 씻기와 입 열기 의식이 함께 표현되지만 이보다 후대의 자료인 바벨론 자료에는 입 씻기 의식이라는 표현만 나타난다. 그렇다고 해서 바벨론에서 입 열기 의식을 안 했다는 의미는 아니다. 단지 역사의 어느 시점에서 두 의식이 입 씻기 의식이라는 표현에 담긴 것으로 보인다. 이 책에서는 니느웨 자료에 사용된 표기법을 따라 입 씻기-입 열기 의식을 사용한다.

는 일 등은 정확하게 이루어져야 했다. 신이 지시한 대로 신상이 제작되지 않을 경우, 신은 신상에 들어가지 않는다고 믿었기 때문이다. 신은 본인의 의지에 따라 정확히 만들어진 신상에만 들어간다고 여겨졌다. 그래서 신이 들어간 신상은 일개의 나무 조각상이 아니라 신의 몸이요, 집으로 간주되었다. 고대 근동 자료가 신상 제작에 사용된 나무를 가리켜 "신들의 살"이나 "신들의 뼈"로 불렀다는 점이 이를 증거한다. 고대인들은 신상 제작에 사용된 나무를 순결한 하늘에서 태어나 지하 세계의 물을 마시고, 지상 세계에 퍼지며, 천상 세계로 솟아나는 우주의 나무로 믿었다.[19]

하지만 신이 신상에 들어갔다고 해서 둘이 즉시 연결되는 것은 아니었다. 신과 신상이 유기적으로 연결되기 위해서는 특별한 의식이 필요했다. 바로 **입 씻기-입 열기 의식**이었다. **입 씻기**(*mīs pî*)는 각종 정화제가 들어간 물로 신상의 입을 세척하는 작업이다. **입 열기**(*pīt pî*) 의식은 입맛 돌고 향기 나는 물질(시럽, 버터기름, 향나무 등)을 신상의 입에 바르는 작업이다. 두 작업에는 각각의 목적이 있었다. 전자는 신상을 신전에 안치할 때까지 거룩한 상태로 유지하기 위해 필요했다면, 후자는 신상, 곧 신의 몸을 활성화하기 위해 필요했다. 입 씻기-입 열기 의식은 총 13-14번 진행되었고, 고대인들은 이 과정을 통해 신의 사지육신(四肢肉身)과 오장육부(五臟六腑)가 신상과 점진적으로 연결된다고 믿었다.[20] "입이 열리지 않은 신상은 향 냄새를 맡을 수도

---

19   술탄테페 태블릿(STT) 199 주문, 30-31 번째 줄을 보라.
20   바벨론 자료에는 14번의 의식이 등장한다.

없고, 음식을 먹을 수도 없으며, 물도 마실 수 없다"고 기록된 고대 근동 자료가 이를 증거한다.[21]

입 씻기-입 열기 의식: 미시적 관점

입 씻기-입 열기 의식은 이틀에 걸쳐 진행되었다. 첫째 날, 의례사제들과 장인들은 신상을 작업장 → 강가 → 정원으로 옮기며 의식을 치렀다. 우선 작업장에 위치한 신상은 이동 전에 향로, 횃불, 성수 등으로 정화를 받아야 했다. 그리고 의식이 진행되는 동안 신상은 "신"(*ilu*)이라고 불렸는데, 이는 신이 이미 신상에 들어왔음을 의미했다.[22] 사제들과 장인들은 신상과 신을 온전히 연결하기 위해 여러 가지 주문을 외웠고 기도문을 읊조렸다. 이때 사용한 주문으로는 "당신은 하늘로부터 스스로의 힘으로 나타납니다"와 "당신 스스로의 힘으로 하늘에서 태어납니다" 등이 있다.[23] 주문의 이름이 명시하듯, 신상의 기원은 땅이 아닌 하늘, 장인이 아닌 신으로 돌려졌

---

21 STT 200의 43-44 번째 줄을 보라. 번역은 Christopher Walker and Michael B. Dick, "The Induction of the Cult Image in Ancient Mesopotamia: The Mesopotamian Mīs Pî Ritual," in *Born in Heaven, Made on Earth: The Making of the Cult Image in the Ancient Near East* (ed. M. B. Dick; Winona Lake, IN: Eisenbrauns, 1999), 55-121(99)를 따른다.

22 혹자는 13-14번의 입 씻기-입 열기 의식이 모두 끝나야 신이 신상에 들어온다고 본다. 하지만 의례사제들이 의식을 다 통과하지 않은 신상을 가리켜 "신"으로 불렀다는 사실은 신상에 신이 벌써 들어와 있음을 전제한다.

23 니느웨 의례 태블릿(NR)의 59번째 줄, 바벨론 의례 태블릿(BR)의 3번째 줄을 보라. 번역은 Christopher Walker and Michael B. Dick, *The Induction of the Cult Image in Ancient Mesopotamia* (SAALT I; Helsinki, 2001), 57, 77을 따른다.

다. 신상이 장인들에 의해 땅에서 만들어졌다는 사실을 의례적으로 지우려 했던 것이다.

정결 의식이 끝나면 신상은 작업장에서 강가로 옮겨졌다. 강가에서도 인간이 신상 제작에 개입했다는 흔적을 지우는 의식이 치러졌다. 예컨대 장인들은 신상을 만들 때 사용했던 도구들—도끼, 못, 톱—을 숫양의 허벅지에 넣은 후, 그 허벅지를 강 속에 던졌다. 그리고 본인들이 아니라 장인의 신들이 신상을 만들었다는 내용의 주문을 여러 차례 외웠다. 신상이 장인들에 의해 땅에서 만들어졌다는 사실을 다시 한번 의례적으로 지웠던 셈이다.

이 의식이 끝나면 신상은 강에서 정원으로 옮겨졌다. 정원으로 옮겨진 신상은 해가 떠오르는 동쪽을 바라보도록 배치되었는데, 이는 신상에 깃든 신이 신상과 완전히 연결될 준비가 거의 끝났음을 의미했다. 사제들은 **입 씻기-입 열기 의식**을 여러 차례 더 진행하고 첫째 날 의식을 끝냈다.

둘째 날, 의례사제들과 장인들은 신상을 정원 → 성문 → 지성소로 옮기며 순서를 이어 나갔다. 아침이 되면 사제들과 장인들은 다시 정원에 모여 **입 씻기-입 열기 의식**의 남은 부분을 진행했다. 이번에도 신상 제조 과정에 인간의 개입이 있었다는 사실을 철저히 부인했다. 예컨대 사제들은 신상을 만든 장인들의 손을 묶고 자르는 의식—문자적으로 자르는 의식이 아니라 상징적으로 자르는 의식—을 집도했다. 아래는 바벨론 의례 태블릿에 보존된 내용이다.

너(의례사제)는 그들(신상을 만든 장인들)의 손을 머리띠로 묶은 후 타마리스크 나무로 만든 칼로 [그들의 손을] 자른다. 너는 [장인들이] "나는 그(신상)를 만들지 않았습니다. 대장장이의 신 에아의 닌아갈이 그를 만들었습니다"라고 말하도록 한다.[24]

이 의식이 끝나면 사제들은 "[신상이] 하늘에서 스스로의 힘으로 태어났습니다," "신상이 순결한 곳에서 태어났습니다," 그리고 "신상이 하늘에서 태어났습니다"라는 주문을 외우며 인간이 신상 만들기 작업에 개입했다는 사실을 또다시 부인했다.[25] 유의미한 부분은 이 의식을 끝으로 장인들에 대한 언급이 더 이상 나오지 않는다는 점이다. 이는 신상 만들기에 개입했던 인간들의 흔적이 완전히 제거되었음을 의미했다.

이 의식이 끝나면 신상은 정원에서 성문으로, 성문에서 지성소로 옮겨지며 나머지 입 씻기-입 열기 의식을 거쳤다. 그렇게 13-14번의 의식이 끝나면 신과 신상은 유기적으로 연결됐다고 여겨져 신상은 신의 온전한 현현으로 간주되었다.

---

24 BR의 51-52번째 줄을 보라. 번역은 Walker and Dick, *The Induction of the Cult Image in Ancient Mesopotamia*, 80을 따랐다.

25 NR의 133, 189, 190번째 줄을 보라. 번역은 Walker and Dick, *The Induction of the Cult Image in Ancient Mesopotamia*, 63, 66을 따랐다. 신상 만들기 작업에 인간이 개입했음을 부인하는 주문은 BR의 54번째 줄에도 나타난다. Walker and Dick, *The Induction of the Cult Image in Ancient Mesopotamia*, 76을 보라.

나타나는 신, 사라지는 인간

입 씻기-입 열기 의식이 진행되는 동안 두 가지 상반된 일—연결됨과 끊어짐, 나타남과 사라짐—이 일어난다는 점은 상당히 주목할 만하다. 다시 말해 신상에 깃든 신은 신상과 점점 더 연결되는 반면 신상을 만든 장인들은 신상과 점점 더 끊어졌다. 장인들의 도구를 강물에 던지는 행위, 장인들의 손을 상징적으로 자르는 행위, 장인들이 신상 제작에 개입했다는 사실을 부인하는 행위, 대장장이의 신이 신상을 만들었다고 주장하는 행위, 장인들이 후반부에 온전히 퇴장하는 행위 등은 신상으로부터 인간적 요소를 최대한 제거하려는 장치였다.

우리가 알다시피, 나무로 신상을 만든 직접적 대상은 인간이다. 아무리 신상에 신이 깃들었다고 가정해도, 그래서 신상이 신의 몸과 집으로 기능한다고 가정해도, 신상이 사람에 의해 만들어졌다는 사실에는 변함이 없다. 사제들과 장인들도 이를 잘 알았다. 그래서 입 씻기-입 열기 의식을 통해 신상의 신성성(神聖性)을 부각하고 장인들의 개입성을 축소하는 데 많은 공을 들였다. 그 결과 인간의 작업장은 신들의 작업장으로, 인간 장인들은 장인의 신들로, 인간이 만든 신상은 신들이 만들고 탄생시킨 신의 몸과 집으로 대체되었다.[26] 너무 멀리 있던 신, 보이지 않던 신이 입 씻기-입 열기 의식을 통해 가까이에 있는 신, 보이는 신으로 육화한 셈이다.

---

26 Michael B. Hundley, *Gods in Dwellings: Temples and Divine Presence in the Ancient near East* (WAWS 3; Atlanta: SBL, 2013), 247-48.

신상신학

입 씻기-입 열기 의식은 신과 신상에 대한 고대인들의 개념을 보다 폭넓게 이해하도록 도와준다. 그리고 현대인들이 지나치게 일반화하는 신과 신상의 관계를 수정해준다. 아래는 지금까지 살펴본 신과 신상의 차이를 근거로 복구한 고대인들의 신상신학이다.

첫째, 신상은 인위적인 조각상이 아니었다. 고대 근동 사람들은 신상을 신과 인간을 연결해 주거나, 혹은 인간에게 신을 연상시켜 주는 매개체 정도로 여기지 않았다. 그들은 신상에 신이 내재해 있다고 믿었다. 신상에 내재한 신은 입 씻기-입 열기 의식을 통해 신상과 유기적으로 연결되었고, 신상은 보이지 않는 신을 가시적으로 나타내는 신의 몸으로 간주되었다. 이 개념은 '조각상'을 뜻하는 아카드어 **짤무**(ṣalmu)의 쓰임새에도 반영되었다. 짤무는 지칭되는 대상에 따라 '신을 조각한 상'이나 '인간을 조각한 상'을 의미한다. 그런데 이 단어가 신상을 의미할 경우, 신을 의미하는 결정사와 함께 사용된다. 입 씻기-입 열기 의식을 마친 신상은 인위적인 조각상으로 여겨지지 않았다는 뜻이다. 고대인들은 신상을 신이 들어있는 신의 몸이요, 보이지 않는 신을 가시화하는 '신의 순수한 현현'으로 믿었다.[27]

둘째, 신상은 신을 가두는 장소가 아니었다. 신이 신상에 깃들어 있다고 해서 신상이 신을 가두는 장소로 기능하지는 않았다. 신은 계

---

27 Angelika Berlejung, "Washing the Mouth: The Consecration of Divine Images in Mesopotamia," in *The Image and the Book: Iconic Cults, Aniconism, and the Rise of Book Religion in Israel and the Ancient Near East* (ed. by K. van der Toorn; CBET 21; Leuven: Peeters, 1997), 45–72(50).

약의 성사 여부에 따라 신상에 깃들거나 신상을 떠날 수 있었다. 고대 근동의 자료에 따르면, 숭배자들이 신과 맺은 계약을 지키지 않거나 신상에 부정을 입힐 경우, 신은 신상을 버리고 떠날 수 있었다. 만약 숭배자들이 회개한다면, 떠났던 신이 신상에 되돌아올 수도 있었다. 신상이 신을 가두는 장소가 아니었기 때문에 가능한 일이었다. 물론 신이 신상에 다시 돌아오기 위해서는 **입 씻기-입 열기 의식**이 필요했다.

셋째, 신은 하나의 신상에 귀속되지 않았다. 같은 신의 신상들이 신전에 안치되었다고 가정해 보자. 신은 어떤 신상에 깃들어 있을까? 첫 번째 만들어진 신상일까? 혹은 마지막에 만들어진 신상일까? 고대 근동 사람들은 모든 신상에 신이 깃들어 있다고 믿었다. 조건(입씻기-입 열기 의식, 계약 등)만 맞는다면, 신은 "여러 장소에 여러 모양으로 자신을 동시에 나타낼 수 있"다고 생각했던 것이다.[28]

메소포타미아의 하늘신 아누(*Anu*)의 신상 열 개가 있다고 가정해 보자. 고대인들은 아누가 열 개의 신상 모두에 존재한다고 믿었다. 그리고 여기에 하나를 더해 하늘에도 그가 있다고 믿었다. 하늘이 아누의 본거지이기 때문이다. 그렇다고 해서 아누가 바다, 지하, 산에도 동시에 존재했다는 의미는 아니다. 그는 하늘신이었기 때문에 하늘에 주거지가 있었다. 그리고 신상 복제를 통해 그가 존재할 수 있는 영역을 한정적으로 확대했을 뿐이다.[29]

---

28 Hundley, *Gods in Dwellings*, 209.

29 우리는 여기에서 대내림 의례에 사용되는 대와 **입 씻기-입 열기 의식**을 거친

넷째, 신상이 적국으로 옮겨질 경우, 신상에 깃든 신도 신상과 함께 적국으로 유배를 갔다. 신상에 신이 깃들어 있다는 개념은 신상의 이동을 신의 이동과 동일한 개념으로 이해하도록 만들었다. 따라서 특정 지역에 있는 신상이 적국의 손에 탈취되어 적국으로 옮겨졌다면, 신상에 깃들어 있는 신도 유배를 간 것으로 이해되었다. 마찬가지로 탈취되었던 신상이 본국으로 돌아올 경우, 유배를 갔던 신이 귀환한 것으로 이해되었다.

다섯째, 약간 손상된 신상이라 할지라도 신은 머물 수 있었다. 신상에 금이 가거나 조각의 일부가 떨어져 나간 경우에도, 신은 여전히 신상 안에 머물러 있다고 여겨졌다. 그러나 신상이 완전히 망가지기 전에 복원 작업이 필요했다. 신상이 완전히 망가질 경우, 신은 더 이상 신상에 머무를 수 없다고 여겨졌기 때문이다. 복원 작업에도 절차가 필요했다. 사제는 신상을 비밀리에 작업장으로 가져왔다. 그리고, 장인들이 신상을 고치는 동안 지속해서 제물을 드리고 주문을 외우며 기도해야 했다. 심지어 왕도 기도로 동참했다. 일례로 아래는 에살핫돈 왕의 기도문이다.

> 오 위대한 신들이여, 사람이 감히 범접할 수 없는 곳에 남신과 여신을 창조하는 것이 누구의 권리입니까? 신상을 복구하는 작업—당신께서 제게 신탁을 통해 끊임없이 허락하신 작업—은 어렵습니다. 신

신상의 차이점을 발견한다. 전자는 신이 총량적으로 강림하는 공간이지만 후자는 신이 부분적으로 확장되는 공간이다.

상들을 만드는 일은 당신의 권한이며, 당신의 손에 달려 있습니다. 그래서 저는 당신에게 간청합니다. … 당신이 마음에 두고 생각하시는 바가 이루어지기를 바랍니다 … 당신이 이 작업을 완성하도록 명하신 숙련된 장인들에게 그들의 창조자인 에아가 지닌 높은 이해력을 부어 주십시오. 당신의 고귀한 말씀으로 그들에게 기술을 가르치소서. … 그들의 모든 작업을 성공시켜 주소서.[30]

이처럼 고대인들은 신상의 복구 작업조차도 신들의 개입이 없으면 이루어질 수 없다고 믿었다.

여섯째, 신상이 완전히 파괴되어도 신은 죽지 않았다. 신상을 수리하다가 복구가 될 수 없다고 판단될 경우, 사제는 신상을 강에 침전시켰다. 강으로 신상을 옮기는 작업과 신상을 강에 침전시키는 작업도 비밀리에 행해졌다. 신상 침전 작업에 인간의 개입이 있었다는 점을 숨겨야 했기 때문이다. 신상에 깃들어 있던 신은 침전 의식을 통해 신상에서 나와 본래 있던 곳으로 돌아간다고 믿어졌다. 신상이 타의로 파괴―전쟁이나 홍수 등에 의한 파괴―됐을 때도 마찬가지였다. 예컨대, 적국의 신상을 파괴한 앗슈르바니팔 왕은 신상에 깃들어 있었던 신을 가리켜 육체에서 분리된 "영혼"(zāqīqu)이라고

---

30 Riekele Borger, *Die Inschriften Asarhaddons, Königs von Assyrien* (AOB 9; Graz, 1956), §53, 14–20. 번역은 Michael B. Dick, "The Mesopotamian Cult Statue: A Sacramental Encounter with Divinity," in *Cult Image and Divine Representation in the Ancient Near East* (ed. N. H. Walls; ASOR 10. Boston: ASOR, 2005), 43–67(58–59)을 따랐다.

말했다.[31] 에살핫돈 왕은 신상을 떠나는 신들의 모습을 이렇게 표현했다. "그 안[신상들 안]에 있던 신들은 새처럼 하늘로 도망쳤다."[32] 이처럼 신은 신상과 운명을 함께하지 않았다.

　일곱째, 신이 들어 있지 않은 신상은 숭배의 대상이 아니었다. 신이 담겨 있지 않은 신상은 나무, 돌, 쇠붙이로 만들어진 조각상에 불과했다.[33] 고대 근동 사람들이 신상을 숭배했던 이유는 신상에 신이 깃들어 있다고 믿었기 때문이다. 따라서 신이 떠난 신상은, 떠난 신을 상기시켜 주는 장치로 기능할 수는 있어도 더 이상 숭배의 대상은 아니었다. 하나의 예를 살펴보자. 고대 근동 문헌에 따르면 "시파르의 태양신인 샤마쉬의 신상이 파괴되면 샤마쉬는 그의 형상이 만들어지기 전까지 시파르를 다스리지 못한다."[34] 그 이유가 뭘까? 샤마쉬(Šamaš)가 시파르를 다스리기 위해서는 신상을 통해 시파르에 확장되어 있어야 했다. 그러나 그의 신상이 파괴되었다. 샤마쉬가 더 이상 신상에 머물 수 없게 되었던 것이다. 결국 샤마쉬는 시파르를 떠

31　Dick, "The Mesopotamian Cult Statue," 57.

32　Erle Leichty, *The Royal Inscriptions of Esarhaddon, King of Assyria (680-669 BC)* (RINAP 4; Winona Lake, IN: Eisenbrauns, 2011), 196. 문맥에 의하면 신들이 떠난 장소는 홍수로 인해 파괴된 도시이다. 하지만 그 신들이 도시의 신전에 있던 신상들에 깃들어 있었다는 배경지식을 고려한다면, 이들이 떠난 장소는 도시의 신전에 위치하고 있던 신상들, 곧 홍수로 인해 부정해졌거나 파괴된 신상들이라는 점을 알 수 있다.

33　Benjamin D. Sommer, *The Bodies of God and the World of Ancient Israel* (Cambridge: Cambridge University, 2009), 22을 참고하라.

34　Hundley, *Gods in Dwellings*, 279.

났다. 입 씻기-입 열기 의식을 통해 비어 있는 신상에 신이 다시 들어오기 전까지는 샤마쉬의 신상은 영혼이 없는 조각상에 불과했다. 이처럼 고대 근동 사람들은 조각상을 숭배하지 않았다.

[삽화 2] 태양신 샤마쉬 (신상)[35]

신 ≠ 신상

이처럼 다수의 고대 근동 사람들은 신과 신상을 동일시하지 않았다. 신과 신상 사이에는 뚜렷한 존재의 경계선이 있었다. 신은 신

---

35   © 런던 대영박물관 (The Trustees of the British Museum). BM 122934.

상이 없어도 존재할 수 있었고, 신상이 파괴되어도 존재할 수 있었다. 신은 신상의 존재 유무에 상관없이 존재할 수 있었다. 신은 신상이 아니고, 신상은 신이 아니었기 때문이다. 그러므로 "모든 고대인들은 돌이나 나무로 만든 신상을 신으로 믿었다"라는 개념은 옳지 않다. 물론 개중에는 돌과 나무로 만들어진 조각상을 신으로 숭배했던 자들도 있었을 것이다. 하지만 이를 일반화해서는 안 된다. 다수의 고대인들은 신과 조각상의 차이를 분명히 인지하고 있었다.

요컨대, 신이 영적 존재라면, 신상은 신이 인간계로 확장되는 통로이자, 신이 인간계에 머무르는 거처이며, 또한 신이 인간계에 자신을 나타내는 장치였다. 이를 기억하는 일은 탈박제 작업—특히 야훼 하나님의 초월성을 고대 근동의 관점으로 이해하는 작업(제3장)—에 큰 도움이 된다.

신상신학의 전제

고대 근동의 신상신학에는 중요한 전제가 깔려 있다. 바로 신은 무소부재하지 않다는 전제이다. 만약 신이 무소부재했다면 굳이 신상을 만들 필요가 없었을 것이다. 신상은 인간이 도달할 수 없는 영역에 존재하는 신을 인간계로 확장시키려는 장치였음을 기억하자. 마치 와이파이 라우터가 인터넷의 가용 영역을 확대하는 장치인 것처럼, 신상은 신의 존재 영역을 확대하는 장치였다. 이를 달리 표현하자면, 신은 모든 영역에 동시에 존재할 수 없으므로 신상의 도움을 받아 존재의 영역을 확장해야만 했다는 뜻이다.

현대인들의 하나님은 무소부재의 하나님이다. 우리는 '임마누엘의 하나님,' 즉 '어디로 가든지 나와 항상 함께하시는 하나님'을 믿는다. 그러나 신의 무소부재성은 탈(脫)/비(非) 고대 근동적 신관이었다. 한 신이 모든 영역에 동시에 충만하다는 개념은 고대인들에게 무척 생경한, 혹은 말도 안 되는 개념이었다. 그들이 생각하는 신은 인간과 절대자 사이에 있는 존재, 곧 인간보다는 강하지만 인간의 한계를 완전히 뛰어넘은 초월자는 아니었다. 아무리 신이라고 할지라도 신은 공간의 제한을 받았다. 한 번에 모든 곳에 동시에 존재할 수 있는 신은 고대인들의 생각이나 상상 속에 존재하지 않았다.

신이 무소부재하지 않다는 신관은 고대인들을 불안하게 만들었다. 커다란 문제에 봉착한 고대인들의 모습을 가정해 보자. 그의 머리에는 수많은 생각이 스쳐 지나갔을 것이다.

신에게 간절히 기도해 볼까? 만약 내가 기도하는 장소에 신이 없으면, 그래서 신이 내 기도를 들을 수 없으면 어쩌나? 고래고래 소리를 지르며 기도해 볼까? 그러면 신의 귀에 내 기도가 닿을까?

이처럼 무소부재하지 않은 신은 인간이 쉽게 다가갈 수 있는 신이 아니었다. 이 문제를 해결할 방법이 없을까? 있다. 인간이 쉽게 접근할 수 있는 장소에 신을 모셔 두는 것이다. 신상은 이 목적을 이루는 데 안성맞춤이었다. 결국 고대인들은 신상을 만들어 신이 깃들 수 있도록 했다. 그리고 **입 씻기-입 열기 의식**을 통해 신과 신상을 유기적으로 연결했다.[36] 그 결과 멀리 있던 신, 인간의 기도를 들을 수 없던 신, 인간에게 도움을 줄 수 없던 신이 인간이 접근할 수 있는 활동 반경 안으로 들어왔다. 이제 인간들은 불안해할 필요가 없어졌다. 그들은 자신들의 기도를 들어줄 신이 어디에 있는지 안다. 그들의 문제를 해결해 줄 신이 어디에 있는지 안다. 고대인들의 삶이 신상을 모셔 둔 신전이나 산당을 중심으로 공전했던 이유가 바로 여기에 있다. 고대인들은 무소부재하지 않은 신과 언제나 접촉할 수 있는 영역을 만듦으로써 삶의 안전지대를 구축했던 것이다.

성경의 예들

구약성경과 신상신학

고대 근동의 신상신학은 구약성경을 더욱 풍성하게 이해할 수 있도록 돕는다. 구약성경에는 고대 근동의 신상신학을 전제하는 구절들이 꽤 많이 있기 때문이다. 모든 예들을 일일이 찾아보면 좋겠지만, 여기에서는 간단히 다룰 수 있는 몇 가지만 살펴보기로 한다.

---

36 고대 근동 지역에서 발견되는 모든 신상이 입 씻기-입 열기 의식을 거쳐 만들어졌다고 보지는 않는다. 이 의식은 만신전의 상위에 있는 신들을 전문적으로 모시는 국가 종교 차원에서 주로 이루어졌을 것이다. 그렇다고 해서 만신전 하위에 있는 신들의 신상이 아무렇게 만들어졌다고 봐서는 안 된다. 비록 입 씻기-입 열기 의식과 같이 거창한 의식을 치르지는 않았다고 할지라도, 그들도 특별하고 각별한 의식을 통해 만들어졌다고 보는 것이 타당하다.

아론의 변명

출애굽기 32장을 보자. 본문에는 모세가 산 위에서 야훼 하나님을 만나는 동안, 아론이 산 아래에서 금송아지 형상을 만드는 이야기가 등장한다. 고대 근동의 입 씻기-입 열기 의식은 본문을 보다 구체적으로 이해할 수 있도록 돕는다.

모세가 산에서 오랫동안 내려오지 않자, 히브리 민족은 불안해졌다. 그래서 아론에게 "우리를 인도할 신[상]을 만들어" 달라고 요청했다. 아론은 히브리 민족으로부터 금을 받아 "거푸집"에 녹인 후 금송아지 형상을 만들었다. 그러자 사람들은 금송아지를 야훼 하나님의 형상으로 여기며 축제를 벌였다.[37] 이와 같은 사실을 알게 된 모세는 속히 산 아래로 내려와 아론을 책망했다. 그러자 아론은 다소 황당한 답변을 제시한다. 황금 송아지가 불에서 저절로 나왔다는 게 아닌가? 그의 대답을 들어보자.

> 22 아론이 대답하였다. … 23 "그들이 나에게 '우리 앞에 서서, 우리를 인도하여 줄 신을 만들어 주시오. 우리를 이집트 땅에서 이끌어 낸 모세라는 사람이 어떻게 되었는지 우리는 모르겠습니다' 하고 말하기에 24 내가 그들에게 금붙이를 가지고 있는 사람은 누구든지 그 금을 빼서 나에게 가져 오라고 하였습니다. 그들이 금붙이를 가져 왔기에,

---

37 아론이 신상을 통해 "야훼의 절기"(חג ליהוה)를 지키자고 말했다는 점은 금송아지가 야훼, 즉 이집트에서 히브리 민족을 구원하셨던 하나님의 형상으로 만들어졌음을 의미한다(출 32:5). Nahum M. Sarna, *Exodus* (JPSTC; Philadelphia: Jewish Publication Society, 1991), 203-204.

내가 그것을 불에 넣었더니 이 수송아지가 생겨난 것입니다." (출 32:22-24, 『새 번역』)

현대인의 눈에 비친 아론의 변명은 정말 황당하기 짝이 없다. 마치 신상이 "저절로" 만들어진 것처럼 답하고 있기 때문이다.[38] 그래서 다수의 주석가들은 아론의 대답을 "궁색한 변명" 혹은 "어처구니없는 변명" 정도로 이해한다.

그러나 고대 근동 사람들은 우리와 다르게 반응했을 가능성이 높다. 우선 아론의 답변이 신상을 만드는 문맥에 들어있다는 점을 기억하자. 고대 근동 사람들은 입 씻기-입 열기 의식을 통해 신상을 활성화했다. 그리고 무엇보다 이 의식에서 가장 중요하게 여겨졌던 부분은 신상 만들기 작업에 인간이 개입했다는 부분을 철저히 부인함으로써 신상의 신성을 극대화하는 일이었다. 이와 같은 배경지식은 아론이 출애굽기 본문에서 의례사제의 역할을 담당했다는 독법을 가능하게 한다. 그리고 아론의 답변을 신상 만들기 의식의 한 요소—인위적인 흔적을 지우는 요소—로 볼 수 있게 한다. 이 관점에 따르면 의례사제 아론이 내놓은 답변은 "궁색한 변명"이나 "어처구니없는 변명"이 아니라 입 씻기-입 열기 의식에 기대고 있는 '종교적인 답변'이다.[39]

---

38 Philip G. Ryken and R. Kent Hughes, *Exodus: Saved for God's Glory* (Wheaton, IL: Crossway Books, 2005), 1004.

39 물론 신상을 만들었던 배경이 광야이기 때문에 작업장 → 강가 → 정원 → 성문 → 지성소로 옮겨가며 의식을 진행할 수는 없었을 것이다. 대신 광야에

이를 근거로 출애굽기 본문을 해석하자면 다음과 같다. 모세가 산 위에서 내려오지 않자, 히브리 민족은 불안해졌다. 그래서 모세와 함께 야훼의 의례사제 역할을 감당했던 아론에게 야훼의 신상을 만들어 달라고 부탁했다. 아직 야훼 하나님을 깊이 만나지 못했던 아론은 금품을 모아 황금 송아지를 만들었고, 그 신상을 야훼의 신상으로 선포했다. 고대 근동의 입 씻기-입 열기 의식에 직/간접적으로 노출되어 있었던 히브리 민족은 "야훼께서 신상에 깃들었고, 그래서 산 위에 계신 야훼께서 산 아래에 있는 황금 송아지로 확장됐다"라고 믿었다. 멀리 산 위에 모세와 함께 계신 야훼께서 황금 송아지 신상을 통해 산 아래에 있는 자기들(민족)과도 함께 하신다고 믿었다.

물론 야훼 하나님은 이와 같은 고대 근동의 신상신학에 종속된 신이 아니었다(제3장을 보라). 오히려 신상이 없어도 모든 영역에 충만히 존재하시는 무소부재의 신이셨다. 그래서 야훼께서는 신상이 없어도 신상이 있는 것처럼 존재하실 수 있다는 점을 이 본문과 여러 다른 사건을 통해 명시하셨다.

신상 만드는 과정을 조롱하기

하박국 2장에는 신상을 만드는 과정을 조롱하는 내용이 나온다.

서 할 수 있는 대체 의식을 통해 신상을 만들었을 가능성은 충분하다. 대체 의식에서도 인간의 개입을 최대한 지우는 일은 신상에 신성을 부여하기 위해 매우 중요했을 것이다. 앞의 각주를 참고하라.

¹⁸ 신상(פֶּסֶל)을 무엇에다 쓸 수 있겠느냐? 사람이 새겨서 만든 것이 아니냐? 거짓이나 가르치는, 부어 만든 형상에게서 무엇을 얻을 수 있겠느냐? 그것을 만든 자가 자신이 만든 것을 의지한다고 하지만, 그것은 말도 못하는 무가치한 것이 아니냐? ¹⁹ 나무더러 '깨어나라!' 하며, 말 못하는 돌더러 '일어나라!' 하는 자야, 너는 망한다! 그것이 너를 가르치느냐? 기껏 금과 은으로 입힌 것일 뿐, 그 안에 숨이라고 는 전혀 없는 것이 아니냐? (합 2:18-19, 『새번역』)

보다시피 성경은 신상을 "사람이 새겨서 만든 것," "부어 만든 형상," 그리고 "금과 은으로 입힌 것"으로 정의한다. 신상은 "만든 자"가 분명히 있다는 의미이다. 게다가 신상에게 "깨어나라," "일어나라"라고 주문을 외운 자들도 있음을 명시하고 있다. **입 씻기-입 열기 의식의 핵심 요소들 중 하나가 인간의 개입을 지우는 일이었음을** 기억할 때, 하박국 본문은 신상 작업에 인간의 개입이 있었다는 점을 의도적으로 드러냄으로써 신상신학의 아킬레스건을 끊었다. 그 결과 신상은 신을 담기에 "무가치한 것"으로 강등되었다.

이번에는 이사야 44장을 보자.

⁹ 신상(פֶּסֶל)을 만드는 자들은 모두 허망한 자들이다. 그들이 좋아하 는 신상은 아무 쓸모가 없는 것들이다. 이런 신상을 신(אֵל)이라고 증 언하는 자들은 눈이 먼 자들이요, 무지한 자들이니, 마침내 수치만 당할 뿐이다. ¹⁰ 아무런 유익도 없는 신을 만들고 무익한 신상을 부어

만드는 자가 누구냐? ¹¹ 그런 무리는 모두 수치를 당할 것이다. 대장장이들은 사람일 뿐이다. 그들을 모두 불러모아 법정에 세워라. 그들은 두려워 떨며, 수치만 당할 것이다. ¹² 철공은 그의 힘센 팔로 연장을 벼리고, 숯불에 달구어 메로 쳐서, 모양을 만든다. 이렇게 일을 하고 나면, 별 수 없이 시장하여 힘이 빠진다. 물을 마시지 않으면, 갈증으로 지친다. ¹³ 목공은 줄을 늘여 나무를 재고, 석필로 줄을 긋고, 대패질을 하고, 걸음쇠로 줄을 긋는다. 그렇게 해서 사람의 아름다운 모습을 따라, 신상을 만들어 신전에 놓는다. ¹⁴ 그는, 용도에 따라 숲에서 백향목을 찍어 오기도 하고, 삼나무와 상수리나무를 베어 오기도 한다. 그러나 그 나무들은 저절로 튼튼하게 자란 것이지, 그들이 키운 것이 아니다. 하늘에서 내리는 비를 머금고 자라는 것이지, 그들이 자라게 하는 것이 아니다. ¹⁵ 이 나무는 사람들에게 땔감에 지나지 않는다. 목공 자신도 그것으로 몸을 따스하게 하고, 불을 피워 빵을 굽기도 한다. 그런데 그것으로 신을 만들어서 그것에게 절하며, 그것으로 신상을 만들어서 그 앞에 엎드린다! ¹⁶ 신상을 만드는 것과 꼭 같은 나무 반 토막으로는 불을 피우고, 그 불덩이 위에 고기를 구워 먹고, 그것으로 배를 불리며, 또 몸을 따스하게 하며 '아, 불을 보니 따뜻하다' 하고 말한다. ¹⁷ 불을 때고 남은 토막으로는 신 곧 신상을 만들고, 그 앞에 엎드려 숭배하고, 그것에게 기도하며 '나의 신이여, 나를 구원하여 주십시오' 하고 빈다. ¹⁸ 백성이 알지도 못하고 깨닫지도 못하는 것은 그들의 눈이 가려져서 볼 수 없기 때문이며, 마음이 어두워져서 깨달을 수 없기 때문이다. ¹⁹ 그런 사람에게는 생각도 없고 지식도 없고 총명도 없다. 고작 한다는 말이 '내가 그 나무의 반 토막으로는 불을 피워, 그 불덩이 위에 빵을 굽고 고기를 구워 먹었지. 불을 때고 남은 나무로는 가증한 신상을 만들었지. 이제 나는 그 나무 토막 앞에 절한다' 하는구나. [20] 타고 남은 재로나 배를 채우려는 자들, 그들은 어리석은 마음에 미혹되어서, 도움마저 받지 못한다. 손에 쥐고 있는 신상이 참 신이 아니라는 것을 받아들이려 하지 않는다. (사 44:9-20, 『새번역』)

이사야 본문 또한 신상을 만드는 과정에 인간의 개입이 있었음을 명시하고 있다. 예컨대 "대장장이들," "철공"들, "목공"들, "신상을 만드는 자들" 혹은 "신상을 부어 만드는 자"들이 그 과정에 개입했다. 하지만 그들은 입 씻기-입 열기 의식의 주장과는 다르게 대장장이의 신들이 아니라 그저 "사람[들]일 뿐"이었다. 바로 그들이 "석필," "대패," "걸음쇠"와 같은 도구를 사용해 신상을 만들었다. 보다시피 이사야 본문도 하박국 본문과 마찬가지로 입 씻기-입 열기 의식을 구성하고 있는 인간의 개입을 노골적으로 드러냄으로써 신상의 무력함과 쓸모없음을 논증하고 있다.

질 미들마스(Jill Middlemas)는 이방인들의 신상신학을 해체하기 위해 성경의 저자들이 사용한 방법을 네 가지로 요약했다.[40] 첫째, 신

---

40 Jill Middlemas, *The Divine Image: Prophetic Aniconic Rhetoric and Its Contribution to the Aniconism Debate* (FZAT 2.74; Tübingen: Mohr Siebeck, 2014), 53.

들이 깃드는 신상을 단순한 물건으로 강등시키기. 둘째, 신상의 신적 기원을 부정하기 위해 신상 만들기 작업에 들어간 사람의 개입을 부각시키기. 셋째, 신상을 구성하는 재료(돌, 철, 나무)를 언급하기. 넷째, 신상, 신상 예배자들, 신상을 만든 자들에게 심판을 선포하기. 성경의 저자들은 이러한 방법을 통해 **입 씻기-입 열기 의식의 유효성**을 원천적으로 봉쇄하려 했다고 볼 수 있다.

부숴 버려야 하는 신상들

민수기 33장에는 가나안 정복을 앞둔 히브리 민족에게 하달된 야훼 하나님의 명령이 있다. 가나안 땅에 세워져 있는 이방신들의 신상을 모조리 부숴 버리라는 명령이었다.

> [51] 너는 이스라엘 백성에게 다음과 같이 일러주어라. 너희가 요단강을 건너 가나안 땅에 발을 내딛거든 [52] 그 땅에 살고 있는 사람들을 모두 몰아내어라. 그들이 돌로 새겨 만든 신상이나 쇳물을 부어 만든 신상을 **모조리 부숴 버려라.** 또 그들이 지어 놓은 산당도 모두 다 허물어 버려라. (민 33:51-52, 『현대어성경』)

야훼께서 이방신들의 신상을 "모조리 부숴 버려라"는 명령을 내리셨던 이유가 무엇일까? 고대 근동의 신상신학은 이 질문에 유의미한 답을 제공한다. 신상을 깨어 버림으로써 그 속에 깃들어 있던 이방신을 가나안 땅에서 쫓아내도록 하기 위함이었다.

입 씻기-입 열기 의식에 따르면 신상은 이방신이 깃들어 있는 장소, 그래서 이방신의 영토를 가시화하는 최고의 장치였다. 따라서 가나안 땅에 세워진 신상은 그 땅이 이방신이 주관하고 있던 영역이었음을 의미한다. 이런 개념을 알고 있던 언약 백성에게 야훼께서는 다음과 같이 명령하셨다. "그들이 돌로 새겨 만든 신상이나 쇳물을 부어 만든 신상을 모조리 부숴 버려라." 고대 근동 사람들은 이 명령에 담긴 의미가 무엇인지 알고 있었다. 이방신의 신상을 으깨어 버림으로써 신상에 깃들어 있던, 그래서 그 땅을 주관하고 있던 이방신을 그 땅에서 쫓아내라는 의미였다.

출애굽기 34장도 이와 같은 맥락에서 이해할 수 있다.

> [12] 너희가 분명히 기억해야할 사실은, 너희가 들어가는 땅에 사는 주민들과 어떤 형태로든 계약을 맺어서는 안 된다는 것이다. 그들이 너희와 함께 살면 너희의 올가미가 될 것이기 때문이다. [13] 너희는 오히려 그들이 쌓아 놓은 제단을 헐어 버리고 그들이 세워 놓은 석상을 부숴 버리고 그들이 만들어 놓은 아세라상을 깨뜨려 버려야 한다. [14] 너희는 절대로 다른 신에게 절을 해서는 안 된다. 나의 이름은 '질투심이 한없이 많은 야훼'이다. 나는 질투하는 하나님이다. (출 34:12-14, 『현대어성경』)

이 본문에도 이방신의 신상을 "부숴 버리고" 또한 "깨뜨려 버"리라는 명령이 주어졌다. 그 이유가 무엇이었을까? 신상을 깨어 버림으로써 그 속에 깃들어 있는 이방신을 신상이 놓여 있던 땅에서 쫓아내기 위함이었다.

그러므로 민수기와 출애굽기 본문의 방점은 신상을 깨는 모습에 찍히지 않는다. 대신 깨어진 신상에서 이방신들이 쫓겨나는 모습, 그래서 그 영토가 야훼의 영역이 되는 모습에 방점이 찍힌다. 신상에서 쫓겨난 이방신들은 더 이상 신상이 놓여 있었던 영토를 주관할 수 없었다. 그들이 깃들어 있었던 신상, 그들을 인간계로 확장시켰던 신상이 산산조각 났기 때문이다. 그렇게 이방신이 떠난 영토의 주권은 야훼 하나님께 돌려졌다.

정리하기

고대 근동의 신학

제1장에서 우리는 고대 근동 사람들의 신관을 세 부분으로 나누어 살펴봤다. 첫 번째 부분은 고대인들이 수용했던 다신관의 전제였다. 앞서 살펴본 바에 따르면 다신관의 저변에는 무소부재하고 전지전능한 초월자의 부재가 자리하고 있다. 한 분의 초월자가 삼라만상의 질서를 다스릴 수 있다는 개념은 탈/비고대 근동적이었다. 따라서 고대인들은 될 수 있으면 많은 신들과 좋은 관계를 맺음으로써 삶의 질을 높이려 했다.

두 번째 부분은 자연과 신의 관계였다. 우리는 모든 고대 근동 사람들이 자연(태양, 나무, 돌)을 신으로 숭배한 것은 아니라는 점을 알게 되었다. 고대인들 중에는 자연과 신을 확실히 분리했던 자들이 있었다. 그들은 태양이 아닌 태양신(태양을 주관하는 신, 태양으로 상징되는 신)을 섬겼고, 달이 아닌 달신(달을 주관하는 신, 달로 상징되는 신)을 섬겼다. 비록 자연과 신 사이에 밀접한 관계가 있다는 점은 인정했지만, 자연이 곧 신이라고 생각하지는 않았다.

세 번째 부분은 신상과 신의 관계였다. 앞서 살펴본 바에 따르면, 모든 고대 근동 사람들이 신상을 신으로 숭배한 것은 아니었다. 다수의 고대인들은 신상과 신을 분리—신을 영적 존재로, 신상을 신이 임시적으로 거주하는 몸/집으로 분리—했다. 신과 신상을 유기적으로 연결하는 **입 씻기-입 열기 의식**이 이를 증거한다. 그리고 고대인들이 신상을 만들었던 이유는 멀리 있는 신을 가까운 곳에 위치시키기 위함이라는 점도 살펴보았다. 신들의 무소부재성을 믿지 않았던 고대인들은 신이 쉽게 닿을 수 없는 곳에 있다고 생각했다. 그래서 인간의 활동 반경 안에 신을 모심으로써 신과 소통하려고 했다. 신상에 신이 깃들 수 있다는 고대 근동의 신상신학은 이러한 요구를 해결하는 데 안성맞춤이었다.

다음 장으로

제1장은 고대 근동 사람들의 신관을 개괄적으로 살펴보는 데 집중했다. 이 작업은 본서의 주제인 탈박제 작업—야훼 하나님의 초월성을 고대 근동의 관점으로 이해하는 작업—의 기초석이 된다. 앞으로 살펴보겠지만, 구약성경의 저자는 제1장의 내용(다신론의 전제, 신과 자연의 차이, 신과 신상의 차이 등)을 독자가 알고 있다고 가정한 채 이야기를 서술했다. 구약성경은 고대 근동의 저자가 고대 근동의 독자를 일차 독자로 상정하고 쓴 문서이기 때문이다. 그러므로 이차 독자인 우리가 일차 독자의 눈으로 성경을 읽기 위해서는 저자가 가정한 고대 근동의 요소를 어느 정도 알고 있어야 한다. 제1장은 이러한 목적을 위해 기록되었다.

제2장은 구약성경에 등장하는 이방인 다신론자들의 모습을 고대 근동의 신관으로 분석한다. 이 작업은 이스라엘의 주변국이 신들을 어떻게 이해했는지를 입체적으로 보여준다. 그리고 이스라엘

의 오직-야훼-신앙을 더욱 구체적으로 이해할 수 있도록 돕는다. 우리는 이집트의 파라오(출 7-15장), 사마리아의 이방인 거주자들(왕하 17장), 블레셋의 사제들과 점쟁이들(삼상 4-6장)의 신관을 분석하며 탈박제 작업의 두 번째 단계를 밟는다.

제2장

이방인들의 세상

"구약성경이 묘사하는 하나님은 이방인들에게도 당신을 드러내신다. 비록 언약 백성인 이스라엘에게 주시는 계시의 분량과 방법에는 미치지 못하지만 이방인들에게 당신을 드러내시는 야훼 하나님은 구약성경의 여러 곳에 등장한다. 그렇다면, 우리는 물을 수 있어야 한다. '야훼 하나님께서 굳이 이방인들 … 의 신관에 변화를 일으키신 이유가 무엇일까?' 혹시 야훼께서 이방인들을 마음에 품고 계시며, 궁극적으로 이스라엘을 통해 이들을 부르고 계심을 나타내기 위함이 아닐까? 하나님께서 이스라엘을 제사장 나라로 선택하셨다는 점은 이와 같은 해석이 결코 억지스러운 것이 아님을 보여준다. 열방을 향한 야훼 하나님의 마음은 단 한 번도 닫혀 있었던 적이 없다. 그 마음은 파라오에게도 열려 있었고, 사마리아 성읍으로 이주한 이방인들에게도 열려 있었다. 그리고 지금도 온 세상을 향해 열려 있다."

이방인들의 신관

구약의 이방인들

구약성경을 읽다 보면, 자신도 모르는 사이에 이방인들의 신관을 조롱하는 우리의 모습을 발견하게 된다. 야훼 하나님의 놀라운 기적을 목격했음에도 불구하고 야훼를 끝까지 거역했던 수많은 이방인들—파라오와 이집트의 술객사들(출 7-15장), 사마리아로 이주한 타국인들(왕하 17장), 그리고 블레셋 이방인들(삼상 4-6장)—을 떠올려 보라. 이들은 설교나 성경공부에서 자주 비판의 대상으로 등장하는 주인공들이다. 우리는 종종 이들을 떠올리며 은연중에 본인의 신앙을 드높게 평가하기도 한다.

하지만 이방인들을 무작정 비판하기 전에, 우리는 이들이 하나님께 불순종했던 이유를 살펴봐야 한다. 왜 이들은 야훼 하나님을 따르지 않았을까? 왜 이들은 오직-야훼-신앙을 받아들이지 않았을까? 도대체 이들이 가진 불순종의 저변에는 무엇이 있었던 것일까? 우리는 이 질문을 끌어안고 진지하게 고민해 볼 필요가 있다.

제한된 계시

눈을 떠 보니 무인도에 홀로 있는 자신을 상상해 보자. 눈에 제일 먼저 들어오는 풍경은 바다와 나 사이에 넓게 펼쳐진 모래사장이다. 나는 바닷가를 걸으며 혹시 섬에 있을지 모르는 다른 사람을 찾기 시작한다. 얼만큼 걸었을까? 저 멀리 발자국이 보인다. 나는 발자국이 난 곳으로 뛰어가 발자국을 따라 걷는다. 하지만 곧 실망하고 만다. 발자국이 바다 쪽을 향해 사라졌기 때문이다.

발자국은 우리에게 두 가지의 상반된 개념을 떠올리게 한다. "있다"와 "없다"이다. 발자국을 본 우리는 '누군가가 이곳에 있다'라고 생각하게 된다. 그리고 동시에 '그 누군가가 이곳에 없다'라고 생각하게 된다. 같은 대상이 두 개의 전혀 다른 개념을 떠올리게 하는 셈이다. 이런 면에서 발자국은 '존재'가 아니라 '존재의 흔적'일 뿐이다. '존재의 흔적'은 '존재'가 아니다. 대신 '존재가 남긴 무엇'이다. '존재의 흔적'만으로는 '존재'를 온전히 복구할 수 없다. 우리가 발자국을 통해 발자국 주인의 키, 몸무게, 보행 습관 등은 유추할 수 있다 할지라도, 주인의 이름, 생김새, 취미, 습관까지 유추할 수는 없다는 뜻이다. 우리가 발자국 주인에 대해 구체적으로 알기 원한다면 그 주인이 우리에게 직접 찾아와 자신을 보여줘야 한다. 이 방법 외에는 발자국 주인에 대한 상세한 정보를 찾을 수 없다.

특별계시와 일반계시의 차이도 이와 흡사하다. 일반계시는 '하나님'이 아니라 '하나님의 흔적'을 보여준다. 그래서 우리는 일반계시를 통해 하나님의 이름이나 계획을 발견할 수 없다. 하나님의 이름과 계획은 오직 특별계시를 통해서만 알 수 있다. 이방인과 언약 백성을 나눈 근본적인 이유는 이와 같은 계시의 차이였다. 언약 백성은 하나님의 자기 계시를 통해 야훼를 만났다. 그래서 하나님의 이름과 계획을 알 수 있었다. 하지만 이방인들은 특별계시의 수혜자가 아니었다. 그들에게 주어진 계시는 일반계시뿐이었다. 그들은 일반계시를 통해 야훼의 흔적만 접했다. 그래서 이방인들에게는 야훼를 온전히 알 수 있는 능력이 없었다. 그들은 야훼의 흔적을 통해 신이 존재한다는 사실만 깨달았을 뿐이다.

만들어진 신

이처럼 우리가 너무 쉽게 비판하는 구약의 이방인들은 특별계시의 수혜자가 아니었다. 그들은 신이 누구인지 명확히 알 수 없었다. 신의 이름도, 계획도, 존재와 능력의 범위도 알 수 없었다. 신이 그들에게 나타나 자신을 계시해 줄 때까지, 그들은 일반계시의 한계 속에 머물러야 했다. 그러자 이방인들은 다른 방법을 택했다. '신의 발자국들' 위에 '신들의 형상'을 만든 것이다. 그리고 '신들의 형상'에 이름, 속성, 서사를 부여했다. 그렇게 이방신들이 탄생했다.

일부 학자들은 이방신들의 탄생을 타락한 영들의 개입과 연결시켜 이해하기도 한다.[1] 이 관점에 따르면 타락한 영적 존재들이 일

---

1 예컨대 콜린 코넬(Collin Cornell)은 이방신들의 정체성에 대한 학계의 견해를 세 가지로 정리했는데, 그중의 하나가 이에 속한다. Idem, "Theological Approaches to the Problem of God's Ancient Look-Alikes," in *Divine Doppelgängers: YHWH's Ancient Look-Alikes* (ed. C. Cornell; University Park: Pennsylvania State University Press, 2020), 101-14(105-13). 이 관점은 신명기 32장에 있는 "이스라엘 자손"을 "하나님의 아들들"로 읽는 독법이나 신약에 등장하는 타락한 영들의 근원을 구약으로 소급시키는 관점에서 출발한다. 지지자들의 주장에 따르면 타락한 영적 존재들이 고대인들의 생각과 마음을 장악해 신들을 창조해 내도록 했다. 그들이 허구의 신들을 창조한 이유는 야

반계시의 막다른 골목에 서 있는 고대인들의 생각과 마음을 장악해 이방신들을 창조하도록 부추겼다. 타락한 영들은 그렇게 탄생한 이방신들의 자리에 들어가 신처럼 활동하기 시작했다. 그 결과 일반계시의 한계 아래 있던 이방인들은 타락한 영들을 신들로 섬기며 따랐다. 우리가 어떤 관점을 취하든지 관계없이 일반계시의 한계는 이방신들의 탄생에 밀접한 영향을 끼쳤다고 볼 수 있다.

구약의 이방인들을 만나는 태도

우리는 구약성경과 신약성경을 모두 소유하고 있는 혜택을 누리고 있다. 이런 우리의 눈에 비친 구약의 이방인들은 때로는 어리석게, 때로는 미련하게, 때로는 고집스럽게 보일 수 있다. 그러나 이방인들을 쉽게 정죄하기 전에, 그들이 마주했던 일반계시의 한계를 먼저 떠올려 보는 자세가 필요하다. 아울러 특별계시의 수혜자인 우리에게 주어진 책임을 떠올려 보는 자세도 필요하다. 물론 이방인들의 불순종을 정당화하자는 의미는 아니다. 불순종은 그 어떤 이유로도 정당화될 수 없다. 단, 그들의 불순종을 쉽게 비판하기 전에, 그들이 마주했던 한계를 먼저 이해하며 본문을 살피자는 의미이다. 어쩌면 우리가 성경 속에서 만나는 이방인들의 모습은 하나님의 특별계시를 받지 못한 현대인들의 모습일 수도 있다.

훼 하나님을 향한 질투심과 경쟁심 때문이었다. 구약의 신들을 일반계시의 한계와 더불어 타락한 영들이 개입한 결과로 이해하는 견해는 마귀의 존재를 믿는 현대 기독교인들의 생각과 같은 맥락에 있다.

이집트: 파라오의 신관

대적자 파라오

출애굽기 7-15장에는 파라오(이집트의 최고 통치자)와 모세(히브리 민족의 대표자)의 결전이 등장한다. 모세를 찾아오신 야훼 하나님께서는 수많은 기적들을 통해 당신의 능력과 위엄을 히브리 민족과 이집트인들에게 보여주셨다. 지팡이가 뱀으로 변하는 기적, 물이 피로 변하는 기적, 개구리 떼가 넘쳐나는 기적, 땅의 티끌이 이가 되는 기적, 불이 섞인 우박이 떨어지는 기적, 메뚜기 떼가 창궐하는 기적, 며칠 동안 어둠이 깔리는 기적, 처음 난 것들이 모두 죽는 기적, 홍해가 갈라지는 기적 등은 모두 야훼의 위대함을 드러냈다.

하지만 출애굽기 본문을 읽는 우리는 한가지 질문을 마주한다. "왜 파라오는 야훼 하나님의 큰 능력을 경험했음에도 불구하고 끝까지 그분을 대적한 것일까?" 야훼께서 행하시는 수많은 기적들을 피부로 경험했던 파라오는 그 누구보다 야훼의 위대하심을 깊이 인지했다. 그럼에도 불구하고 그는 야훼에게 끝까지 대적했다. 도대체 파라오가 황소고집을 부렸던 이유는 무엇일까?

다수의 현대인들은 파라오의 강퍅한 마음—파라오가 스스로 강퍅하게 만든 본인의 마음, 야훼께서 강퍅하게 만드신 파라오의 마음—에 주목한다(출 4:21; 7:13; 8:15, 32; 9:7, 12, 34-35; 10:1, 20, 27). 그리고 야훼께서 파라오의 마음을 강퍅하게 하셨다는 부분에 주로 초점을 맞취 예정론이나 주권론 같은 개념으로 문제를 해결하려 한다. 물론 이런 접근도 유의미하다. 하지만 우리는 이와 다른 방향―고대 근동의 눈으로 파라오의 강퍅한 마음 모티프를 살펴보는 방향―에서 문제에 접근하고자 한다.

강한/무거운 심장 모티프

"파라오의 마음이 강퍅하다"는 히브리어 표현은 문자적으로 "파라오의 심장(לֵב)이 무겁다/강하다(כבד, חזק, קשׁה)"는 의미이다. 고대 이집트에서 "아무개의 심장이 무겁다/강하다"는 표현은 "아무개가 본인이 결정한 바를 돌이키지 않는다"라는 긍정의 의미로 사용되었다.[2] 예컨대, 이집트 중왕국의 문서인 「관문의 서」에는 강한/무거운 심장 모티프가 세 번 등장하는데, 모두 긍정적인 의미로 사용되었다. 또한 태양신 라는 그의 배를 운반하는 네 명의 신들에게 "비밀이 있는 동굴로 가는 완벽한 길을 열 수 있도록 너희들의 심장을 강하게/무겁게 하라"고 격려했다. 이 문장에 사용된 강한/무거운 심장 모티프도 "의지한 바를 더욱 굳세게 하라"라는 긍정적 의미

---

2   Nili Shupak, "Some Idioms Connected with the Concept of 'Heart' in Egypt and the Bible," in *Pharaonic Egypt: The Bible and Christianity* (ed. S. Israelit-Groll; Jerusalem: Magnes Press, 1985), 202-12(206-207); idem, "ḤZQ, KBD, QŠH LĒB: The Hardening of pharaoh's Heart in Exodus 4:1-15:21― Seen Negatively in the Bible but Favorably in Egyptian Sources," in *Egypt, Israel, and the Ancient Mediterranean World: Studies in Honor of Donald B. Redford* (ed. G. N. Knoppers and A. Hirsch; PÄ 20; Leiden: Brill, 2004), 389-404(398-404).

를 담고 있다. 이와 같은 이집트의 숙어를 고려할 때, 파라오의 심장이 본인에 의해 무거워/강해졌다는 표현은 본인 스스로 야훼를 대적할 의지를 굳혔다는 의미로 해석된다. 그리고 파라오의 심장이 야훼로 인해 무거워/강해졌다는 표현은 야훼께서 파라오가 내린 결정을 존중하사 그의 도전을 온전히 받아주셨다는 의미로 해석된다.[3]

하지만 파라오의 심장은 야훼의 초자연적인 능력 앞에서 자주 가벼워졌고 약해졌다. 야훼께서 내리신 개구리, 파리, 우박, 메뚜기의 기적들을 경험한 파라오는 모세와 아론에게 다음과 같은 요구를 했다.

> 너희는 야훼 하나님께 기도하여, 개구리들이 나와 나의 백성에게서 물러가게 하여라. 그러면 내가, 너희 백성이 야훼 하나님께 제사를 드릴 수 있도록 너희를 보내 주겠다. (출 8:8, 『새번역』)

> 그렇다면 나는 너희를 내보내서, 너희가 광야에서 너희의 야훼 하나님께 제사를 드리게 하겠다. 그러나 너희는 너무 멀리는 나가지 말아라. 그리고 너희는 내가 하는 일도 잘 되도록 기도하여라. (출 8:28, 『새번역』)

---

3   보다 구체인 논증은 Sanghwan Lee, "The Journey through the Netherworld and the Death of the Sun God: A Novel Reading of Exodus 7–15 in Light of the Book of Gates," *Religions* 14.3.343 (2023): 1–30(12–13)에서 볼 수 있다.

내가 죄를 지었다. 주께서 옳으셨고, 나와 나의 백성이 옳지 못하였다. 너는 야훼 하나님께 기도하여, 하나님이 나게 하신 이 천둥소리와 하나님이 내리신 이 우박을 그치게 하여 다오. (출 9:27-28, 『새번역』)

내가 너희와 너희의 야훼 하나님께 죄를 지었다. 부디 이번만은 나의 죄를 용서하고, 너희의 야훼 하나님께 기도하여 이 엄청난 재앙이 나에게서 떠나게 하여라. (출 10:16-17, 『새번역』)

야훼의 막강한 능력을 경험했던 파라오에게 생각의 변화가 찾아왔던 것이다. 그러나 그는 마음을 돌이켜 본인의 심장을 다시 무겁고 강하게 했다. 그리고 야훼 하나님을 대적하기로 마음먹은 바를 실행에 옮겼다. 야훼께서는 파라오의 의견을 존중하셨고, 당신의 능력을 다시 이집트에 나타내셨다. 파라오의 심장은 가벼워/약해졌지만, 그는 다시 심장을 무겁게/강하게 하여 그의 황소고집을 이어 나갔다.

이집트인들의 고집

파라오가 보였던 황소고집은 그의 마술사들과 신하들에게서도 나타났다. 이집트의 마술사들은 야훼께서 행하신 기적을 가리켜 "직접 신(神)이 하는 일"이라고 고백했다(출 8:19). 그런데도 그들은 야훼를 따르지 않았다. 파라오의 신하들도 마찬가지였다. 그들은 야훼

의 기적을 목격한 후에도 야훼의 말씀에 "마음을 두지 않"(לֹא־שָׂם לִבּוֹ)
았다(출 9:21). "마음을 두지 않다"로 번역된 히브리어 표현은 야훼를
대적했던 파라오의 고집을 묘사하는 데 사용된 표현(לֹא־שָׁת לִבּוֹ; 출
7:23)과 동일한 의미를 지니고 있다.[4]

우리는 다시 원점으로 돌아와 이렇게 질문할 수 있다. "왜 파라
오는 (그리고 그의 제사장들과 신하들은) 야훼 하나님의 큰 능력을 경험했음
에도 불구하고 그분을 끝까지 대적했을까?" 고대 근동의 다신관은
우리에게 두 개의 상호 보완적인 답을 제시한다.

타지의 신, 야훼

첫 번째 이유는 '신들이 특정 영역과 연결되어 있다'라는 고대 근동
의 개념에서 찾을 수 있다. 앞서 언급했듯이, 고대 근동 사람들은 무
소부재한 신을 몰랐다. 그래서 신들을 고유의 지역과 연결시켜 이
해했다. 신과 영토의 관계에 대한 크리스토퍼 D. 스탠리(Christopher D.
Stanley)의 말을 들어보자.

> 대부분의 경우 신들은 특정 영토에 묶여 있고, 그 영토의 거주민들과
> 특별한 관계를 맺는다고 이해되었다. 거주민들은 … 그들이 속한 땅
> 의 신을 공경해야 했다. … 아무개가 다른 지역에 들어갈 때 그 영역
> 을 주관하는 신에게 경의를 표해야 했다. 타지의 신을 공경하는 의무

---

4   Noel D. Osborn and Howard A. Hatton, *A handbook on Exodus* (New York: United Bible Societies, 1999), 223.

는 아무개가 그 지역을 떠날 때야 비로소 끝났다. 이제 아무개는 그 지역을 주관하는 신의 영향권 밖에 있기 때문이다.[5]

이집트도 예외는 아니었다. 이집트 사람들은 같은 만신전을 구성하는 신들이라 할지라도 영토에 따라 주신(특정 지역의 주인 신)과 객신(특정 지역에 방문한 손님 신)을 구별했다. 일례로 그들은 주신을 '주(*nb*)+지역 이름'으로 호칭했고, 객신을 '중심(*hr[y]-ib*)+지역 이름'으로 호칭했다.[6] 그래서 신들의 호칭만으로 누가 특정 영토의 주신이고, 객신인지를 구별할 수 있었다.[7]

주신은 주신의 영토에서 가장 강했고, 객신은 객신의 영토에서 가장 강했다. 만약 객신이 주신의 영토를 방문할 경우, 객신은 주신에게 예를 갖춰야 했고, 주신의 권위에 종속되었다. 같은 만신전에 속한 신들이라 할지라도 영토에 따라 각각 주신과 객신으로 구별된다. 이러한 사상은 이집트 영토에서 현지의 신(이집트의 영토를 주관하는

---

5   Christopher D. Stanley, *The Hebrew Bible: A Comparative Approach* (Minneapolis: Fortress, 2010), 81, 155.

6   Giuseppina Lenzo, "The Names of Osiris in the Litany of the So-Called Spell 141/142 of the Book of the Dead in Ancient Egypt," in *Naming and Mapping the Gods in the Ancient Mediterranean: Spaces, Mobilities, Imaginaries* (ed. T. Galoppin et al; Berlin: De Gruyter, 2022), 15-40을 보라.

7   오시리스의 경우 대개 '주(主) + 아비도스'(아비도스의 주)로 표현됐는데, 아비도스는 오시리스 숭배를 대표하는 지역이었다. 만약 오시리스와 같은 만신전에 속해 있지만 이집트의 다른 영역에 사는 신이 오시리스의 신전을 방문할 경우, 오시리스 숭배자들은 방문한 신을 '중심(*hr[y]-ib*)+지역 이름'으로 명명함으로 그가 '손님 신'이라는 사실을 명시했다.

신)이 타지의 신(이집트의 영토 밖에 거주하는 신)보다 강하다는 신관으로 발전했다.

이집트의 통치자 파라오는 이집트에서 현지의 신과 타지의 신이 대립할 경우 당연히 전자가 후자보다 유리한 싸움을 하리라고 판단했을 것이다. 파라오에게 있어서 야훼는 이집트의 주신도 아니고 객신도 아니었다. 야훼는 이름도 알려지지 않은 타지의 신이었을 뿐이다. 이러한 맥락에서 출애굽기가 여러 구절을 통해 야훼 하나님을 외지의 신으로 묘사한다는 점은 주목할 만하다. 일례로, 출애굽기 5:1-2을 보자.

> [1] 그 뒤 모세와 아론이 파라오에게 가서 말하였다. "이스라엘의 하[나]님 야훼께서 '나의 백성이 내 앞에서 축제를 올리도록 광야로 내어 보내라' 하고 말씀하셨습니다." [2] 그러나, 파라오는 "야훼가 누군데 내가 그의 말을 듣고 이스라엘을 내보내겠느냐? 나는 야훼를 알지도 못하거니와, 이스라엘을 내보낸다는 것은 당치도 않은 말이다" 하며 거절하였다. (출 5:1-2, 『공동번역』)

이 구절에는 몇 가지 중요한 정보가 담겨 있다. 우선 모세와 아론은 야훼 하나님을 예배하길 원하는 장소를 "광야"로 언급했다는 것이다(출 8:27-28도 참고하라). 이집트의 관점으로 볼 때, 광야는 이집트의 영역을 벗어나는 영역이다. 따라서 광야에서 야훼를 예배하고 싶다는 요구는 야훼께서 이집트의 만신전에 포함되지 않은 타지의 신이라는 의미를 수반한다.[8] "나는 야훼를 알지도 못[한다]"라는 파라오의 답변도 그가 야훼를 이집트 만신전의 외부에 있는 신으로 이해했음을 드러낸다.[9] 이후에도 파라오는 야훼를 가리켜 모세와 아론의 하나님—"너희의 야훼 하나님"(출 8:25), "너희의 신 야훼 하나님"(출 10:16-19)—으로 호칭하며 야훼의 타지성을 강조했다.

이러한 정보는 파라오가 야훼 하나님의 놀라운 기적들을 경험했음에도 불구하고 야훼를 끝까지 거역한 이유를 설명한다. 앞서 언급했듯이, 고대 근동의 전형적인 신관에 의하면 이집트에서 현지의 신과 타지의 신이 대립할 경우 당연히 전자가 후자보다 유리한 싸움을 할 것으로 예상되었다. 게다가 다신론자였던 파라오의 관점으로 볼 때, 야훼 홀로 이집트의 여러 신들을 이집트 땅에서 상대해야 하기 때문에 더더욱 야훼가 이길 확률이 없다고 예상했을 것이다. 그러므로 우리는 파라오가 이집트 신들이 타지의 불청객 신, 야훼를 쉽게 굴복시키리라고 예상했음을 알 수 있다.

---

8   이집트인들은 광야의 신 세트가 이방 영토를 주관하고 있다고 믿었기 때문에 세트는 종종 이방인들이 섬기는 신들을 대변하기도 했다. 그렇다면 파라오는 히브리 민족이 광야에서 섬기고자 했던 신을 세트로 이해했을 가능성이 있을까? 그러한 가능성은 없어 보인다. 본문은 히브리 민족이 예배하는 대상을 야훼 하나님으로 특정하기 때문이다. 세트에 대해서는 H. Te Velde, *Seth, God of Confusion: A Study of His Role in Egyptian Mythology and Religion* (PÄ 6; Leiden: Brill, 1977), 109-51을 보라.

9   출애굽기는 이집트 사람들이 야훼를 전혀 모르고 있는 것으로 묘사한다(출 14:4, 18).

피지배 민족의 신, 야훼

파라오가 야훼 하나님께 끝까지 대적한 두 번째 이유는 '고대 근동 사람들은 지배-피지배 민족의 구도로 신들의 강(強)-약(弱) 관계를 이해했다'라는 개념에서 찾을 수 있다. 고대 근동에는 '지배하는 민족의 신'이 '지배당하는 민족의 신'보다 강하다는 개념이 있었다. 이를 고려할 경우 출애굽기가 이집트인들을 지배층으로, 히브리 민족을 피지배층으로 묘사한다는 점은 유의미하다. 이집트인들은 히브리인들을 "강제 노동"으로 억압했고, "혹독하게 부리기도 했"으며, "온갖 고된 일로 이스라엘 자손을 괴롭"혔다(출 1:11-14). 그리고 파라오에게 있어서 히브리 민족은 노동력을 쉽게 착취할 수 있는 대상일 뿐이었다.

> 한편 이집트 왕은 이스라엘 백성들이 도망쳤다는 말을 전해 들었습니다. 그러자 파라오와 그의 신하들은 이스라엘 백성들에 대한 마음이 바뀌어 "우리가 이스라엘 백성들을 내보내어 일손을 잃어버리다니 도대체 우리가 무슨 짓을 한 것인가!"라고 말했습니다. (출 14:5, 『우리말 성경』)

이와 같은 정보는 파라오가 야훼 하나님을 끝까지 따르지 않은 이유를 설명한다. 앞서 언급했듯이, 고대 근동 사람들은 지배-피지배 민족의 구도를 신들의 강-약 관계 속에서 이해했다. 이 구도에 따르면 지배 민족의 신들이 피지배 민족의 신보다 강하다. 따라서 파라오는 이집트의 신들이 당연히 야훼보다 강하다고 생각했을 것이다.

파라오의 생각에 영향을 끼쳤을 법한 또 하나의 요소가 있다. 다수의 학자들은 출애굽기의 배경을 이집트의 신왕국 시대로 본다. 신왕국 시대의 이집트는 고대 근동의 패권을 움켜쥐고 있던 강대국이었다. 따라서 파라오는 야훼가 이집트의 신들을 이길 것이라고 전혀 생각하지 않았을 것이다. 게다가 출애굽기의 배경이 이집트 땅에서 일어나는 신들의 전쟁이었다는 점으로 미루어 보아 파라오는 현지의 신들이 곧 야훼를 굴복시키리라 예상했을 것이다. 파라오에게 있어서 야훼 하나님은 피지배 민족의 약한 신이었을 뿐이다.

고대 근동 사람, 파라오

현대인들은 야훼 하나님을 무소부재하고 전지전능한 신으로 믿는다. 그래서 이집트의 영토도 당연히 야훼께 속한 땅으로 이해한다. 그러나 파라오는 우리처럼 생각할 수 없었던 고대 근동의 이방인이었음을 기억하자. 이집트의 왕으로 태어나 이집트 땅에서 자라며 이집트의 신들을 섬겼던 파라오[10]는 여느 고대 근동 사람들과 마찬가지로 신들이 한정된 영역과 연결되어 있다고 믿었다. 그리고

---

10 파라오는 태양신의 성육신으로 여겨졌다. 하지만 그렇다고 해서 그가 이집트의 신들을 섬기지 않았다고 생각하면 안 된다. 그는 이집트의 왕으로 이집트의 만신전을 섬겨야 했고, 이를 통해 이집트의 질서를 구축해야 하는 의무가 있었다.

지배-피지배 민족의 구도를 통해 신들의 강-약 관계를 이해하려 했다. 이런 그에게 있어서 야훼는 타지의 불청객 신이자 피지배 민족의 약한 신이었을 뿐이다. 파라오는 야훼가 아무리 강하다고 할지라도 결코 이집트의 신들을 꺾을 수 없다고 판단했다. 이집트 신들의 영토이자 그 신들이 가장 강하게 역사할 수 있는 영역에서 일어난 신들의 전쟁은 이집트 신들에게 절대적으로 유리하게 진행될 것이라 생각했기 때문이다. 그러나 출애굽기 7-15장은 신들의 전쟁이 파라오의 예상대로 흘러가지 않았음을 보여준다.

고대 근동의 눈으로 보는 야훼

소위 "열 가지 재앙"으로 알려진 출애굽기의 놀라운 기적들은 야훼 하나님의 초월성을 유감없이 드러냈다. 다시 말해, 지팡이가 뱀으로 변하는 기적, 물이 피로 변하는 기적, 개구리 떼가 넘쳐나는 기적, 땅의 티끌이 이가 되는 기적, 불이 섞인 우박이 떨어지는 기적, 메뚜기 떼가 창궐하는 기적, 며칠 동안 어둠이 깔리는 기적, 처음 난 것들이 모두 죽는 기적, 홍해가 갈라지는 기적 등은 야훼의 초월성—이집트 신들을 모든 영역에서 뛰어넘는 초월성—을 드러내기에 충분했다. 이처럼 야훼의 능력은 이집트 땅의 모든 영역에 나타났고, 이집트의 신들은 야훼의 능력 앞에서 속수무책 넘어졌다.[11]

---

11 일부 신학자들은 "열 가지 재앙"을 이집트의 열 명의 신들과 일대일로 대응시켜 해석해야 한다고 주장한다. 이들의 관점에 따르면 열 가지 재앙은 열 명의 이집트 신들을 저격하는 장치이다. 하지만 나는 이런 해석과 다소 다른 해석을 제안한다. 내 연구에 의하면 열 가지 재앙은 이집트의 질서를 주관하

주신들이나 객신들 할 것 없이 그 누구도 야훼의 권능을 막아내지 못했다.

이처럼 출애굽기 본문이 묘사하는 야훼 하나님은 파라오가 가정했던 고대 근동 신관에 들어맞지 않는 신이었다. **야훼께서는 이집트의 만신전에 포함되지 않은 타지의 신으로 등장하시지만 마치 본인의 영토에서 싸우시는 것처럼 이집트에서 놀라운 능력을 나타내셨다. 야훼께서는 피지배 민족의 약한 신으로 등장하시지만 마치 지배 민족의 신처럼 이집트 영토에서 막강한 기적과 이사(異事)를 행하셨다.** 어떻게 이럴 수 있었을까? 야훼 하나님은 땅과 연결되어 있지만 땅에 귀속되지 않고, 피지배 민족과 연결되어 있지만 민족의 약함에 귀속되지 않는 초월적 존재이기 때문이다.

출애굽기 본문에는 또 하나의 중요한 신관이 들어있다. **야훼께서는 이방인 파라오의 요구도 들어주시는 하나님이라는** 부분이다. 앞서 살펴봤듯이, 야훼 하나님의 능력을 경험했던 파라오는 모세와 아론에게 여러 번 다음과 같은 요청을 했다. "너희는 야훼 하나님께 기도하여, 개구리들이 나와 나의 백성에게서 물러가게 하여라"(출 8:8), "너희는 내가 하는 일도 잘 되도록 기도하여라"(출 8:28), "너는 야훼 하나님께 기도하여, 하나님이 나게 하신 이 천둥소리와 하나님이 내리신 이 우박을 그치게 하여 다오"(출 9:28), "너희의 야훼 하나님께

는 데 반드시 필요하다고 여겨진 네 명의 신들 - 태양신 라(*Ra*), 마법의 신 헤카(*Heka*), 지혜의 신 시아(*Sia*), 보호의 신 메헨(*Mehen*) - 을 저격하는 장치로 해석할 수 있다. Lee, "The Journey through the Netherworld and the Death of the Sun God," 1-30을 보라.

기도하여 이 엄청난 재앙이 나에게서 떠나게 하여라"(출 10:17). 보다시피 파라오는 모세와 아론에게 자신을 위해 야훼 하나님께 기도해 달라고 부탁했다. 놀라운 점은 야훼께서 모세를 통해 전달된 파라오의 요구에 모두 응답하셨다는 사실이다. 출애굽기의 하나님은 파라오의 의사를 존중하셨다. 파라오가 본인의 심장을 무겁게/강하게 하여 야훼 하나님을 대적할 때는 야훼께서도 그의 도전에 적극적으로 응수하셨다. 반면에 파라오가 마음을 돌이켜 하나님께 사죄할 때는, 야훼께서도 그의 간구에 적극적으로 응답하셨다. 재앙을 거두어 달라는 파라오의 모든 요구에 야훼께서 긍정적으로 화답하셨다는 점이 이를 드러낸다. 여기에는 아무리 이방인이라 할지라도 야훼 하나님의 백성을 통해 하나님께 나아갈 경우, 야훼께서 기꺼이 응답하신다는 의미가 담겨 있다. 이런 야훼의 모습은 이스라엘을 제사장 국가로 묘사하는 구약성경의 가르침과 맥락을 같이한다(출 19:6; 신 7:6; 10:15; 사 61:5-6; 호 4:6; 슥 8:20-23).

놀랍게도 위에 언급한 내용들을 간결하게 담아내는 구절이 출애굽기에 등장한다. 출애굽 후에 야훼 하나님과 모세가 시내산에서 나눈 대화를 보여주는 장면이다.

> [3] 모세가 산으로 올라가 하나님께로 가니, 야훼 하나님께서 산에서 그를 불러서 말씀하셨다. "너는 … 이스라엘 자손에게 이렇게 일러 주어라. [4] '너희는 내가 이집트 사람에게 한 일을 보았고, 또 어미 독수리가 그 날개로 새끼를 업어 나르듯이, 내가 너희를 인도하여 나에

게로 데려온 것도 보았다. ⁵ 이제 너희가 정말로 나의 말을 듣고, 내가 세워 준 언약을 지키면, 너희는 모든 민족 가운데서 나의 보물이 될 것이다. 온 세상이 다 나의 것이다. 그러므로 너희는 내가 선택한 백성이 되고, ⁶ 너희의 나라는 나를 섬기는 제사장 나라가 되고, 너희는 거룩한 민족이 될 것이다.'" (출 19:3-6, 『새번역』)

야훼께서 온 세상을 당신의 영토(ל׳ כל הארץ)로 주장하시고, 또한 히브리 민족을 당신의 "제사장 나라"(ממלכת כהנים)로 선포하신다. 첫 번째 주장은 야훼께서 보편적인 고대 근동의 개념—신들은 한정된 영역과 연결되어 있고, 지배-피지배 민족의 구도는 신들의 강-약 관계로 이해된다는 개념—에 귀속되지 않으셨던 이유를 설명한다. 야훼께서는 온 땅의 주인이시기 때문에 이집트 영토에서도 마치 주신처럼 능력을 행하실 수 있으셨다는 의미이다. 두 번째 선포는 야훼께서 모세와 아론을 통해 파라오의 기도를 듣고 응답하셨던 이유를 설명한다. 이스라엘을 따로 구별하신 이유는, 그들을 통해 세상의 이방국들에게 진리를 전달하기 위함이라는 의미이다. 이처럼 출애굽기의 하나님은 땅과 연결되어 있지만 땅에 한정되지 않는 초월자요, 피지배 민족과 연결되어 있지만 민족의 약함에 제한되지 않는 능력자이시며, 이스라엘을 통해 이방국들에 빛을 전하실 만유의 신이시다.

사마리아: 이방인 거주자들의 신관

뒤바뀐 거주민들

이번에는 열왕기하 17장에 기록된 기묘한 이야기를 통해 이방인들의 신관을 살펴보도록 하자. 아래에 있는 본문은 이스라엘의 불순종으로 인해 진노하신 야훼께서 앗시리아가 북왕국을 멸망시키도록 허용하신 후에 발생한 일들을 기록하고 있다(왕하 17:7-23 참조).

²⁴ 앗시리아 왕은 바빌론과 구다와 아와와 하맛과 스발와임에서 사람들을 데려다가 이스라엘 사람들이 살던 사마리아 성읍들에 이주시켜 그들로 하여금 그 곳에서 자리 잡고 살게 하였다. ²⁵ 그들은 그 곳으로 옮겨 와서 처음에는 야훼를 공경하지 않았다. 그래서 야훼께서는 사자들을 보내시어 사람들을 잡아먹게 하셨다. ²⁶ 이 일이 앗시리아 왕에게 보고되었다. "임금님께서 데려다가 사마리아의 여러 성읍에 이주시키신 민족들이 그 지방의 신을 위하는 법을 모릅니다. 그 지방의 신은 자기를 위하는 법을 아는 자가 하나도 없다고 하여 사자를 보내어 사람들을 잡아먹게 하였습니다." ²⁷ 이 말을 듣고 앗시리아 왕이 명령을 내렸다. "사마리아에서 잡아 온 사제 한 명을 그리로 보내도록 하여라. 그 곳에 가서 살면서 그 지방의 신을 위하는 법을 가르치도록 하여라." ²⁸ 그리하여 사마리아에서 잡혀 온 사제 하나가 베델에 가서 살면서 그들에게 야훼 공경하는 법을 가르치게 되었다.

²⁹ 그러나 그 민족들은 저마다 자기네가 사는 곳에서 저희의 신상들을 만들어 사마리아인들이 지은 산당들 안에 두었다. ³⁰ 바빌론 사람들은 수꼿브놋을 만들었고 구다 사람들은 네르갈을 만들었으며 하맛 사람들은 아시마를 만들었고, ³¹ 아와 사람들은 니브하즈와 다르닥을 만들었다. 스발와임 사람들은 그들의 신인 아드람멜렉과 아남멜렉에게 자녀들을 제물로 살라 바쳤다. ³² 그러는 한편 그들은 야훼도 공경하였다. 자기들 가운데서 출신을 가리지 않고 사람들을 뽑아 산당의 사제직을 맡겨 그 곳에 있는 산당들에서 사제 일을 보게 하였다. ³³ 이렇게 그들은 야훼를 공경하면서도 각 민족이 붙잡혀 오기 전에 가졌던 풍습을 따라 저희의 신도 섬겼다. … ⁴² 이 민족들은 한편으로는 야훼를 공경하면서 동시에 저희의 우상들도 섬겼다. 그들은 후손들도 대대로 이 날까지 선조들의 풍습을 그대로 지켜 내려왔다.

(왕하 17:24-42, 『공동번역』)

사마리아 지역으로 이주해 온 이방인들에게 기이한 사건이 일어났다. 사건의 핵심 내용을 차례대로 요약하자면 다음과 같다.

1. 이스라엘을 정복한 앗시리아 왕은 사마리아 성읍에 거주하던 이스라엘 백성을 이방 지역으로 이주시켰고, 이방 지역에 있던 타국인들을 사마리아 성읍으로 불러들였다.
2. 사마리아 성읍으로 이주한 타국인들은 "야훼 하나님을 공경하지 않았다."

3. 야훼께서는 그들에게 사자를 보내심으로 당신의 존재를 알리셨다.

4. 타국인 이주자들은 야훼를 공경하기로 생각을 바꾸었지만, 야훼를 공경하는 법을 몰랐다.

5. 그들은 앗시리아 왕에게 "그 지방의 신을 위하는 법"을 가르쳐 달라고 요구했다.

6. 왕은 "사마리아에서 잡아 온 사제(제사장) 한 명을" 그들에게 보내어 "그 지방의 신을 위하는 법을 가르치도록" 했다.

7. 제사장은 베델로 가서 이방인 거주자들에게 "야훼 공경하는 법"을 가르쳐 주었다.

8. 타국인 이주자들은 야훼를 공경하기 시작했다.

9. 그러나 그들은 다른 신들도 함께 섬겼다.

이 짧은 이야기 속에는 고대 근동의 다신관을 구성하는 여러 가지 요소들이 가정되어 있다. 지금부터 몇 가지 중요한 요소들을 살펴보자.

영토와 연결된 신

열왕기하 본문에는 '신과 특정 영토가 연결되어 있다'라는 전형적인 고대 근동의 신관이 전제되어 있다. 우리는 출애굽기 본문을 통해 이와 동일한 개념을 살펴본 바 있다. 하지만 열왕기하 본문에는 출애굽기 본문과 크게 다른 부분이 하나 있다. 출애굽기 본문이 이방인의 땅에 거주하는 이스라엘 민족을 배경으로 한다면, 열왕기하 본문은 이스라엘 땅에 거주하는 이방인들을 배경으로 한다는 점이다. 이런 차이를 기억하며 본문을 본다면 새로운 개념을 발견하게 된다.

열왕기하 본문에 따르면 야훼께서 사마리아로 이주한 이방인들에게 사자를 보내셨다. 그 이유는 이들이 "야훼를 공경하지 않았"기 때문이었다(왕하 17:25). 우리는 여기에서 한 가지 질문을 만난다. 타국인 이주자들이 야훼를 공경하지 않았던 이유가 무엇일까? 앞서 살펴봤듯이, 고대 근동 사람들은 신들의 세상에 살았다. 이는 새롭게 이주한 영토에도 그 지역을 다스리는 신이 존재한다는 믿음이 이방인들에게 있었음을 의미한다. 본문에 등장하는 이방인이 야훼를 "그 지방의 신"(אלהי הארץ)으로 불렀다는 점은 이를 명시한다(왕하 17:26). 따라서 사마리아 성읍으로 이주한 타국인들이 그 지역을 주관하는 신을 공경함으로 삶의 안녕을 추구함은 당연지사였다.[12] 하지만 그들은 "그 지방의 신"이 누구인지 전혀 관심이 없었다. 그 이유가 무엇일까?

이방인들이 이주한 장소가 앗시리아에 패배한 이스라엘의 땅이라는 사실이 앞서 제기된 질문에 대한 실마리를 제공한다. 고대 근동의 신관에 의하면 나라 A(이스라엘)가 나라 B(앗시리아)에 패했을 경우, 나라 A의 신(야훼)이 나라 B의 신(앗슈르)보다 약하거나, 혹은 나라 A

---

12 Walter Brueggemann, *1 & 2 Kings* (Macon, GA: Smyth & Helwys, 2000), 483; Peter J. Leithart, *1 & 2 Kings* (TCB; Grand Rapids, MI: Brazos, 2006), 253을 보라.

의 신(야훼)이 나라 A(이스라엘)를 비웠기 때문에 발생한 일로 이해했다. 게다가 승리한 나라가 패한 나라의 신상을 파괴했을 경우, 패한 신이 신상에서 나와 그의 본거지로 떠났다고 생각했다. 만약 승리한 나라가 패한 나라의 신상이나 성전 기물을 본국으로 가져갔을 경우, 패한 신도 승리한 나라로 유배를 갔다고 생각했다. 그러므로 앗시리아에 의해 사마리아 성읍으로 이주된 타국인들은 "그 지방의 신"이 사마리아에 없다고 짐작했을 가능성이 매우 높다. 이러한 사유는 이방인 거주민들이 야훼 하나님을 공경하지 않은 이유를 설명해준다.

하지만 사자의 출현은 야훼께서 사마리아 성읍을 떠나지 않았음을 알렸다. 사자를 맞닥뜨린 이방인들은 분명히 혼란스러웠을 것이다.

'어떻게 패한 신이 여전히 사마리아에서 능력을 행사할 수 있지? 사마리아는 앗시리아의 영토가 아니었나? 패한 신이 앗시리아의 영토에서 사자를 부릴 수 있다는 사실을 어떻게 이해해야 할까?'

하나님의 특별계시를 받지 못했던 이방인들의 머릿속에 여러 가지 질문들이 꼬리에 꼬리를 물고 이어졌음을 짐작할 수 있다. 그럼에도 불구하고 그들이 본능적으로 이해했을 만한 부분이 하나 있다. 바로 야훼 하나님은 공경받아 마땅한 "그 지방의 신"이라는 점이다.

[삽화 3] 신적 동물들을 타고 있는 앗슈르 (돌 표면에 새긴 이미지)[13]

신적 개입으로 해석되는 사자의 공격

열왕기하 본문에 나타나는 두 번째 신관은 '사자의 공격은 신적 개입으로 해석된다'라는 개념이다.[14] 사자를 맞닥뜨린 타국인 거주자들

---

13 ⓒ 스테판 D. 뷸리(Stéphane D. Beaulieu). Douglas R. Frayne and Johanna Stuckey, *A Handbook of Gods and Goddesses of the Ancient Near East: Three Thousand Deities of Anatolia, Syria, Israel, Sumer, Babylonia, Assyria, and Elam* (University Park, PA: Eisenbrauns, 2021), 34. 앞으로 HGGANE로 약칭한다.

14 고대 근동에서 이해된 사자와 신들의 관계를 보려면 Brent A. Strawn, *What*

은 사자와 싸우는 방법으로 문제를 해결하지 않았다. 대신 그 사자를 보낸 지역 신을 찾아 공경하는 방법을 택했다. 사자가 나타난 이유를 자연적인 현상으로 돌리지 않고 지역 신의 개입으로 해석했기 때문이다.

사자의 출현이 초자연적인 현상으로 해석된다는 점은 주목할 만하다. 현대인들은 이와 같은 고대인들의 사유를 미신적이라고 판단할지도 모른다. 하지만 신들의 세계에 살았던 고대인들은 삶에 일어나는 우환과 재앙을 신적 개입의 결과로 이해했다. 특히 사자의 공격은 더욱 그렇게 여겨졌다. 예컨대 「에살핫돈의 승계 선언 문서」(*Esarhaddon's Succession Oath Documents*)에는 불순종하는 사람을 향한 다양한 저주들이 포함되어 있다. 그중에 하나를 언급하자면 다음과 같다.

> 베델 신과 아나트 베델 여신께서 삼키는 사자의 발톱에 너를 넘기시기를 바라노라.[15]

Is Stronger Than a Lion?: Leonine Image and Metaphor in the Hebrew Bible and the Ancient near East (OBEO 212. Fribourg: Academic Press, 2005), 200-14을 참고하라.

15 Kazuko Watanabe, "A Study of Assyrian Cultural Policy as Expressed in Esarhaddon's Succession Oath Documents," in *"Now It Happened in Those Days": Studies in Biblical, Assyrian, and Other Ancient Near Eastern Historiography Presented to Mordechai Cogan on His 75th Birthday* (ed. A. Baruchi-Unna, et al.; Winona Lake, IN: Eisenbrauns, 2017), 473-92(479).

에살핫돈은 사자의 공격을 진노한 신이 사용할 수 있는 수단들 중 하나로 이해하고 있다.

[삽화 4] 사자를 부리고 있는 이쉬타르 (원통 인장)[16]

함무라비 법전의 266번째 법도 사자의 공격과 신의 행동을 동일한 선상에 놓는다.

---

16   © 스테판 D. 뷸리. HGGANE, 145.

울타리 안에 신의 역병이 돌거나 사자의 공격이 발생할 경우, 양치기는 신 앞에서 자신을 깨끗이 해야 하고, 울타리의 주인은 본인이 입은 손실에 대해 책임을 져야 한다.

사자의 공격은 신의 개입으로 인해 발생했기 때문에 사자가 가축을 죽일 경우 목동이 주인에게 보상할 필요가 없다는 의미이다. 이처럼 고대 근동 지역에서 사자의 공격은 신들이 사용할 수 있는 징벌의 장치로 여겨졌다. 열왕기서에도 사자의 공격이 불순종하는 자들을 향한 야훼의 진노를 나타내는 장치로 세 번이나 사용되었다는 사실은 결코 우연이 아니다(왕상 13:24; 20:36; 왕하 17:25).

이런 정보는 사마리아 성읍의 이방인 거주자들이 사자의 공격을 지역신의 진노와 연결하여 해석한 이유를 설명해준다. 특히 본문처럼 전쟁의 승패, 거주지의 이동, 지역신을 향한 불공경 등의 요소가 한데 맞물려 있는 상황에서 발생한 사자의 공격은 더욱 그렇게 해석되었을 것이다.[17]

열왕기하 본문에 등장하는 앗시리아 왕도 이방인 거주자들의 생각에 동의했다는 점은 의미가 있다(왕하 17:27). 이는 사자의 공격을 신적 개입에 의해 발생한 현상으로 이해하는 사유가 고대 근동 사람들의 전형적인 신관—남녀노소, 빈부귀천을 가리지 않고 보편적

---

17 고대인들이 사자 자체를 신성화했다는 의미가 아니다. 고대 근동 자료 중에는 사자 사냥을 즐기던 왕들의 모습도 가끔씩 나타난다. 따라서 사자의 공격은 상황에 따라 신적 개입으로 해석될 수 있었다.

으로 수용됐던 신관—이라는 점을 보여주기 때문이다. 혹자는 앗시리아 왕의 행동을 종교적이 아니라 정치적으로 해석해야 한다고 주장하기도 한다. 하지만 이와 같은 주장은 현대인의 관점으로 고대인의 행동을 해석하는 태도이다. 고대에는 정치와 종교가 분리되지 않았다. 종교와 분리된 분야는 아무것도 없었다고 해도 과언이 아니다. 의학, 과학, 점성학, 문학, 심지어는 수학도 모두 영적/신적인 세계와 연결되어 있었다. 정치와 종교도 마찬가지다. 현대인의 눈에 앗시리아 왕의 행동이 정치적으로 읽힌다고 할지라도, 그 행동의 배후에는 종교적인 이유가 있었다. T. R. 홉스(Hobbs)의 말처럼 "지역 신에 대한 올바른 공경과 지역 주민의 운명이 서로 연결되어 있다는 신앙은 고대 근동 지역에 널리 퍼져 있"[18]었고, 이 신앙은 모든 사람들이 취했던 고대 근동의 믿음이었다.

제사장의 필요성

열왕기하 본문에 가정되어 있는 세 번째 신관은 '이방인 거주자들이 야훼 하나님을 공경하는 방법을 배우기 위해서는 이스라엘의 제사장이 필요하다'라는 개념이다. 고대 근동 신관에 따르면 제사장은 사람이 신과 소통하기 위해 반드시 필요한 중개자였다. 하지만 제사장이라고 해서 다 같은 제사장이 아니었다. 특정 신과 소통하기를 원한다면 반드시 그 신이 선택한 제사장—그래서 그 신을 예배하는 방법을 알고 있는 제사장—이 필요했다.

---

18   T. R. Hobbs, *2 Kings* (WBC 13; Waco, TX: Word, 1985), 237.

잠시 앞서 살펴봤던 출애굽기 본문을 떠올려 보자. 파라오는 모세와 아론에게 자신을 위해서 "기도해 달라"는 요구를 반복했다(출 8:8, 28; 9:28; 10:17). 본문에 "기도하다"로 번역된 히브리어(עתר)는 '인간에게 호소하는 데 사용되지 않고 오직 하나님께 호소하는 데 사용되는 동사'[19]로 '탄원하다' 혹은 '중개하다'라는 의미도 지니고 있다. 여기에서 우리는 다음과 같은 질문을 할 수 있다. "왜 파라오는 야훼 하나님께 직접 부탁하지 않았을까?," "어째서 본인 스스로 야훼께 문제를 해결해 달라고 요구할 수 없었던 것일까?," "이집트의 제사장을 통해 야훼께 접근할 수는 없었을까?," "굳이 모세와 아론에게 탄원/중개를 부탁했던 이유는 무엇일까?"

고대인들은 신과 소통하기 위해 여러 가지 장치를 사용했는데, 가장 대표적인 장치가 제사장(사제) 제도였다.[20] 제사장이 사람과 신을 연결해 주는 중개자 역할을 한다고 믿었기 때문이다. 하지만 제사장에게 모든 신들과 접촉할 수 있는 능력이 주어진 것은 아니었

---

19 G. I. Davies, *A Critical and Exegetical Commentary on Exodus 1–18* (ed. G. I. Davies and C. M. Tuckett; Vol 1; ICC; London; Oxford: T&T Clark, 2020), 524.

20 한 가지 예를 살펴보자. 출애굽기에는 파라오의 편에서 기적을 행했던 이집트의 마술사들이 등장한다. 그들은 이집트의 성전 의식에서 주술과 주문을 암송했던 전문 제사장들로 마법의 신 헤카(*Heka*)의 추종자들이었다. 출애굽기에서 파라오는 단 한 번도 직접 기적을 일으키는 주체로 묘사되지 않는다. 기적은 오직 헤카의 제사장들이 일으켰다(출 7:11, 22; 8:7). 파라오는 그들을 소환했을 뿐이다(출 7:11). 이는 파라오가 마법의 신과 소통하기 위해서 헤카의 제사장들이 필요했다는 점을 부각시킨다.

다. 현지의 제사장은 현지의 신과 접촉할 수 있었고, 타지의 제사장은 타지의 신과 접촉할 수 있었다. 게다가 한 명의 제사장은 대개 한 명의 신과 연결되어 있었다. 이런 정보는 파라오가 야훼 하나님께 직접 소통을 시도하지 않았던 이유를 설명해준다. 또한 이집트 제사장을 통해 야훼께 접근하지 않았던 이유도 설명해준다. 파라오가 야훼 하나님과 소통할 방법은 오직 하나, 바로 야훼의 제사장처럼 기능하는 모세와 아론을 통해 자기 생각을 전달하는 방법뿐이었다. 그래서 파라오는 그들에게 "너희의 야훼 하나님께 [나를 위해] 기도하"라고 부탁했던 것이다.

고대 근동 문서에도 열왕기하 본문의 내용을 더욱 구체적으로 이해할 수 있도록 돕는 내용이 나온다.[21] 앗시리아의 왕 사르곤 2세는 새로운 도시 두르-샤루킨(Dur-Šarrukin)으로 수도를 옮긴 후, 그곳을 앗시리아 신들의 성지로 선포했다.[22] 그리고 타지에 있는 이방인들을 수도로 이주시켜 도시의 부흥을 도모했다. 하지만 문제가 발

---

21   Heather D. Baker, "The Assyrian Empire: A View from Within" in The *Oxford History of the Ancient Near East: Volume IV: The Age of Assyria* (ed. K. Radner, N. Moeller, and D. T. Potts; New York, NY: Oxford University, 2023), 257–351(301, 305).

22   기록에 따르면 두르-샤루킨은 주전 717년에 건설이 시작되어 주전 706년에 완공되었다. 사르곤 2세는 도시를 세우기 전부터 신들의 전을 두르-샤루킨에 건축하기로 마음을 먹었는데, 기록에 따르면 주전 707년에 앗시리아의 신들이 사르곤이 건축한 신전에 무사히 들어갔다고 한다. 연대기적으로 이해하자면 도시가 완성되기 전에 신전이 먼저 지어졌고, 그 신전에 신들이 들어간 이후에 도시가 완공된 셈이다.

생겼다. 새로 이주한 타국의 거주민들이 두르-샤루킨의 신들을 공경하는 방법을 모르는 게 아닌가?. 이는 자연스러운 현상이었다. 그동안 서로 다른 종교를 따랐던 이방인들이 앗시리아 신들을 섬기는 방법을 알 리 없었다. 그래서 왕은 다음과 같은 해결책을 제시했다.

> 나는 모든 기술의 대가인 앗시리아 사람들을 치리자와 감독관으로 임명하여 [타지에서 온 정착민들]에게 [두르-샤루킨의] 신과 왕을 섬기는 올바른 지침을 가르치도록 하였다.[23]

사르곤 2세가 앗시리아인들을 이방인 거주자들의 치리자와 감독관으로 임명한 이유가 무엇일까? 앗시리아 영토에 사는 사람들이 앗시리아의 신을 섬기기 위해서는 앗시리아의 신을 공경하는 방법을 아는 자들이 필요하다고 판단했기 때문이다.

열왕기하 본문도 이런 고대 근동의 개념을 가정하고 있다. 사마리아 성읍에 사자가 나타났다. 이방인 거주자들은 사자를 보낸 "그 지방의 신"께 속히 사죄해야 했다. 그러나 그들을 진노한 신과 연결해 줄 제사장이 없었다. 야훼의 제사장들이 앗시리아에 의해 타국으로 유배를 갔던 것이다. 출애굽기의 파라오가 야훼 하나님과 직접 소통하지 못했듯이, 사마리아의 타국인 거주민들도 야훼의 제사장 없이 "그 지방의 신"과 직접 소통할 수 없었다. 상황을 인지한 왕

---

23 Shalom M. Paul, "Sargon's Administrative Diction in II Kings 17.27," *JBL* 88 (1969): 73-74(73).

은 사마리아에서 잡아 온 제사장을 찾아 "그 지방의 신을 위하는 법을 [이주민들에게] 가르치도록" 했다. 왕이 앗시리아 제사장을 보내지 않고 사마리아에서 잡아 온 제사장을 보냈다는 점에 주목하자. 진노한 사마리아의 신을 진정시키기 위해서는 사마리아의 신이 세운 제사장—그래서 사마리아의 신을 공경하는 법을 알고 있는 제사장—이 필요했던 것이다.

수많은 신들

앗시리아 왕의 명령을 받은 이스라엘 제사장은 베델로 돌아와 이방인 거주자들에게 야훼 하나님을 섬기는 방법을 가르쳐 주었다. 그렇다면 이방인들은 모든 신들을 버리고 이스라엘의 하나님만 섬겼을까? 아니었다. 그들은 "붙잡혀 오기 전에 가졌던 풍습을 따라 저희의 신도" 함께 섬겼다(왕하 17:33). 즉, 야훼도 섬기고 이방신들도 섬겼다는 의미이다. 어떻게 이럴 수 있었을까? 두 가지 견해가 있다. 우선 앗시리아 왕이 보낸 제사장이 이방인들에게 타락한 예배의 방법을 가르쳤다고 보는 경우이다. 북왕국의 몰락이 이스라엘 제사장들의 타락한 예배로부터 기인한다는 점이 이를 지지한다. 하지만 나라의 몰락을 경험한 제사장, 그래서 몰락의 이유를 야훼 하나님을 바르게 섬기지 못했기 때문이라고 깨달았을 제사장이 이방인들에게 또다시 타락한 예배의 방법을 가르쳤다고 보기는 어렵다고 주장하는 학자들도 있다. 이들의 주장에 의하면 베델로 돌아간 제사장은 오직-야훼-신앙을 가르쳤지만, 다신론에 흠뻑 빠져있던 이방인 거주자들이 그 가르침을 수용하지 않았다.[24] 열왕기하의 총체적인 문맥과 고대 근동에 만연했던 다신론을 고려해 볼 경우, 이 견해도 충분히 고려할 만하다. 둘 중에 어떤 관점을 취하든지 관계없이 이방인들이 오직 야훼만 섬겨야 한다는 사상을 쉽게 이해했거나 수용했을 가능성은 매우 희박하다. 고대인들에게 있어서 '오직 한 분의 신이 우주의 삼라만상과 인생의 생사화복을 주관할 수 있다'라는 개념은 매우 이질적이고 고차원적인 신관이었다. 그러므로 그들은 한편으로는 야훼를 공경하면서도 동시에 저희의 신들도 섬기는 전형적인 고대 근동 신앙인들의 모습을 보였을 것이다.

앗시리아 왕이 사마리아 성읍에 거주하는 이방들에게 야훼 하나님을 공경하는 방법을 가르쳐준 일도 다신론적 배경에서 이해해야 한다. 이방국의 왕이 야훼의 존재를 인정했다고 해서, 그리고 그 하나님을 예배할 수 있도록 백성에게 조처를 해줬다고 해서 그에게 오직-야훼-신앙이 있었다고 이해해서는 안 된다. 그도 이방인 거주자들과 마찬가지로 이스라엘 하나님을 여러 신들 중에 하나로 인정했을 뿐이다. 많은 학자들이 열왕기하 본문에 등장하는 앗시리아의 왕을 위에 언급했던 사르곤 2세로 본다. 열왕기하 본문에 등장하는 앗시리아 왕은 확실한 다신론자였다. 실제로 사르곤 2세가 두르-샤르킨에 건축한 도시에는 여덟 개의 성문들이 있었는데, 모두 앗시리아의 만신전에 속한 여덟 명의 신들에게 헌정된 문들이었다. 이처럼 고대 근동에서 오직 하나의 신만 섬긴다는 생각은 매우 이질

---

24 Brueggemann, *1 & 2 Kings*, 483을 참고하라.

적이고 수용하기 어려운 사상이었다.

고대 근동의 눈으로 보는 야훼

열왕기하 본문은 이방인들의 다신관이 어떤 양상을 띠고 있는지를 묘사하는 데 많은 지면을 할애한다. 하지만 우리는 본문을 통해 야훼 하나님의 속성까지도 살펴볼 수 있다. 크게 두 가지 부분을 나누어 보도록 하자.

첫째, 본문에 계시된 하나님은 언약 백성을 훈육하시기 위해 타지의 왕과 신들까지도 자유자재로 사용할 수 있는 분이시다. 이를 이해하기 위해서는 몇 가지 개념들을 연결할 수 있어야 한다. 우선 열왕기하 본문에 의하면 야훼 하나님께서 사마리아 지역에 거주하기 시작한 이방의 거주민들에게 사자를 보내심으로 당신의 위엄을 나타내셨다. 데이비드 프란켈(David Frankel)에 의하면 사자 사건은 야훼께서 사마리아 "영토에 대한 당신의 주권"을 드러내는 고대 근동의 언어였다.[25] 이 언어는 야훼께서 앗시리아로 유배를 가지 않았을 뿐만 아니라 사마리아에서 여전히 능력을 행할 수 있는 땅의 주인이심을 명시했다. 앞서 언급했듯이, 고대 근동 사람들은 땅과 신이 연결되어 있다고 믿었다. 사마리아 땅이 앗시리아에게 넘어간 영토라는 점을 기억할 때, 전형적인 고대 근동 독자들은 사마리아를 앗시리아 신

---

25 David Frankel, *The Land of Canaan and the Destiny of Israel: Theologies of Territory in the Hebrew Bible* (Siphrut 4; Winona Lake, IN: Eisenbrauns, 2011), 12.

의 주권 아래 종속된 영토로 생각했을 것이다. 하지만 열왕기하 저자는 이러한 고대 근동의 개념에 변곡점을 만들었다. 사마리아 땅의 주권이 여전히 야훼의 소유로 묘사되기 때문이다. 따라서 고대 근동 독자들이 열왕기하 본문을 읽었다면, 야훼 하나님을 '앗시리아의 신에게 패배하여 타국으로 유배를 간 약한 신' 혹은 '본래 있었던 장소로 쫓겨난 신' 정도로 치부하진 못했을 것이다. 유배를 간 약한 신이나 다른 장소로 쫓겨난 신이라면, 사마리아 땅에 사자를 보내는 능력을 행사할 수 없기 때문이다.

여기에서 우리는 하나의 중요한 질문을 만난다. 야훼께서 약했기 때문에 이스라엘이 패한 것이 아니라면 이스라엘의 패배를 어떻게 이해해야 하는가? 열왕기하 저자는 이스라엘이 패배한 원인을 야훼께서 이방신들을 섬기는 백성을 침략자들의 손에 넘겨주셨기 때문이라고 밝힌다(왕하 17:7-23). 일반적인 고대 근동의 시나리오에 따르면, 불순종하는 백성들의 신은 저들의 영토를 떠나고, 그 영토는 타지의 신들에게 무력으로 착취당한다. 영토의 주인이 바뀌는 셈이다. 하지만 열왕기하 저자는 이와 같은 시나리오에 또 하나의 변곡점을 만들었다. 비록 이스라엘은 불순종했고, 앗시리아는 이스라엘 백성을 땅에서 흩어버렸지만—그래서 그 땅은 앗시리아의 신의 영토가 되어야 마땅했지만—그 땅의 주인은 여전히 야훼 하나님이었다. 어떻게 타국의 영토가 되어버린 사마리아 땅에서 야훼의 주권이 행사될 수 있을까? 질문의 답은 '야훼 하나님께서 불순종하는 당신의 백성을 교육하실 때 이방인들과 저들의 신들까지도 자유자재로 사용하실 수 있다'라는 신관에서 찾을 수 있다. 이 신관에 따르면 야훼께서는 그 어떤 신에게도 패할 수 없는 초월자이시다. 그 어떤 신들도 야훼의 영토를 무력으로 빼앗을 수 없다. 이러한 신관은 이스라엘이 앗시리아와의 전쟁에 패했음에도 불구하고 야훼께서 여전히 사마리아 지역에서 능력을 행하실 수 있었던 이유를 설명한다.

둘째, 본문이 소개하는 또 하나의 계시가 있다. **야훼는 이방인들을 마음에 품고 계신 하나님**이라는 부분이다. 열왕기하 본문에 따르면 야훼께서 이방인들에게 나타나신 이유는 그들이 하나님을 "공경"하지 않았기 때문이었다. 우리가 알다시피 타국에서 사마리아로 이주한 이방인들은 야훼 하나님의 백성이 아니었다. 따라서 야훼께서는 그들에게 당신을 나타내거나 공경을 요구할 언약적 의무가 없으셨다. 그러나 이방인 거주자들이 당신과 연결된 땅에 거주한다는 이유만으로 야훼께서는 그들에게 공경을 요구하셨다. 그리고 거주자들은 야훼 하나님께 공경을 드림으로 화답했다. 야훼께서 고대 근동의 언어로 이방인들에게 말을 거셨고, 이방인들도 역시 고대 근동의 언어로 야훼께 대답했다는 의미이다.

비록 이들이 보여준 모습은 다분히 비(非)전통적인 양상—다른 신들과 야훼 하나님을 함께 섬기는 다신론적 양상—을 띠었지만, 열왕기하 본문은 그들의 공경을 받으신 야훼께서 사자의 공격을 멈추셨다는 독법을 제시한다. 이방인들의 "공경"이 언약 백성의 전통적인 공경의 모습과 매우 달랐음에도 불구하고 사자의 공격이 멈췄다는 점은 의미심장하다. 이는 곧 야훼 하나님께서 이방인들의 한계—언약 백성과는 달리 특별계시를 받지 못한 이방인들의 한계—를 이해하셨다는 의미를 수반하기 때문이다.

여기에서 우리가 놓치지 말아야 할 부분이 있다. 사자 사건을 경험한 이방인들이 야훼 하나님을 공경하기 시작했다는 사실은 야훼에 대한 그들의 신관이 미약하게나마 발전했음을 의미한다는 점이다. 이 독법에 의하면 이방인들은 야훼 하나님을 '약한 신'이 아닌 '강한 신'으로 이해하기 시작했고, 또한 야훼께서 '지배 민족의 신이 피지배 민족의 신보다 강하다'라는 고대 근동의 신관에 딱 들어맞지 않는다는 점도 인식했다. 비록 계시의 한계를 마주한 그들은 오직-야훼-신앙까지 수용하지는 않았지만, 사자의 개입으로 인해 그들의 신관에 유의미한 변화가 일어났다는 점은 확실하다.

이처럼 구약성경이 묘사하는 하나님은 이방인들에게도 당신을 드러내신다. 비록 언약 백성인 이스라엘에게 주시는 계시의 분량과 방법에는 미치지 못하지만, 그럼에도 이방인들에게 당신을 드러내시는 야훼 하나님은 구약성경의 여러 곳에 분명히 등장한다. 그렇다면, 우리는 다음과 같은 질문을 던질 수 있다. "야훼 하나님께서 굳이 이방인들에게 사자를 보내심으로 그들의 신관에 변화를 일으키신 이유가 무엇일까?," "혹시 야훼께서 이방인들을 마음에 품고 계시며, 궁극적으로 이스라엘을 통해 그들을 부르고 계심을 나타내기 위함이 아닐까?" 하나님께서 이스라엘을 제사장 나라로 선택하셨다는 점은 이와 같은 해석이 결코 억지스러운 것이 아님을 보여준다. 열방을 향한 야훼 하나님의 마음은 단 한 번도 닫혀 있었던 적이 없었다. 그 마음은 파라오에게도 열려 있었고, 사마리아 성읍으로 이주한 이방인들에게도 열려 있었다. 그리고 지금도 온 세상을 향해 열려 있다.

생각해 보기

신약성경은 우리를 가리켜 "왕 같은 제사장"(벧전 2:9)이라고 부른다. 이 호칭은 성도의 직분, 곧 하나님을 예배하는 방법을 모르는 사람들에게 하나님을 소개하고 가르쳐 주는 사역을 나타낸다.

우리의 주변을 잠시 둘러보자. 여전히 많은 사람들이 하나님을 예배하는 방법을 모른 채 살아가고 있다. "왕 같은 제사장"으로 부름을 받은 우리는 하나님의 특별계시를 들고 그들에게 다가가야 한다. 그리고 참 하나님을 바르게 예배하는 방법이 무엇인지를 가르쳐 주어야 한다. 이를 위해 하나님께서는 우리에게 특별계시를 맡기셨고, 우리를 제사장으로 불러주셨다.

아울러 우리는 하나님을 몰라 방황하는 자들을 불쌍히 여길 수 있어야 한다. 쉽게 판단하고 정죄하기 전에 먼저 그들의 한계를 이해해야 한다. 물론 그들 중에는 의지적으로 계시를 부인하고 부정하는 이들도 있다. 하지만 아직 계시에 노출되지 못했기 때문에 믿고 싶어도 믿지 못하는 자들도 있다. 우리는 그들을 모두 마음에 품고 성경이 계시하는 하나님이 누구이신지를 가르쳐 주어야 한다. 하나님께서 우리를 향해 오래 참고 기다리시듯이, 우리도 그들을 향해 오래 참고 기다리며 하나님을 전해야 한다.

기억하자. 하나님께서는 우리에게 계시의 바벨탑을 쌓으라고 성경을 주지 않으셨다. 성경의 하나님을 세상과 나누라고 주셨다. 세상은 우리를 기다리고 있다. 우리는 계시를 맡은 자로서 책임감과 겸손함을 붙잡고 그들에게 나아가야 할 것이다.

블레셋: 사제들과 점쟁이들의 신관

다곤과 마주한 야훼

사무엘상 4-6장에는 블레셋 군대가 이스라엘 군대로부터 언약 궤를 빼앗은 후에 벌어지는 사건과 사고가 기록되어 있다. 이곳에 4-6장을 모두 인용할 수 없으니 몇 가지 핵심 사건들을 중심으로 문맥의 흐름을 따라가도록 하자.

> [4:10] …블레셋 사람이 전투에 임하니, 이스라엘이 져서 제각기 자기 장막으로 달아났다. 이스라엘은 이 때에 아주 크게 져서, 보병 삼만 명이 죽었고 … [5:1] 블레셋 사람들은 하나님의 궤를 빼앗아서, 에벤에셀에서 아스돗으로 가져 갔다. [2] 블레셋 사람들은 하나님의 궤를 다곤 신전으로 가지고 들어가서, 다곤 신상 곁에 세워 놓았다. (삼상 4:10-11; 5:1-2, 『새번역』)

이스라엘과의 전쟁에서 승리한 블레셋 군대는 이스라엘로부터 언약궤를 빼앗은 후 그것을 이방 신전에 위치한 다곤의 신상 바로 옆에 두었다. 이와 같은 이방인들의 행위는 고대 근동의 언어로 '블레셋의 다곤이 이스라엘의 야훼보다 강하다'라는 의미를 수반한다.[26] 전쟁에서 이긴 승리국은 패전국의 신상이나 성전 기물들을 본국의 신전에 가져다 놓음으로써 본국의 신이 패전국의 신들보다 강하다는 신앙을 표출했기 때문이다. 하지만 이후로 전개되는 이야기는 이러한 전형적인 고대 근동의 독법을 뒤엎는다.

> [3] 그런데 이튿날 아침 아스돗 백성이 일어나서 보니 다곤이 땅에 얼굴을 박은 채 야훼의 궤 앞에 쓰러져 있었다. 그들은 다곤을 일으켜 제자리에 세웠다. [4] 이튿날 아침 일어나서 보니 다곤이 또 땅에 얼굴을 박은 채 야훼의 궤 앞에 넘어져 있었다. 다곤은 몸통만 성한 채로 남아 있었고 부러진 목과 동강난 두 손은 문지방께에 구르고 있었다.
>
> (삼상 5:3-4, 『공동번역』)

고대 근동의 입 씻기-입 열기 의식에 담겨 있는 의미를 고려할 경우, 다곤의 신상이 "땅에 얼굴을 박은 채 야훼의 궤 앞에 쓰러져 있었다"는 의미는 신상에 깃들어 있던 다곤 신이 야훼 하나님 앞에 엎드려 절하고 있는 모습으로 읽힌다. 게다가 다곤의 신상이 부수어져 있었다는 내용은 신상 안에 깃들어 있던 다곤 신이 야훼에 의해

---

26   Patrick D. Miller Jr. and J. J. M. Roberts, *The Hand of the Lord: A Reassessment of the 'Ark Narrative' of 1 Samuel* (Atlanta, GA: SBL, 2008), 85, 90.

그 지역에서 쫓겨났음을 의미한다. 고대 근동의 눈으로 보는 본문의 의미는 자명하다. 비록 야훼를 상징하는 언약궤는 빼앗겼지만, 야훼께서 다곤보다 더 강하시다는 점이다.

야훼 하나님의 능력은 다곤의 신전 너머에도 계시되었다. 사무엘상 본문에 의하면 야훼께서 "아스돗에 종기가 돌고 온 지경에 쥐가 들끓"(5:6)게 하셨다. 이는 야훼께서 아스돗에 거하는 주신이나 객신들보다 강하시다는 의미를 수반한다. 결국 다곤을 비롯한 아스돗의 그 어떤 신들도 야훼의 공격을 막을 수 없다는 사실을 알게 된 이방인들은 겁에 질려 언약궤를 다른 장소(갓)로 옮겼다. 놀라운 사실은 갓에서조차 야훼 하나님의 능력에 도전할 수 있는 신들은 존재하지 않았다는 점이다.

언약궤의 이동

고대 근동의 독자들은 언약궤가 갓으로 옮겨졌다는 이야기를 야훼와 갓 영역을 주관하는 신들과의 접전으로 이해했을 것이다. 그렇다면 갓의 주신과 객신들은 야훼 하나님을 누를 수 있었을까? 야훼께서 "온 성에 종기가 돌아 높은 자나 낮은 자나 모조리 종기"(삼상 5:9)가 나게 하셨다는 사무엘상 저자의 답변은 야훼의 승리를 의미한다. 그 결과 갓의 성마다 떼죽음을 당하는 사건이 일어났고, 이로 인해 온 성에서 울리는 비명이 하늘에 사무치기까지 했다(삼상 5:11-12). 이는 갓에서조차 야훼 하나님의 능력을 막을 수 있는 신은 없었다는 뜻이다. 마치 출애굽기 본문에 등장하는 야훼 하나님처럼, 사무엘상 본문이 묘사하는 야훼 역시 이방 지역에서도 놀라운 능력을 행하시는 초월자이시다.

난감한 상황에 처한 고대 근동 사람들이 취할 수 있는 가장 현명한 방법은 언약궤를 본래 있던 곳으로 돌려보내는 일이었다. 사무엘상 6:1-12에는 블레셋 사람들이 언약궤를 돌려보내는 장면이 묘사되어 있다.

> [1] 야훼의 궤가 블레셋 지방에 머물러 있은 지 칠 개월이 지났다. [2] 블레셋 사람들은 사제들과 점쟁이들을 불러놓고 물었다. "야훼의 궤를 어떻게 하면 좋겠소? 본래 있던 대로 돌려보내야 하겠는데 어떻게 하면 좋을지 말해 보시오." [3] 그들이 대답하였다. "이스라엘 신의 궤를 돌려보낼 때 그냥 보내서는 안 됩니다. 반드시 면죄제물을 얹어서 보내야 합니다. 그래야 병이 나을 것입니다. 그가 왜 당신들에게서 손을 떼지 않으시는지 그 까닭을 알게도 될 것입니다." [4] 그들이 "면죄제물로 무엇을 얹어서 보내야 합니까?" 하고 묻자, 이렇게 일러주었다. "금으로 종기 모양을 다섯 개, 쥐 다섯 마리를 만들어 보내십시오. 그런 재앙이 당신들과 당신들의 추장에게 미쳤으니, 그것을 블레셋 추장들의 수대로 바치는 것입니다. [5] 전국을 휩쓸고 있는 이 종기와 쥐들의 모양을 만들어 그것으로 이스라엘의 신께 예를 갖추어야 합니다. 그러면 그가 당신들과 당신들의 신과 땅을 치던 손을 거둘 것입니다. [6] 파라오나 이집트 사람들처럼 공연히 고집을 부릴 필요는 없습니다. 이집트 사람들은 이 신에게 혼이 나서 이스라엘을 내보내

지 않았습니까? [7] 그러니 이제 새 수레를 만들어 멍에를 메어본 적이 없는 어미 소 두 마리를 끌어다가 그 수레를 끌게 하고, 젖먹이 송아지들은 떼어 우리로 보내십시오. [8] 그리고 야훼의 궤를 가져다가 그 수레에 싣고 돌려보낼 금 면죄제물을 상자에 담아 그 곁에 놓으십시오. 그리고 떠나보낸 다음 [9] 잘 보십시오. 만일 소가 제 고장을 향해 벳세메스 쪽으로 올라가면 우리가 당한 이 큰 재앙은 바로 그가 내린 것이 되고 만약 그렇지 않으면 그의 손이 우리를 친 것이 아니라 그저 어쩌다가 당한 재앙이라는 것이 밝혀질 것입니다." [10] 그들은 하라는 대로 어미 소 두 마리를 끌어다가 수레를 메우고 송아지들은 우리에 가두었다. [11] 그리고 수레에는 야훼의 궤를 싣고 금쥐와 종기 형상을 담은 상자도 실었다. [12] 그러자 소는 벳세메스 쪽으로 똑바로 걸어갔다. 불레셋 추장들은 벳세메스 지방까지 따라가 보았다. 소는 울면서도 왼쪽으로나 오른쪽으로나 길을 벗어나지 않고 곧장 걸어갔다. (삼상 6:1-12, 『공동번역』)

이 본문에는 고대 근동의 신관을 알 수 있는 여러 가지 요소들이 들어 있다. 지금부터 그것들을 하나씩 살펴보자.

진노한 타국신의 노여움 풀기

우선 본문에는 '타지의 신을 노하게 하여 질병이 창궐했을 경우, 그 신에게 합당한 선물을 바쳐 노여움을 풀어야 한다'라는 개념이 가정되어 있다. 블레셋 사람들은 단순히 야훼의 언약궤를 이스라엘에 돌려보

넘으로 문제를 해결하려고 하지 않았다. 대신 블레셋의 사제들과 점쟁이들에게 적합한 방법을 구했다. 사제들과 점쟁이들은 언약궤를 이스라엘로 돌려보내는 일에 찬성했지만, 그것만으로 야훼의 노를 풀 수 없다는 말을 덧붙였다. 따라서 블레셋 사람들은 금으로 만든 선물을 야훼께 드림으로써 야훼의 노여움을 잠재우려고 했다.

메소포타미아 지역에 살던 사람들은 타국의 신을 진노하게 했을 경우, 그래서 그 신이 역병을 내렸을 경우, 진노한 신을 진정시킬 수 있는 의식이 있다고 생각했다. 그 의식은 지역마다 조금씩 달랐지만, 의식을 구성하는 핵심 요소가 사죄의 선물이라는 점은 동일했던 것으로 보인다. 이 의식을 집도하는 데 있어 진노한 신의 제사장은 필요가 없었다. 신과의 직접적인 접촉이 불필요했기 때문이다. 고대 근동 지역에 퍼져 있던 여러 가지 역병 퇴치 의식들 중 특히 히타이트에서 사용된 의식을 주목할 만하다.[27] 이 의식에 따르면, 적국의 신으로부터 역병을 받은 민족은 적합한 선물을 통해 그 신의 진노를 푼다. 이때 선물로 채택한 물품들은 오색의 양털로 꼬아 만든 면류관과 그 면류관을 쓴 숫양 한 마리였다. 역병을 당한 민족은 면류관을 쓴 양을 적국의 영토로 몰고 가는 의식을 통해 해당 신의 진노를 풀려고 했다.

히타이트의 역병 퇴치 의식은 사무엘상 본문에 있는 블레셋의

---

27 Oliver R. Gurney, *Some Aspects of Hittite Religion* (London: Oxford University, 1977), 49; J. B. Pritchard (ed.), *Ancient Near Eastern Texts Relating to the Old Testament with Supplement* (3rd ed; Princeton: Princeton University, 1969), 347을 참고하라.

의식과 흡사하면서도 다르다. 공통점은 적국의 신이 역병을 일으켰고, 이를 해결하기 위해 그 신에게 합당한 선물을 보냈다는 부분이다. 차이점은 두 가지이다. 첫째, 선물의 양과 질이다. 히타이트 의식의 경우 양털 면류관과 양 한 마리가 사용된 반면, 블레셋 의식은 금예물들과 소 두 마리가 사용되었다. 둘째, 선물을 보내는 방법이다. 히타이트 의식의 경우 사람이 양을 몰고 간 반면, 블레셋 의식의 경우 소들이 스스로 걸어갔다. 따라서 고대 근동 독자들이 사무엘상 본문을 접했다면 야훼 하나님의 가치와 능력이 이방신들의 가치와 능력보다 더욱 높게 평가되었음을 놓치지 않았을 것이다.

신들과 상관없이 우연히 발생하는 재앙

사무엘상 6장에는 또 하나의 중요한 신관이 가정되어 있다. '본국의 신들이 막을 수 없는 재앙—우연히 발생한 재앙—이 있을 수 있다'라는 개념이다. 사무엘상 본문의 이방 사제들과 점쟁이들은 블레셋 지방에 일어난 재앙을 해석할 수 있는 경우의 수를 두 개로 제시했다. 하나는 적국의 신—이스라엘의 하나님—이 일으켰을 가능성이고, 다른 하나는 "그저 어쩌다가 당한 재앙"(삼상 6:9)이었을 가능성이다. 여기에 "그저 어쩌다가 당한"이라고 번역된 히브리어 미크레(מקרה)는 '우연'이나 '운명'을 의미한다. 이것이 뜻하는 바가 무엇일까? 블레셋 이방인들은 적국의 신과 상관없이 미크레에 의해 발생할 수 있는 재앙이 존재하고, 그 재앙은 본국의 신들도 막을 수 없다고 믿었다는 의미이다.

우리는 여기에서 아주 독특한 세계관을 접할 수 있다. 바로 우주에는 신들조차 온전한 주권을 행사할 수 없는 영역—미크레에 의해 구동되는 초월적인 영역—이 있다는 개념이다.[28] 앞서 언급했듯이, 고대 근동 이방인들은 신들을 절대적 초월자라고 믿지 않았다. 신들에게는 분명한 한계가 있고, 그 한계는 신들로 하여금 본인들의 운명을 뛰어넘지 못하게 한다고 믿었다.[29] 그래서 신들조차 미크레에 의해 해(害)를 입거나 심지어 죽임을 당할 수도 있다고 생각했다. 고대 근동의 신들은 인간의 생사화복을 주관하기는 했지만 정작 본인들의 생사화복은 주관할 수 없었던 셈이다. 따라서 미크레는 신들과 인간의 삶에 예고없이 개입할 수 있었고, 그 누구도—신들이나 인간들 그 누구도—미크레의 개입을 예고하거나 막을 수 없었다. 결국 고대인들은 미크레에도 신성을 부여하여 신들의 운명을 주관하는 또 다른 등급의 신적 존재가 있다는 개념으로 발전시켰다. 이사야 65:11에 등장하는 행운의 신 갓(גד)과 운명의 신 므니(מני)가 이와 맥락을 함께한다.

---

28   Benjamin D. Sommer, "Monotheism," in *The Hebrew Bible: A Critical Companion* (ed. J. Barton; Princeton: Princeton University, 2016), 239-70(258-59).

29   Lawson, *The Concept of Fate in Ancient Mesopotamia of the First Millennium* (Harrassowitz Wiesbaden, 1994), 38-39; Stephen B. Chapman, "Miqreh and YHWH: Fate, Chance, Simultaneity, and Providence," in *Divine Doppelgängers: Yhwh's Ancient Look-Alikes* (ed. C. Cornell; University Park: Penn State University, 2020), 181-200(186).

그러나 너희 죄인들은 똑똑히 들어라. 너희는 나 야훼를 버리고 떠나서 내 거룩한 시온산을 잊어버렸다. 오히려 너희는 가나안 원주민들의 우상숭배에 빠져서 행운의 신이라는 갓에게 제상을 차려 올리고, 운명의 신이라는 므니에게 혼합된 술을 부어 바쳤다. (사 65:11, 『현대어성경』)

다시 사무엘상 본문으로 돌아가 보자. 미크레의 개념을 수용했던 블레셋의 사제들과 점쟁이들은 블레셋 진영에 퍼진 재앙이 야훼에 의해 발생한 것인지, 미크레에 의해 발생한 것인지를 검증해야 한다고 제안했다. 만약 미크레가 재앙을 일으켰다면 다곤을 비롯한 블레셋의 신들은 그 재앙을 당연히 막을 수 없었을 것이고, 따라서 이스라엘 진영에 언약궤나 선물을 보낼 필요가 없어진다. 하지만 만약 야훼께서 재앙을 일으키셨다면 언약궤와 더불어 선물까지 보내야 한다. 이를 분별하기 위해 블레셋의 사제들과 점쟁이들이 제시한 방법은 어미 소 두 마리와 젖먹이 송아지들을 분리한 후, 어미 소들이 가고 싶은 방향으로 가도록 내버려 두는 것이었다. 만약 소들이 본능적으로 송아지에게 간다면 재앙은 미크레가 일으킨 사건이고, 본능을 거슬러 벳세메스 쪽으로 향하면 야훼께서 재앙을 일으킨 주체로 이해하자고 결정했다. 상식적으로 보더라도 이 방법은 야훼 하나님께 절대적으로 불리했다. 어떤 어미 소가 젖먹이 송아지를 등지고 다른 곳으로 간다는 말인가? 하지만 검증은 시작되었고, 그 결과는 참으로 놀라웠다. 어미 소들은 "울면서도 왼쪽으로나 오른쪽으로나 길을 벗어나지 않고 곧장 [벳세메스 쪽으로] 걸어갔다." 미크레가 아니라 야훼께서 역병을 일으키셨다는 사실이 확증되는 순간이었다.

고대 근동의 눈으로 보는 야훼 하나님

사무엘상 본문도 이방인들의 다신관이 어떤 양상을 띠고 있는지를 묘사하는 데 많은 지면을 할애한다. 하지만 우리는 본문을 통해 야훼 하나님의 속성도 함께 살펴볼 수 있다. 크게 세 가지 부분을 나누어 보도록 하자.

첫째, 사무엘상 본문에 묘사된 야훼 하나님은 다른 신들의 핵심 영역에서도 능력을 보이시는 하나님이시다. 우리는 출애굽기 본문을 통해 다른 신들의 영역(이집트 땅)에서 능력을 나타내시는 야훼 하나님을 만났다. 그리고 사무엘상 본문에서도 다른 신들의 영역(블레셋 땅)에서 능력을 행하시는 하나님을 만났다. 하지만 두 본문 사이에는 유의미한 차이가 있다. 출애굽기 본문과는 다르게 사무엘상 본문에는 이방 종교의 심장부—다곤의 신상이 안치되어 있는 이방신의 지성소—에서도 막강한 힘을 나타내시는 야훼의 능력이 계시되었기 때문이다.

고대 근동의 개념에 따르면 신은 그의 신상이 안치된 지성소에서 가장 강력한 힘을 발휘할 수 있었다. 따라서 야훼의 언약궤가 다곤의 신상이 안치된 지성소에 놓였다는 의미는 야훼께서 다곤의 능력 아래 온전히 종속되었다는 의미로 읽힐 수 있다. 하지만 놀라운 일이 일어났다. 야훼께서 다곤의 신상을 엎어뜨리고 깨부순 것이 아닌가? 이방신의 지성소에서 객신(客神)도 아닌 포로신(捕虜神) 따위가 주신(主神)의 신상에 이와 같은 해를 입히는 사건은 있을 수 없었다. 어떻게 전쟁에서 패한 약한 신이 전쟁에서 승리한 강한 신의 지성소에서 큰 능력을 발휘할 수 있다는 말인가? 놀랍게도 야훼의 강력한 힘은 이스라엘 진영을 넘어 블레셋 진영, 그것도 다곤이 가장 큰 힘을 행사할 수 있는 블레셋의 심장부에서 발휘되었다. 바로 그곳에서 야훼께서는 다곤의 신상을 엎어뜨림으로써 그에게 절을 받고, 그의 신상을 깨부숨으로써 그를 지성소에서 내쫓으셨다. 이처럼 굉장한 이야기를 접한 고대 근동 사람들은 야훼 하나님이 지역(이스라엘 땅)과 연결되어 있지만 지역에 한정되지 않는 초월적인 신이라는 가르침을 받았을 것이다.

둘째, 사무엘상 본문에 계시된 야훼는 미크레를 초월하는 하나님이시다. 사무엘상 본문에 의하면 이방인들은 그들의 신들조차 주관할 수 없는 영역이 존재한다고 믿었다. 하지만 구약성경은 야훼 하나님을 모든 영역—미크레의 주권이 작동하는 차원까지 포함한 영역—에서 주권을 행사하실 수 있는 초월자로 계시한다. 앞서 언급했듯이, 고대 근동의 이방인들은 결국 미크레에도 신성을 부여하여 행운의 신 갓과 운명의 신 므니와 같은 신들을 숭배하기 시작했다. 하지만 구약성경의 저자들은 야훼께서 미크레의 영역까지 주관하고 계심을 확실히 천명했다. 사무엘상 본문에는 이런 가르침이 가정되어 있지만, 이사야 65장에는 더욱 명시적으로 나타난다.

¹¹ 그러나 너희 죄인들은 똑똑히 들어라. 너희는 나 여호와를 버리고 떠나서 내 거룩한 시온산을 잊어버렸다. 오히려 너희는 가나안 원주민들의 우상숭배에 빠져서 행운의 신이라는 갓(גד)에게 제상을 차려 올리고, 운명의 신이라는 므니(מני)에게 혼합된 술을 부어 바쳤다. ¹² 그러므로 너희 운명을 내가 이제 결정하겠다. 너희가 원수들의 손아귀에 넘어가 원수들이 희생 짐승을 도살하듯이 너희를 죽일 것이다. 그러면 너희가 적진의 칼에 찔려 거꾸러지면서 죽을 것이다. 내가 너희를 불렀으나 너희가 대답하지 않았고, 내가 너희에게 경고하였으나 너희가 귀담아 듣지 않았고, 내가 악하게 여기는 짓이나 하고 내가 싫어하는 것들을 골라서 하였기 때문이다. (사 65:11-12, 『현대어성경』)

이사야 본문의 저자는 행운의 신과 운명의 신에게 예배하는 자들에게 임할 야훼 하나님의 심판을 선포한다. 야훼께서는 배교자들을 "칼에 죽는 신세"와 "살육하는 자에게 몸을 거꾸러지게" 되는 신세로 만들 것이다. 하지만 본문의 핵심은 야훼께서 배교자들을 심판하신다는 것이 아니다. 핵심은 미크레의 화신들인 행운의 신 갓과 운명의 신 므니조차도 그들의 추종자들을 야훼의 심판으로부터 구할 수 없다는 것이다. 그 이유가 무엇일까? 야훼께서 미크레의 영역까지 주관하시는 초월자이시기 때문이다. 미크레보다 약한 블레셋의 신들에게는 이런 능력이 없었다. 하지만 이스라엘의 하나님은 달랐다. 이처럼 위대하신 하나님을 어찌 예배하지 않을 수 있다는 말인가?

생각해 보기

고대인들과 다른 시대를 살고 있는 현대인들 중에도 신년이 되면 운세를 알기 위해 점집을 찾는 사람들이 많다. 부끄럽지만 그중에는 스스로를 기독교인이라 부르는 자들도 있다. 그들은 혹시라도 자신들의 인생에 찾아올지 모르는 불운을 미리 알고 피하고자 많은 노력을 기울인다. 고대 근동의 표현을 빌리자면, 미크레의 영역을 엿보고 내일을 대비하려는 셈이다.

혹시 우리 중에 이런 문화에 편승한 사람들이 있다면 우리의 신앙은 하나님께서 삼라만상의 안팎은 물론 미크레의 영역까지 주관하시는 절대자라는 신학에 토대를 두고 있어야 한다는 점을 기억해야 한다. 우리의 이름을 아시는 하나님, 우리의 머리카락의 개수를 세시는 하나님, 우리를 조직하신 하나님, 우리의 삶을 인도하시는 하나님께서 우리를 장중에 붙들고 계신다. 우리를 붙들고 계신 하나님께서 주권을 행사하실 수 없는 영역은 그 어디에도 존재하지 않는다. 그러므로 우리는 우연과 운명의 영역을 넘어 놀라운 섭리와 계획으로 우리에게 역사하시는 하나님을 바라봐야 한다.

기억하자. 우리가 흔히 표현하는 "세상을 초월하는 믿음"은 세상을 초월하는 하나님을 믿기 때문에 만들 수 있는 고백이다. 세상을 호령하며 세상보다 크신 하나님을 전하는 사명을 받은 우리는 운명이나 우연의 영역 위에 계신 하나님을 삶을 통해 고백해야 한다. 그것이 바로 특별계시를 받은 우리가 보여야 할 마땅한 삶의 모습이다.

셋째, '야훼의 능력은 언약궤에 깃들어 있지 않다'라는 가르침이다. 사무엘상 본문은 야훼의 힘이 언약궤 자체에서 나오지 않는다는 점을 명시한다. 만약 언약궤에 야훼의 능력이 깃들어 있었다면 이스라엘이 블레셋과의 전쟁에서 패하지 않았을 것이다. 하지만 이스라엘은 블레셋에게 대패했고, 언약궤도 빼앗겼다. 우리는 여기에서 **입 씻기-입 열기 의식**으로 만들어진 신상과 언약궤의 차이를 발견할 수 있다. 신상 만들기 작업은 신을 신상에 초대하고, 신과 신상을 유기적으로 연결하는 작업이었다. 하지만 언약궤 만들기 작업에는 이와 같은 순서가 전혀 등장하지 않는다(출 25:10-22; 신 10:2-5). 구약성경 그 어디에도 야훼께서 언약궤 안에 깃든다는 계시가 없다. 이 점을 인지하는 일은 매우 중요하다. 언약궤는 애초부터 야훼 하나님을 담아두는 도구가 아니라 상징하는 도구로 만들어졌음을 의미하기 때문이다. 이것이 고대 근동의 신상과 언약궤의 차이점이다. 그러므로 이방국과의 전쟁에 언약궤를 들고 나간다고 해서 그 전쟁이 반드시 승리로 귀결된다는 보장은 없었다. 이스라엘 백성에게 있어서 승리의 비결은 오직 하나, 야훼 하나님께 온전히 순종하는 것뿐이었다. 하지만 사무엘상 본문에 묘사된 이스라엘 백성은 이러한 진리를 망각했다. 그들은 언약궤 자체에 능력을 부여했고, 그 결과 참혹한 패배를 당했다. 유진 H. 메릴(Eugene H. Merrill)은 패배의 원인에 대해서 다음과 같이 말한다.

이스라엘 백성들은 … 언약궤가 마치 행운의 부적처럼 전쟁의 흐름을 바꿀 것으로 생각했다. 언약궤는 전쟁에서 야훼 하나님의 현현을 나타내기도 했지만(민 10:35; 수 6:6), 그것은 백성들이 믿음과 신의 인도로 언약궤를 운반했을 때만 그러했다.[30]

블레셋을 마주한 이스라엘 백성은 하나님에 대한 믿음이 아니라 언약궤에 대한 믿음으로, 신의 인도가 아닌 인간의 인도를 따라 전쟁에 나갔다.[31] 어쩌면 전쟁의 패배는 불을 보듯 뻔한 결과였을지도 모른다. 따라서 사무엘상 본문을 접한 고대 근동 사람들은 야훼 하나님의 힘은 언약궤라는 도구가 아니라 순종이라는 관계를 통해 발산된다는 점에 무척 놀랐을 것이다.

---

30 Eugene H. Merrill, "1 Samuel," in *The Bible Knowledge Commentary: An Exposition of the Scriptures* (ed. J. F. Walvoord and R. B. Zuck; Wheaton, IL: Victor Books, 1985), 436.

31 게다가 엎친 데 덮친 격으로 야훼 하나님을 공경해야 할 제사장들은 타락할 대로 타락했다(삼상 2:11-26). P. Kyle McCarter Jr., *I Samuel: A New Translation with Introduction, Notes and Commentary* (AYB 8; New Haven; London: Yale University, 2007), 109을 보라.

정리하기

이방인들의 신관과 언약 백성의 신관

우리는 제2장을 통해 구약성경이 묘사하는 이방인들의 신관을 이집트의 파라오(출 7-15장), 사마리아의 이방인 거주자들(왕하 17장), 그리고 블레셋의 사제들과 점쟁이들(삼상 4-6장)의 순서대로 살펴보았다. 우리가 살펴본 바에 따르면 이방인들의 신관과 언약 백성의 신관 사이에는 비슷한 점과 다른 점이 있었다. 우선 비슷한 점을 요약해보자.

- 힘과 능력에 차이를 보이는 다양한 신들이 존재한다.
- 신들이 인간의 생사화복에 개입할 수 있다.
- 신들과 소통하기 위해서 제사장이 필요하다.

이번에는 차이점을 요약해 보자.

- 이방신들은 특정 영역에 한정되어 있다. 반면에 야훼는 특정 영역(이스라엘 땅, 성전, 언약궤)과 연결될 수는 있으나 그곳에 한정되지 않는다.
- 이방신들은 특정 민족과 연결되고 지배-피지배 민족의 구도 속에서 강-약 관계를 드러낸다. 반면에 야훼는 특정 민족(이스라엘)과

연결될 수는 있으나 지배-피지배 민족의 구도 속에서 강-약 관계를 드러내지는 않는다(야훼는 이스라엘의 승패와 상관없이 항상 강하다).
- 이방신들은 막을 수 없는 재앙—우연히/운명적으로 발생한 재앙—앞에 무력하다. 반면에 야훼는 운명의 영역을 초월한다.

이처럼 이방인들의 신관과 언약 백성의 신관을 비교해 보면 비슷한 점보다는 차이점이 두드러지게 나타난다.

초월자의 존재 유무

이방신들을 믿는 자들과 야훼 하나님을 믿는 자들 사이에 극명한 차이가 나타난 이유는 무엇일까? 초월자의 존재 여부에 대한 신앙의 차이 때문이다. 이방인들은 일반계시의 한계로 인해 신들이 전지전능하거나 무소부재하다고 믿지 않았다. 그래서 그들이 믿는 신들은 특정 영역에 한정되었고, 막을 수 없는 재앙 앞에서 무기력했다. 하지만 언약 백성의 믿음은 달랐다. 그들은 전지전능하고 무소부재한 초월자가 존재한다고 믿었다. 그분이 누구인가? 야훼 하나님이었다.

타국에서 본국에 있는 것처럼 능력을 나타내시는 초월자 야훼. 피지배 민족의 신이지만 지배 민족의 신처럼 능력을 나타내시는 초월자 야훼. 삼라만상의 영역뿐만 아니라 **미크레**의 영역까지 주관하시는 초월자 야훼. 인간이 손으로 만든 물건에 의존하지 않고 스스로 모든 곳에 계시는 초월자 야훼. 야훼는 다른 고대 근동의 신들과는 달리 말 그대로 모든 영역에서 초월적인 전지전능하고 무소부재한 신이었다.

다음 장으로

제2장 「이방인들의 세상」에서는 구약성경에 묘사된 이방인들의 신관을 고대 근동의 신관으로 분석해 봤다. 함께 살펴본 바에 따르면, 이방인들의 신관은 '무소부재하고 전지전능한 초월자가 존재하지 않는다'라는 전제 아래 구동되었다. 앞서 언급했듯이, 구약성경의 저자들은 많은 지면을 할애해 이방인들의 다신관과 언약 백성의 오직-야훼-신관을 대립 구조로 놓았다. 이를 통해 이방신들의 제한적인 속성을 드러내고, 야훼 하나님의 초월적인 속성을 칭송하기 위함이었다. 그러므로 이방인들에게 나타나는 다신관을 먼저 분석하는 일은 야훼의 초월성을 이해하는 데 큰 도움이 된다.

제3장 「언약 백성의 세상」에서는 구약성경에 묘사된 언약 백성의 신관에 초점을 맞추어 여러 본문들을 살펴볼 예정이다. 제2장에서 다룬 내용들을 기억하며 제3장을 읽는다면, 구약성경이 어떤 방식으로 야훼 하나님의 전지전능성과 무소부재성을 드러내는지 더욱 풍성하게 이해할 수 있을 것이다. 이 책을 쓰는 나와 함께 독자들 모두가 하나님의 초월성에 깊이 노출되고 그 초월성에 흠뻑 젖는 시간이 되기를 바란다. 그리고 그분의 초월성에 함께 전율하는 시간이 되기를 바란다. 이제 기대하는 마음으로 다음 장으로 함께 들어가자.

제3장

언약 백성의 세상

제3장 언약 백성의 세상

"이집트 신화에 따르면 사람은 탄생 전에 여러 명의 신들에 의해 차례대로 형질이 갖춰진다. 예컨대 창조의 신 아문(*Amun*)은 착상의 영역을 주관했다. 토기장이 신 크눔(*Khnum*)은 형체를 생성하는 영역을 관장했고, 다산의 여신 하토르(*Hathor*)는 생기를 주입하는 영역을 관리했다. 끝으로 여러 탄생의 신들이 해산의 영역을 다스렸다. 하지만 구약성경은 야훼 하나님께서 이 모든 작업들을 홀로 감당하신다고 계시한다(시 2:7; 22:9; 71:6; 139:13, 16). … 고대 근동의 다신관을 고려할 때, 한 명의 신이 인간 창조에 필요한 모든 영역을 홀로 감당한다는 개념은 가히 충격적이다. … 야훼 하나님은 우리의 장기를 창조하시고, 우리의 형질을 짜 맞추시고 조립하시며, 토기장이가 그릇을 만들듯 우리의 존재를 만드시는 유일무이한 창조자이시다."

이스라엘의 신관

하나님의 자기 계시

언약 백성의 오직-야훼-신앙은 고대 근동에 보편적으로 퍼져 있던 신앙과 매우 달랐다. 신들에게 한계가 있다고 생각했던 이방인들은 다다익선의 신앙, 즉 '신들을 많이 믿으면 많이 믿을수록 좋다'라는 신앙을 따랐다. 하지만 언약 백성은 무소부재하고 전지전능한 초월자가 존재한다고 믿었다. 그래서 다른 고대 근동의 이방인들과는 달리 오직-야훼-신앙을 추구할 수 있었다.

그렇다면 언약 백성이 초월자 야훼에 노출될 수 있었던 이유가 무엇일까? 하나님께서 당신을 유일무이한 초월자로 계시하셨기 때문이다. 아브라함에게 나타나신 하나님, 모세에게 나타나신 하나님, 히브리 민족에게 나타나신 하나님, 북이스라엘 백성에게 나타나신 하나님, 그리고 남유다 백성에게 나타나신 하나님은 다른 고대 근동의 신들과는 차원이 다른, 신들의 신이었다. 언약 백성의 신관을 다른 민족의 신관과 분리시켰던 요소는 바로 야훼 하나님의 자기 계시였던 것이다.

혁명적 신관, 혁명적 믿음

고대인들에게 있어서 '오직 한 분의 신이 우주의 삼라만상을 다스리고 사람의 생사화복을 총체적으로 다스릴 수 있다'라는 개념은 매우 혁명적인 신관이었다. 혁명적인 신관을 취하기 위해서는 혁명적인 믿음이 필요했다. 그러나 이 믿음은 하루아침에 만들어질 수 없었다. 아무리 언약 백성이라고 할지라도 신들의 세상인 고대 근동의 토양에서 오직-야훼-신앙을 묻지도 따지지도 않고 즉시 수용하는 일은 결코 쉽지 않았다. 그들에게는 초월자 야훼를 경험하고, 이해하고, 믿을 수 있는 시간이 필요했다. 그래서 언약 백성은 갈팡질팡 오직-야훼-신앙으로 시작할 수 밖에 없었다. 이런 맥락에서 마이클 B. 훈들리(Michael B. Hundley)의 설명은 도움이 된다.

> [야훼 하나님을 향한] 배타적 숭배를 정당화하기 위해서는 다른 신들이 집단적으로 할 수 있는 일들을 야훼 홀로 감당할 수 있어야 한다. 더 강해지기만 하면 되는 마르둑, 앗슈르, 아문과 달리 야훼는 모든 면에 초월적이어야 한다. 야훼의 언약 백성이 야훼가 그들의 모든 필요를 충족시켜 줄 수 있다고 믿지 않는다면 그들(언약 백성)은 다른 신들에게 향할 것이다.[1]

이를 누구보다도 잘 알고 계셨던 하나님께서는 언약 백성을 오직-야훼-신앙으로 초대하시기 위해 당신의 전지전능성과 무소부재성을 점진적으로 그리고 지속적으로 계시하셨다.

---

1   Michael B. Hundley, *Yahweh among the Gods: The Divine in Genesis, Exodus, and the Ancient Near East* (Cambridge, United Kingdom: Cambridge University, 2022), 350.

여전히 생경한 오직-야훼-신앙

비교적 빠르게 야훼 하나님의 초월성을 이해했던 소수의 무리가 있었지만, 다수의 언약 백성은 넘어지고 또 넘어졌다. 주변에 항상 포진하고 있었던 강대국들의 다신론이 그들을 계속해서 방해했기 때문이다. 이방국들은 시시때때로 '신은 많으면 많을수록 좋다'라는 유혹을 내던졌고, 언약 백성은 이들의 유혹에 자주 넘어졌다. 모압 여인들을 따라가 바알을 섬겼던 이스라엘의 남자들(민 25장), 하나님의 지혜를 사모했지만 결국 다른 신들을 섬겼던 솔로몬(왕상 11:1-8), 이세벨과 결혼한 후 북왕국을 바알의 왕국으로 만들었던 아합(왕상 16:29-34)의 이야기는 빙산의 일각일 뿐이다. 언약 백성 중에는 끝까지 야훼를 시험한 자들도 있었고, 야훼를 버리고 다른 신들을 섬겼던 자들도 있었다. 그리고 야훼와 다른 신들을 함께 섬긴 자들도 있었다.

포기하지 않으시는 야훼 하나님

그러나 한 번 작정한 바를 결코 되돌리지 않으시는 야훼께서는 당신을 초월자로 드러내는 작업을 멈추지 않으셨다. 하나님께서는 오래 참고 기다리시며 당신을 점진적으로 계시하셨다. 그리고 언약 백성이 야훼 한 분만으로 만족할 수 있는 백성이 될 수 있는 근거를 수시로 보여주셨다. 그들이 흔들릴 때면 사사를 세우셨고, 선지자를 보내주셨다. 그리고 그들이 작심삼일의 태도를 보일 때도 사흘마다 작심할 수 있도록 용서와 용기를 주셨다. 이와 같은 하나님의 열심으로 인해 언약 백성은 갈팡질팡 오직-야훼-신앙에서 지고지순 오직-야훼-신앙으로 서서히 나아갈 수 있었다.

언제나 야훼를 신뢰하지 못하는 자들이 있었지만, 야훼를 올곧게 사랑하는 남은 자들도 늘 있었다. 그렇게 남은 자들은 계시의 단비를 맞으며 오직-야훼-신앙을 다음 세대로 흘려 보냈다. 그리고 다음 세대의 남은 자들도 역시 계시의 단비를 맞으며 그다음 세대로 오직-야훼-신앙을 흘려 보냈다. 그렇게 오직 야훼만 하나님으로 섬기는 독특한 민족이 고대 근동의 토양 속에서 뿌리를 내리게 되었다. 야훼 하나님의 오래 참고 기다리심이 마침내 숭고한 열매를 맺은 것이다.

퍼즐 조각식 계시

이와 같은 사실은 우리가 성경을 읽을 때 조심해야 할 부분이 무엇인지를 알려준다. 바로 성경을 조직신학 책 읽듯이 읽어서는 안 된다는 점이다. 현대인들은 조직신학 책이 소개하는 몇 문장을 통해 하나님의 초월성에 노출된다. 그리고 그것을 암기한다. 그러나 언약 백성은 이와 같은 방식으로 야훼의 초월성에 노출되지 않았다. 이는 곧 구약성경의 저자들도 조직신학 책을 쓰듯이 성경을 쓰지 않았다는 의미이다.

앞서 언급했듯이, 고대 근동의 공기를 호흡했던 언약 백성은 하나님의 초월성을 단번에 이해할 수 없었다. 그들은 하나님의 수많은 계시들을 통해 야훼의 초월성에 순차적으로 그리고 점진적으로 노출되었다. 마치 퍼즐 조각들을 맞추어 나가다 보면 커다란 그림이 완성되는 것처럼, 언약 백성도 계시의 조각들을 맞추어 나가며 서서히 하나님의 초월성을 이해하고 수용하는 단계에 도달했다. 그러므로 우리는 구약성경의 한 구절, 혹은 두 구절이 야훼의 초월성을 모두 담아낼 것으로 기대해서는 안 된다. 그 대신 하나님의 초월성을 부분적으로 담고 있는 구절들을 차근차근 연결하며, 야훼를 전지전능하고 무소부재한 총체적 초월자로 묘사하고 있는 퍼즐을 완성해야 한다. 그때야 비로소 우리는 고대 근동의 언어로 당신의 초월성을 계시하시는 하나님을 만날 수 있다.[2]

지금부터 우리는 야훼를 초월자로 계시하는 계시의 조각들을 「계명과 야훼」(출 20장), 「축복과 저주, 그리고 야훼」(신 28장), 「치료와 야훼」(왕하 1, 5장), 「생명과 죽음, 그리고 야훼」(왕상 17장), 그리고 「다윗과 야훼」(시 139편)의 순서로 하나하나 살펴볼 예정이다. 미리 말해두지만, 이 조각들을 맞추어 나가는 작업은 결코 쉽지 않다. 각각의 주제마다 방대한 양의 정보가 담겨 있기 때문이다. 그러니 독자들은 속독이 아닌 정독으로 각각의 본문들을 읽어 내려가기를 바란다. 중간중간 호흡을 가다듬고, 정신을 맑게 하기를 바란다. 그렇게 인내하며 하나씩, 둘씩 조각들을 맞추어 나가다 보면 고대 근동의 언어로 당신의 초월성을 위풍당당하게 드러내시는 야훼 하나님을 만날 수 있게 될 것이다.

---

2   John H. Walton, *Old Testament Theology for Christians: From Ancient Context to Enduring Belief* (Downers Grove, IL: InterVarsity, 2017), 48.

첫 번째 조각: 계명과 야훼

십계명의 시작

출애굽기 20장에는 야훼께서 히브리 민족에게 십계명을 주시는 장면이 나온다. 모든 계명들이 야훼 하나님과 히브리 민족을 언약의 관계로 엮는다는 점에서 중요하지만, 우리가 초점을 맞춰 살펴볼 부분은 세 군데―하나님의 자기소개, 첫 번째 계명, 그리고 두 번째 계명―이다. 우선 출애굽기 20:1-5을 함께 보자.

> [1] 이 모든 말씀은 하나님이 하신 말씀이다. [2] "나는 너희를 이집트 땅 종살이하던 집에서 이끌어 낸 야훼 너희의 하나님이다. [3] 너희는 내 앞에서 다른 신들을 섬기지 못한다. [4] 너희는 너희가 섬기려고 위로 하늘에 있는 것이나, 아래로 땅에 있는 것이나, 땅 아래 물 속에 있는 어떤 것이든지, 그 모양을 본떠서 신상을 만들지 못한다. [5] 너희는 그 것들에게 절하거나 그것들을 섬기지 못한다. 나, 야훼 너희의 하나님 은 질투하는 하나님이다. …" (출 20:1-5, 『새번역』)

하나님의 자기 소개

본문은 하나님의 자기소개―"나는 너희를 이집트 땅 종살이하던 집에서 이끌어 낸 야훼 너희의 하나님이다"―로 시작된다. 이 구절은 히브리 민족과 언약 관계를 맺을 하나님이 어떤 신인지를 특정하는 역할을 한다. 그 신은 야훼 하나님, 곧 히브리 민족을 이집트 땅에서 이끌어 낸 분이시다. 우리는 여기에서 하나의 질문을 던질 수 있다. "야훼께서 십계명을 주시기 전에 당신을 출애굽 사건과 연결하여 소개하신 이유가 무엇일까?" 많은 학자들이 동의하듯, 언약 백성이 존재할 수 있었던 근본적 이유가 출애굽 사건을 일으키신 야훼 하나님이라는 점을 상기시키기 위함이다.[3] 하지만 본문이 신과 인간 사이의 언약을 배경으로 한다는 점, 바로 다음에 나오는 제1계명이 야훼 이외에 다른 신들을 예배의 대상에서 제외한다는 점, 그리고 고대 근동 사람들은 거의 모든 일들에 신들을 결부시켜 이해했다는 점을 고려한다면, 더욱 풍성한 독법이 가능해진다.

구약성경의 증언에 따르면 출애굽 사건은 야훼께서 이집트의 신들을 상대로 크고 놀라운 기적과 이사를 보이셨던 대대적인 사건이었다. 출애굽기 12:12을 보자.

> 내가 그 밤에 이집트 땅을 두루 지나가면서 사람으로부터 동물에 이르기까지 이집트 땅의 모든 처음 태어난 것을 치고, 이집트의 모든 신들(כל אלהי מצרים)에게 심판을 행할 것이다. 나는 야훼(יהוה)이다. (출 12:12, 『바른성경』)

---

3   Nahum M. Sarna, *Exodus* (JPSTC; Philadelphia: Jewish Publication Society, 1991), 109; Douglas K. Stuart, *Exodus* (NAC 2; Nashville: Broadman & Holman, 2006), 446–47; Eugene Carpenter, *Exodus* (ed. H. Wayne House and W. D. Barrick; EEC 2; Bellingham, WA: Lexham, 2012), 36.

야훼께서 심판하시는 대상에 "이집트의 모든 신들"이 포함되어 있다. 출애굽 사건은 신들의 전쟁이라는 맥락 속에서 이해되어야 한다는 의미이다. 이와 같은 접근은 민족과 민족의 대립을 신과 신의 대립으로 이해했던 고대 근동의 맥락에 부합한다. 이를 염두에 두고 본문(출 12:12)을 다시 보면 중요한 부분이 눈에 들어온다. 바로 이집트의 신들은 복수로 나타나는 반면, 야훼는 단수로 나타난다는 점이다. 이와 같은 단수와 복수의 차이는 야훼 홀로 "이집트의 모든 신들"—이집트인들과 언약을 맺은 이집트의 신들—을 상대하셨음에도 불구하고, 야훼께서 절대적으로 승리하셨다는 점에 방점을 찍는다.

이제 십계명 본문(출 20:1-5)으로 돌아가 보자. 야훼께서는 언약의 문맥 속에서 "나는 너희를 이집트 땅 종살이하던 집에서 이끌어 낸 야훼 너희의 하나님이다"라고 말씀하셨다. 이 말씀을 들은 히브리 민족은 무엇을 떠올렸을까? 야훼께서 이집트의 만신전에 포함된 신이 아니라는 사실을 떠올렸을 것이다. 그리고 수많은 재앙을 통해 "이집트의 모든 신들"을 무력하게 하셨던 초월자가 야훼라는 사실을 기억했을 것이다. 십계명이 시작되기 전에 나타나는 하나님의 자기소개는 단순한 인사치레가 아니었다. 대신 언약 백성이 언약을 맺게 될 신은 고대 근동의 일개의 신이 아니라 이집트 땅에서 이집트의 모든 신들을 심판하셨던 이스라엘의 하나님이라는 점을 상기시키는 장치였다. 아래에서 자세히 살펴보겠지만, 이러한 맥락에서 하나님의 자기소개는 제1계명과 매우 유의미하게 연결된다.

첫 번째 계명

당신을 출애굽 사건과 연결해 소개하셨던 야훼께서 언약 백성에게 첫 번째 계명을 주셨다. 그 계명은 "너희는 내 앞에서 다른 신들을 섬기지 못한다"였다. 고대 근동의 관점으로 볼 때, 제1계명은 당시에 만연했던 다신관을 저격하고 있다.[4] 그러나 여기에서 현대인들이 놓치지 말아야 할 중요한 부분이 있다. **제1계명은 이스라엘 백성에게 큰 믿음을 요구하는 계명이었다는 점이다.** 이를 이해하기 위해서는 몇 가지 과정을 거쳐야 한다.

우선 계명이 주어졌던 시점을 출애굽기 문맥 속에서 고려해 보자. 야훼께서는 출애굽 사건을 통해 이집트의 모든 신들보다 당신이 강하다는 점을 계시하심으로 이집트의 신들이 예배를 받을 가치가 없다는 사실을 보여주셨다. 따라서 이스라엘 백성이 이집트 신들을 버리고 야훼 하나님을 섬기는 일은 비교적 쉬웠을 것이다. 하지만 그때까지만 해도 야훼께서 정복하셨던 신들은 이집트의 신들이었지 다른 지역의 신들―광야나 메소포타미아 지역에 거주하는 신들―은 아니었다. 히브리 민족은 야훼께서 이집트 외부에 있는 신들보다 강한지 혹은 약한지를 아직 확인하지 못했다. 그럼에도 불구하고 야훼께서는 "너희는 내 앞에서 다른 신들을 섬기지 못한다"는 계명을 이집트 땅을 벗어난 모압 땅에서 주셨다. 이것이 뜻하

---

4   많은 학자들이 언급하듯이, 본문은 다른 신들의 존재를 가정한다. William H. C. Propp, *Exodus 19–40: A New Translation with Introduction and Commentary* (AYB 2A; New Haven; London: Yale University, 2008), 167.

는 바가 무엇일까? 이스라엘 백성이 제1계명을 수용하기 위해서는 야훼께서 이집트에서 보여주신 능력이 다른 지역에서도 동일하게 발생할 수 있을 것이라는 믿음이 필요했다는 의미이다. 이는 다신론의 개념—특히 신이 특정 영토와 연결되어 있다는 개념—에 깊게 노출되어 있던 고대인들이 쉽게 받아들일 수 있는 요구가 아니었다.

우리는 여기에서 계명과 믿음의 관계를 두부 자르듯 이분할 수 없음을 알게 된다. 야훼께서 히브리 민족에게 요구하신 제1계명은 무조건적인 순종을 강요하는 행동의 강령이 아니었다. 대신 이스라엘 민족이 큰 믿음으로 화답해야 할 신뢰의 강령이었다. 고대 근동의 다신관에 익숙하지 않은 현대인들은 제1계명을 믿음과 연결하여 이해하지 못하는 경향이 있다. 우리는 너무 익숙하고 자연스럽게 오직-야훼-신앙을 배우고 암기했기 때문이다. 하지만 제1계명은 신들의 세상에 살았던 히브리 민족에게 믿음과 결단을 요구하는 계명이었다.

물론 야훼 하나님은 근거 없는 믿음, 곧 맹종(盲從)을 요구하시는 분이 아니셨다. 하나님께서는 이미 이집트에서 당신의 초월성을 일부 보여주셨다. 비록 부분적인 계시였다고 할지라도 그 계시는 히브리 민족에게 오직-야훼-신앙을 향해 첫발을 뗄 수 있는 근거를 제공했다. 그리고 이집트의 모든 신들을 무력화하신 야훼께서 이제 언약 백성에게 믿음을 요구하신다. "너희는 내 앞에서 다른 신들을 섬기지 못한다." 이는 이집트에서 능력을 보이셨던 초월자 야훼를 믿고 앞으로 남은 여정을 계속하자는 인격적 초대였다.

야훼께서는 이후에도 여러 가지 방법을 통해 오직-야훼-신앙이 수용가능한 신앙이라는 점을 보여주셨다. 실제로 이집트의 신들을 제압하셨던 야훼께서는 이집트 외부에 있는 신들도 제압하셨다. 제2장에서 살펴봤듯이, 팔레스타인의 다곤을 꺾으신 야훼, 미크레의 영역을 초월하신 야훼, 미크레의 화신인 갓과 므니를 제압하신 야훼, 게다가 이방신들까지도 당신의 뜻을 위해 자유자재로 이용하신 야훼는 참으로 신들의 신이었다. 야훼께서는 오직-야훼-신앙이 가능한 이유를 지속해서 보여주셨다.

결국 언약 백성에게 오직-야훼-신앙을 요구하는 제1계명은 야훼의 억지스러운 요구가 아니라 당신께서 이집트에서 보여주셨던 능력을 앞으로 더욱 확실하게 드러내시겠다는, 그래서 당신께서 신들의 신이라는 사실을 구체적으로 나타내시겠다는 선포였다. 그 선포는 이스라엘의 역사 속에서 점진적으로 확증되었고, 이에 따라 언약 백성의 믿음도 점점 커져갔다.

두 번째 계명

놀라운 점은 야훼께서 히브리 민족에게 요구하신 혁명적 믿음은 제1계명에서 끝나지 않는다는 사실이다. 제2계명도 제1계명 못지않게 큰 믿음을 요구하는 강령이었다. 제2계명은 "너희는 너희가 섬기려고 위로 하늘에 있는 것이나, 아래로 땅에 있는 것이나, 땅 아래 물 속에 있는 어떤 것이든지, 그 모양을 본떠서 신상을 만들지 못한다"이다. 학자들은 본문에 등장하는 "신상," 곧 신들의 형상이 누구의 형상을 의미하는지 질문을 던진다. "이방신들의 형상인가, 야훼 하나님의 형상인가, 아니면 둘 다 인가?" 문맥을 고려한다면 야훼 하나님을 포함한 모든 신들의 형상을 의미한다고 볼 수 있다.[5] 그렇다면 형상 금지령은 두 개의 행동 강령을 요구한다고 볼 수 있다.

1. 하나님께서 이스라엘 백성에게 이방신들의 형상을 만들지 못하도록 명하심으로써 당신의 백성이 이방신들을 섬기지 못하도록 하셨다.
2. 하나님께서 당신의 형상도 만들지 못하도록 명하심으로써 저들이 형상을 통해 하나님께 예배할 수 없도록 하셨다.[6]

형상 금지령은 **잘못된 신들을 숭배하는 행위**와 **올바른 신을 잘못된 방식으로 숭배하는 행위**를 모두 금하고 있다는 의미이다.

야훼께서 금지하신 신상의 범위에 당신의 신상까지 포함된다는 점은 매우 유의미하다. '신은 특정 영역에 존재하기 위해 신상을 필요로 한다'라는 고대 근동의 전형적인 신관이 야훼 하나님께 적용되지 않는다는 점을 나타내기 때문이다. 우리의 기억을 돕기 위해 신과 신상의 관계에 대한 훈들리의 설명을 들어보자.

---

5 Thomas A. Judge, *Other Gods and Idols: The Relationship between the Worship of Other Gods and the Worship of Idols Within the Old Testament* (LHBOTS 674; London: T&T Clark, 2019), 35–49.

6 하나님께서 형상을 통해 당신을 예배하는 행위를 금하는 내용은 출 32:1-35; 신 4:15-16; 12:2-3; 왕상 12:25-33에서도 확인할 수 있다. 더 많은 예는 Judge, *Other Gods and Idols*, 66-83에서 볼 수 있다.

신상을 활성화시키는 의식을 거친 신상은 완전히 기능하는 신적 현현의 장소로 작용했다. 신상에 현현하는 신—신상이 없었다면 너무 멀리 있을 수밖에 없는 신—은 이제 [숭배자들에 의해] 섬겨지고, 호명되며, 기도를 받을 수 있게 되었다. … 신상은 [인간들로 하여금] 더욱 용이하게 신에 접근하게 함으로 … 신적 힘을 새로운 영역—성전과 도시의 영역—으로 확장하는 장치로 기능했다.[7]

이처럼 고대인들은 신들이 무소부재하다고 생각하지 않았다. 그래서 신상을 만들어 신들을 인간이 접근할 수 있는 위치에 두려고 했다.

이를 기억하며 십계명의 두 번째 계명을 살펴보자. 야훼께서는 언약 백성에게 당신을 예배하기 위해 신상을 만들지 말라고 명하셨다. 그 이유가 무엇일까? **야훼께서는 다른 고대 근동의 신들과는 달리 신상이 없어도 인간계에서 신상이 있는 것처럼 기능할 수 있는 초월자라는 사실을 나타내기 위함이었다.** 우리는 신상이 필요 없는 야훼의 독특성과 특별성을 고대 근동적 시각에서 이해할 수 있어야 한다. 다수의 현대인들은 신상 금지령을 '형상이 없으신 하나님을 보이는 형상으로 전락시키는 행위를 방지하는 장치' 정도로 생각한다. 하지만 금지령에 담겨 있는 고대 근동적 의미는 이보다 더욱 심오했다. 신상 금지령은 고대 근동의 신들과 야훼 하나님의 차이를 드러내는 계시였다. 그 계시에 따르면 야훼는 신상이 없어도 신상이 있는 것처럼 기

---

7   Hundley, *Yahweh among the Gods,* 33–34.

능하실 수 있는 초월적 존재였다.

고대 근동 사람들은 신상 금지령을 내린 야훼 하나님을 이해하지 못했을 것이다. 국가신으로 기능하는 신이 신상이 없는 상태로 자국민들과 소통할 수 있다는 개념은 탈/비고대 근동적이었다. 고대인들의 관념에 따르면 높은 신일수록 그 신이 깃드는 신상은 더욱 크고 위엄이 있어야 했다. 그리고 다른 신들보다 더 많은 신상을 보유하고 있어야 했다. 아무리 국가신이라 할지라도 신이 활동할 수 있는 영역은 지역적으로 한정되었기 때문이다.[8] 따라서 고대인들은 신상 금지령을 내린 야훼를 매우 기이한 신, 더 정확히 말하자면 허풍이 심한 신으로 생각했을 수 있다.

야훼를 시험하는 언약 백성

이와 같은 이유로 히브리 민족은 신상이 없는 야훼께서 정말 그들과 함께하는지를 수시로 시험했고 의심했다. 일례로 출애굽기 17:7을 보자.

> 이스라엘 자손이 거기에서 … 거기에서 "야훼께서 우리 가운데 계시는가, 안 계시는가?" 하면서 주님을 시험하였다고 해서, 그 곳의 이름을 맛사라고도 한다. (출 17:7, 『새번역』)

본문은 신상 금지령이 주어지기 전에 일어났던 사건이다. 하지

---

8   Hundley, *Yahweh among the Gods*, 42, 120.

만 금지령이 주어지기 전에도 야훼의 신상이 없었다는 점을 고려할 때, 본문은 유의미하게 다가온다. 본문에 따르면 히브리 민족은 야훼께서 정말 그들과 함께하는지 아닌지를 시험했다. 맨눈으로 볼 수 없는 신을 신상을 통해 보는 데 익숙했던 언약 백성들이 신상이 없는 야훼를 따르는 일은 절대 쉽지 않았기 때문이다.

다수의 현대인들은 이 구절을 통해 히브리 민족의 불신앙에 초점을 맞춘다. 그들은 야훼 하나님께서 베푸신 여러 가지 기적들을 목도했고 경험했음에도 불구하고 여전히 야훼 하나님의 동행하심을 믿지 못했다고 비난하기도 한다. 더글라스 K. 스튜어트(Douglas K. Stuart)는 야훼의 동행을 의심한 히브리 민족의 행위를 "터무니없이 불성실한 행위"로 간주했다. 그의 주장에 따르면 야훼께서 여러 가지 기적들을 통해 당신의 능력을 종종 계시하셨기 때문에 그분의 동행을 의심하는 일은 "하나님의 통솔력을 경멸하는 일 외에는 아무것도 아니"었다.[9] 월터 C. 카이저(Walter C. Kaiser)도 이와 유사하게 해석했다. "이스라엘 자손은 여섯 달도 안 되는 기간동안 열 가지 재앙들, 구름 기둥과 불기둥, 홍해의 열림과 닫힘, 물이 달게 변하는 현상, 하늘에서부터 떨어지는 만나와 고기 등의 기적들을 경험했다. 그럼에도 불구하고 그들이 묻는 진짜 질문은 다음과 같다. '야훼께서 우리 가운데 계시는가, 안 계시는가?'"[10]

---

9 Stuart, *Exodus*, 392.

10 Walter C. Kaiser Jr., "Exodus," in *The Expositor's Bible Commentary: Genesis–Leviticus (Revised Edition), Volume 1* (ed. T. Longman III and D. E. Garland; Grand Rapids, MI: Zondervan, 2008), 463.

독자들의 생각도 이와 같다면, 잠시 히브리 민족의 입장이 되어 보기를 바란다. 그들은 현대인과 달리 무소부재하고 전지전능한 신을 조직신학적으로 암기하지 않았다. 설령 출애굽 사건을 통해 이집트의 신들보다 강한 야훼 하나님을 만났다 할지라도 그분의 초월성을 온전히 이해하기 위해서는 더 많은 계시와 시간이 필요했다. 무엇보다 신상을 보고 신을 섬기는 데 익숙한 이집트 문화에 오래 노출되었던 히브리 민족에게 신상이 없는 야훼를 따라 광야 길을 걷는 여정은 결코 쉽지 않았다. 신상의 동행은 신의 현현을 보장해 주는 반면, 신상의 부재는 신의 부재를 의미했음을 기억할 때, 신상이 없는 야훼를 믿고 척박한 광야를 지나는 일은 히브리 민족에게 혁명적인 믿음을 요구했다.

고대 이집트의 자료인 「웬아문의 이야기」(*Tale of Wenamun*)는 좋은 예를 제공한다.[11] 이 이야기의 주인공은 웬아문이다. 웬아문은 창조의 신 아문의 배를 건축하는데 필요한 나무를 구하러 여행길에 올랐다. 그가 성공적인 여행을 위해 챙긴 물건이 하나 있었다. 바로 아문의 신상이었다. 웬아문은 신상에 깃들어 있는 아문이 여행 중인 자신을 도울 수 있다고 믿었다. 그의 믿음은 현실화되었다. 신상에 깃들어 있는 아문을 감지한 타지의 신들이 궁지에 몰려 있던 웬아문을 도왔기 때문이다. 이 이야기에 등장하는 아문의 신상은 "신적

---

11   William W. Hallo and K. Lawson Younger Jr., *The context of Scripture, Volume One: Canonical Compositions from the Biblical World* (Leiden: Brill, 1997), 89–93을 보라.

대상(신상)을 통해 기능할 수 있는 신의 힘 그 자체를 상징"했다.[12]

　이와 같은 이유로 고대인들은 종종 신상을 지니고 여행길에 올랐다. 이집트를 떠나 광야길에 오른 히브리 민족도 동일한 개념을 공유하고 있던 고대 근동의 구성원들이었다. 그들이 아무리 야훼 하나님의 능력을 경험했다고 할지라도 신상이 없는 야훼를 믿고 광야를 지나는 일은 결코 쉽지 않았다. 그러므로 그들이 던진 질문—"야훼께서 우리 가운데 계시는가, 안 계시는가?"라는 질문—은 "하나님의 통솔력을 경멸하는" 표현이 아니라 이해의 한계로 인해 발생한 질문으로 봐야 한다. 물론 야훼의 동행을 의심한 그들의 행동이 정당하다는 의미는 결코 아니다. 구약성경은 그들의 행동을 분명히 비판하고 있다(신 6:16; 시 95:8). 하지만 그들의 행동을 무작정 비판하기 전에 그들이 비판 받을 행동을 했던 이유도 고려해 보자는 것이다. 히브리 민족은 가난한 믿음—갈팡질팡 오직-야훼-신앙—에서 출발했다. 그 가난한 믿음은 고대 근동의 토양 위에서 하루아침에 풍요로운 믿음으로 변화될 수 없었다. 이러한 믿음의 변화를 위해서는 오래 참고 기다리시며 당신의 초월성을 지속적으로 계시하시는 하나님의 노력과 그 노력에 긍정적으로 반응하는 남은 자들의 노력이 필요했다. 그들의 노력은 결국 아름다운 열매를 맺었지만, 그 열매가 맺히기 전까지 많은 산고의 아픔이 있었다. 아래에 살펴볼 황금 송아지 이야기도 그러한 아픔들 중에 하나이다.

12　Bernd U. Schipper, "Angels or Demons?," *DCLY* (2007): 1–20(12).

황금 송아지

출애굽기 32장에는 모세가 야훼 하나님으로부터 십계명을 받으러 산으로 올라간 이야기가 등장한다. 그리고 산 아래에 있는 히브리 민족이 야훼의 형상을 만드는 사건도 등장한다. 이 부분은 제1장에서 살펴봤으니 여기에서는 간략하게 복습만 하도록 하자.

야훼 하나님의 계시를 받으러 산으로 올라간 모세가 오랫동안 내려오지 않자 히브리 민족은 아론에게 "신"을 만들어 달라고 요청했다. 문맥상 "신"은 신상을 의미한다. 히브리 민족이 야훼의 신상을 만들었다는 의미이다. 그 이유가 무엇일까? 신상은 신이 존재할 수 있는 영역을 확장하는 장치였기 때문이다. 산 위에 계신 야훼를 만나러 간 모세가 내려오지 않자 불안해진 민족은 산 아래에 신상을 만듦으로써 산 위에 계신 야훼를 산 아래로 확장시키려고 했다. 신상을 통해 산 위에 있는 야훼의 영역이 산 아래로 넓혀질 수 있다는 고대 근동의 전형적인 믿음이 작용했던 셈이다. 그러나 하나님의 현현을 신상과 연결하는 개념은 야훼께서 요구하시는 믿음이 아니었다. 야훼께서는 신상이 없어도 신상이 있는 것처럼 역사할 수 있는 초월적인 신이셨다. 그래서 모세는 신상을 "불에 태우고, 가루가 될 때까지 빻아서, 그것을" 없앰으로 야훼의 초월성을 부각했다.

그렇다면 언약 백성은 더 이상 야훼의 신상을 만들지 않았을까? 안타깝게도 대답은 "아니오"이다. 구약성경에는 야훼의 신상으로 기능했던 조각상들이 몇 차례 더 등장한다. 열왕기하 18장에 나타나는 구리 뱀이 대표적인 예이다.

느후스단

히브리 민족은 국가를 이룬 후에도 신상 금지령에 담긴 탈/비고 대 근동적 계시를 쉽게 이해하지 못했다. 모세가 만든 구리 뱀 느후스단(נחשתן)을 예배했던 사건은 이를 명시한다. 먼저 열왕기하 18:4을 보자.

> [유다 왕 히스기야]는 산당을 헐어 버렸고, 돌기둥들을 부수었으며, 아세라 목상을 찍어 버렸다. 그는 또한 모세가 만든 구리 뱀도 산산 조각으로 깨뜨려 버렸다. 이스라엘 자손이 그 때까지도 느후스단이라고 부르는 그 구리 뱀에게 분향하고 있었기 때문이다. (왕하 18:4, 『새번역』)

느후스단은 하나님께서 허용하신 형상이었다(민 21:8-9). 그러나 열왕기하 본문에 의하면 그 형상이 하나님의 역사를 기억하도록 돕는 장치가 아니라 예배의 대상으로 둔갑되었음을 알 수 있다. 구리 뱀이 이렇게 변질된 경로는 본문에 등장하지 않지만, 신의 현현과 신상을 연결하려는 이방인의 신관에 지속적으로 노출되었던 이스라엘 백성이 구리 뱀을 야훼가 깃들어 있는 신상으로 오인하여 섬기기 시작했다고 볼 수 있다.[13] 하지만 히스기야는 느후스단을 "산산

---

13 Robert K. Gnuse, *No Other Gods: Emergent Monotheism in Israel* (JSOTSS 241; Sheffield: Sheffield Academic, 1997), 203; Judge, *Other Gods and Idols*, 97–99도 이 가능성을 열어둔다.

조각으로 깨뜨려 버"림으로 야훼의 초월성을 부각했다.[14]

당신을 증명하시는 야훼

이처럼 신상이 없어도 자기 백성 가운데 강력한 능력으로 현현할 수 있는 신이 존재한다는 개념은 고대 근동 사람들이 쉽게 수용할 수 있는 신관이 아니었다. 아무리 언약 백성이라 할지라도 보이지 않는 신을 신상의 도움 없이 인식하기 위해서는 많은 시간이 필요했다. 사람은 눈에 보이고 손에 잡히는 요소를 통해 마음에 안정을 찾으려는 습성이 있다. 아무래도 눈에 보이는 것이 보이지 않는 것보다 더욱 실체에 가깝다는 생각이 들기 때문이다. 고대인들도 예외는 아니었다.

야훼 하나님께서는 언약 백성에게 신상이 필요 없으신 당신의 초월성을 쉬지 않고 드러내셨다. 신상이 없으신 야훼께서는 광야에 있는 언약 백성에게 음식(만나와 메추라기[출 16:4, 13-15, 35])을 40년 동안 공급해 주셨다. 호렙산 바위에서는 물이 터져 나오게 하심으로 백성의 갈증을 해결해 주셨다(출 17:1-7). 구름 기둥과 불기둥으로 언약

---

14 크리스틴 A. 스완슨(Kristin A. Swanson)은 느후스단을 이집트의 영향을 받은 뱀 형상으로 이해한다. 그래서 히스기야 왕이 느후스단을 제거한 이유를 그가 이집트와 관련된 요소를 근절함으로써, 유다가 앗시리아의 종주권에 복종하고 있음을 보여주려는 시도라고 주장한다. Idem, "A Reassessment of Hezekiah's Reform in Light of Jar Handles and Iconographic Evidence," *CBQ* 64 (2002): 460-69. 하지만 열왕기하 저자는 히스기야가 종교개혁의 목적으로 느후스단을 제거했다고 밝혔다.

백성을 밤낮으로 인도하고(출 13:21-22, 민 14:14), 보호해 주셨다(출 14:19-24). 아말렉의 갑작스런 공격 속에서도 언약 백성을 보호해 주셨고 (출 17:8-16), 가나안 땅에서 발생한 수많은 위험으로부터 그들을 안전하게 지켜 주셨다.

다양한 기적들이 신상이 없는 야훼 하나님에 의해 장소를 가리지 않고 발생했다는 점은 매우 유의미하다. "지역에 국한되어 있고 [신상을 통해] 이곳저곳으로 옮겨져야 하는 이방의 신들과는 달리"[15] 야훼는 신상이 없어도 신상이 있는 신들처럼 역사하실 수 있는 초월자라는 의미를 담고 있기 때문이다. 비록 신상 금지령에 담긴 탈/비고대 근동적 신관은 이스라엘 백성이 한 번에 소화할 수 있는 개념이 아니었지만, 야훼 하나님의 오래 참고 기다리심과 그 기다림에 칠전팔기하며 부응했던 언약 백성의 노력으로 인해 이스라엘은 결국 신상을 초월한 야훼 하나님을 섬기게 되었다. 세상을 초월하는 계시의 씨앗이 고대 근동의 토양 속에서 끝내 싹을 틔웠던 것이다.

두 번째 조각: 축복과 저주, 그리고 야훼

복을 주시는 야훼

이번에는 신명기 28장이 계시하는 야훼 하나님의 초월성에 대

---

15   James Wolfendale, *I & II Chronicles* (London: Funk & Wagnalls, 1892), 79.

해서 살펴보자. 본문에는 하나님께 순종하는 자들에게 임하는 축복과 불순종하는 자들에게 내려지는 저주가 등장한다. 곧 살펴보겠지만, 본문은 야훼 하나님의 초월성을 고대 근동의 언어로 드러내는 계시의 보고(寶庫)이다. 우선 축복의 영역을 담당하시는 하나님부터 만나보자.

¹ "당신들이 야훼 당신들의 하나님의 말씀을 귀담아 듣고, 내가 오늘 당신들에게 명한 그 모든 명령을 주의 깊게 지키면, 야훼 당신들의 하나님이 당신들을 세상의 모든 민족 위에 뛰어나게 하실 것입니다. ² 당신들이 야훼 당신들의 하나님의 말씀에 순종하면, 이 모든 복이 당신들에게 찾아와서 당신들을 따를 것입니다. ³ 당신들은 성읍에서도 복을 받고, 들에서도 복을 받을 것입니다. ⁴ 당신들의 태가 복을 받아 자식을 많이 낳고, 땅이 복을 받아 열매를 풍성하게 내고, 집짐승이 복을 받아 번식할 것이니, 소도 많아지고 양도 새끼를 많이 낳을 것입니다. ⁵ 당신들의 곡식 광주리도 반죽 그릇도 복을 받을 것입니다. ⁶ 당신들은 들어와도 복을 받고, 나가도 복을 받을 것입니다. ⁷ 당신들에게 대항하는 적들이 일어나도, 야훼께서는 당신들이 보는 앞에서 그들을 치실 것이니, 그들이 한 길로 쳐들어왔다가, 일곱 길로 뿔뿔이 도망칠 것입니다. ⁸ 야훼께서 명하셔서, 당신들의 창고와 당신들의 손으로 하는 모든 일에 복이 넘치게 하실 것입니다. 그리하여 야훼 당신들의 하나님이 당신들에게 주시는 땅에서 당신들에게 복을 주실 것입니다. ⁹ 당신들이 야훼 당신들의 하나님의 명령을 지

키고 그 길로만 걸으면, 야훼께서는 당신들에게 맹세하신 대로, 당신들을 자기의 거룩한 백성으로 삼으실 것입니다. ¹⁰ 이 땅의 모든 백성이, 야훼께서 당신들을 택하셔서 자기의 백성으로 삼으신 것을 보고, 당신들을 두려워할 것입니다. ¹¹ 야훼께서는, 당신들에게 주시겠다고 당신들의 조상에게 약속하신 이 땅에서, 당신들 몸의 소생과 가축의 새끼와 땅의 소출이 풍성하도록 하여 주실 것입니다. ¹² 야훼께서는, 그 풍성한 보물 창고 하늘을 여시고, 철을 따라서 당신들 밭에 비를 내려 주시고, 당신들이 하는 모든 일에 복을 주실 것입니다. 그러므로 당신들은 많은 민족에게 꾸어 주기는 하여도 꾸지는 않을 것입니다. ¹³ 오늘 내가 당신들에게 명령하는 바, 당신들이 야훼 당신들의 하나님의 명령을 진심으로 지키면, 야훼께서는 당신들을 머리가 되게 하고, 꼬리가 되게 하지 않으시며, 당신들을 오직 위에만 있게 하고, 아래에 있게 하지는 않으실 것입니다. ¹⁴ 당신들은, 좌로든지 우로든지, 내가 오늘 당신들에게 명하는 이 모든 말씀을 벗어나지 말고, 다른 신들을 따라가서 섬기지 마십시오." (신 28:1-14, 『새번역』)

현대인들은 하나님께서 주시는 '복의 종류'에 초점을 맞춘다. 하지만 고대 근동 사람들은 다른 부분에 더 관심을 보였을 것이다. 바로 **복이 임하는 여러 영역들을 야훼 홀로 주관하신다는** 부분이다. 본문에 언급된 수많은 복의 영역들은 야훼의 능력이 국소적이 아니라 전체적으로 퍼져 있음을 알리는 장치이다. 이 장치는 고대 근동의 관점으로 본문에 명시된 복들을 이해할 때 더욱 선명하게 인지된다.

최고의 민족이 되는 복

신명기 본문에 언급된 첫 번째 복은 최고의 민족이 되는 복이다. 고대 근동의 민족들은 그들이 섬기는 신들과 불가분의 관계였다. 고대인들의 이름에 그들이 따르는 신들의 이름이 들어가 있다는 점은 이를 명시한다. 이집트의 파라오 토트모세(*Thothmose*[*Thutmose*])는 '토트의 자녀'라는 뜻으로 이집트의 지혜신 토트(*Thoth*)가 들어간 이름이다. 바벨론의 왕 느부갓네살(*Nebuchadnezzar*)은 '나부께서 장자를 지키신다'라는 뜻으로 바벨론의 문자신 나부(*Nabû*)가 들어간 이름이다. 남유다의 왕 히스기야(*Hezekiah*)는 '야훼는 나의 힘이다'라는 뜻으로 이스라엘의 신 야훼가 들어간 이름이다. 이처럼 고대 근동의 민족들은 그들이 섬기는 신들과 떼려야 뗄 수 없는 관계로 연결되었다. 그러므로 민족 A가 민족 B보다 뛰어나기 위해서는 민족 A의 신이 민족 B의 신보다 뛰어나야 함이 당연지사였다. 이를 기억하며 신명기 본문의 첫 번째 복을 보자. 야훼께서 언약 백성을 최고의 민족이 되게 하겠다고 선포하셨다. 이 선포는 야훼께서 이 세상에 존재하는 그 어떤 신들보다 뛰어난 신이라는 사실을 만방에 계시하겠다는 선포였다.

신명기 28장 13절도 이런 맥락 속에서 해석되어야 한다.

> 야훼께서는 당신들을 머리가 되게 하고, 꼬리가 되게 하지 않으시며, 당신들을 오직 위에만 있게 하고, 아래에 있게 하지는 않으실 것입니다.
>
> (신 28:13, 『새번역』)

현대인들은 이 구절을 '적자생존의 구도 속에서 경쟁자들을 딛고 일어나 성공하게 하는 복' 정도로 생각한다. 그러나 본문은 '개인-타인'의 구도가 아니라 '야훼의 언약 민족(이스라엘)-다른 신들의 언약 민족들(이방 민족들)'의 구도 속에서 이해되어야 한다. 이런 구도로 본문을 해석하면 방점이 야훼 하나님의 초월성에 찍힌다는 점을 알 수 있다. 즉, 야훼께서 신들의 머리이기 때문에 그분의 언약 백성도 머리가 될 수 있고, 야훼께서 다른 신들의 위에 계신 분이기 때문에 그분의 언약 백성도 위에 있을 수 있다는 의미이다.

신명기 28장 10절도 동일한 구도 속에서 이해될 수 있다.

> 이 땅의 모든 백성이, 야훼께서 당신들을 택하셔서 자기의 백성으로 삼으신 것을 보고, 당신들을 두려워할 것입니다. (신 28:10, 『새번역』)

이스라엘이 강해서 타민족들의 머리가 되고, 이스라엘이 특출나서 타민족들 위에 선다고 말하지 않는다. 대신 이스라엘은 작고 볼품없지만 이스라엘을 택하신 야훼께서 위대하시기 때문에 그분의 언약 백성이 복을 받는다고 말한다. 이처럼 언약 백성이 최고의 민족이 될 수 있는 이유는 야훼께서 최고의 신이시기 때문이다.

구약성경은 야훼께서 고대 근동의 다른 신들보다 위대한 신이라는 점을 여러 부분을 통해 계시했다. 데이지 Y. 차이(Daisy Y. Tsai)의 표현대로 고대 근동의 신들은 "힘과 권력에 제한이 있었다. [그래서 고대의 이방인들은] 한 명의 신에게 온전한 전능성이 속해 있다는 개념까지 아우르는 신관을 발전시킬 수 없었다. 따라서 메소포타미아 신들의 속성이 '한계성'으로 정의된다면, 성경의 하나님의 속성은 '초월성'으로 정의될 수 있다."[16] 야훼와 이방신들의 차이점은 여기에서 끝나지 않았다. 이방신들은 시작이 있었지만 야훼는 시작이 없었고, 이방신들은 운명의 지배를 받았지만, 야훼는 운명을 초월했으며, 이방신들은 죽을 수 있었으나 야훼는 죽을 수 없었다. 이와 같은 이유로 야훼와 언약을 맺은 민족은 응당 다른 신들과 언약을 맺은 민족들 위에 가장 뛰어난 민족이 될 수 있었다.

최고의 민족이 받는 여러 가지 복들

신명기 본문에 등장하는 나머지 복들(신 28:3-13)은 야훼께서 이스라엘이 최고의 민족이 될 수 있도록 돕는 복들을 의미한다. 놀라운 부분은 야훼께서 주시는 복들의 영역이 우주적이라는 점이다. 이를 고려하며 그 복이 임하는 영역들을 살펴보자.

첫째, 야훼의 복은 언약 백성이 움직이는 장소(성읍과 들, 땅, 그리고 이들이 들어오고 나가는 곳[모든 곳])[17]에 임한다. 이는 장소의 제한 없이 이스

---

16 Daisy Y. Tsai, *Human Rights in Deuteronomy: With Special Focus on Slave Laws* (BZAW 464; Berlin: De Gruyter, 2014), 167.

17 다니엘 I. 블록(Daniel I. Block)은 6절에 있는 "들어오고 나가는 곳"을 메리즘(merism) - 전체를 지칭하기 위해 양극단을 언급하는 문학적 기법 - 으로 이해할 수 있다고 본다. 이럴 경우 "들어오고 나가는 곳"은 "모든 곳" 정도로 번역될 수 있다. 하지만 7절과 연결하여 전쟁을 위한 행군으로 보는 학자들도 있다. Idem, *Deuteronomy* (Grand Rapids, MI: Zondervan Academic, 2012), The formulaic declarations of blessing and curse (28:3-6; 28:16-19).

라엘을 도울 수 있는 능력이 야훼 하나님께 있음을 계시한다. 고대 근동의 신관에 의하면 각각의 장소마다 그 장소를 주관하는 신들이 있었다. 신들에게 장소적 한계가 있다는 신관 때문이었다. 그래서 성읍에는 주로 높은 신들―국가와 연결되어 있는 상위의 신들―이 모셔졌고, 들에는 그 장소와 연결되어 있는 지역신들이 모셔졌다. 놀랍게도 신명기 본문에 따르면 이스라엘 민족은 장소에 제한 없이 가는 곳마다 야훼 하나님의 복을 받는다. 야훼께서 장소의 한계를 넘어서는 초월적 존재이시기 때문이다.

둘째, 하나님의 복은 생산(자녀[몸의 소생], 집짐승[소, 양, 가축의 새끼], 열매[곡식 광주리, 반죽 그릇, 창고, 손으로 하는 모든 일, 땅의 소출])에도 임한다. 야훼께서 생산의 영역도 주관하신다는 의미이다. 고대 근동에는 생산의 영역을 주관하는 신들이 따로 있었다. 가장 대표적인 예가 바알과 아세라이다. 이들은 부부 관계를 통해 다산의 영역을 주관한다고 여겨졌다. 존 M. 브래케(John M. Bracke)의 말을 들어보자.

> 바알과 그의 아내 아세라와 같은 다산의 신들은 고대 근동 세계에서 농작물과 가축의 비옥함을 주관하는 신들로 여겨졌다. 다산의 신들을 숭배하는 의식 중에는 그들에게 성행위를 상기시키거나 강요하는 종교적 매춘 의식이 포함되었는데, 그들의 성행위는 지구를 비옥하게 하는 데 필수적인 요소로 이해되었다. 그러나 이스라엘은 오랫동안 … 다산의 신들을 거부했고 오직 야훼만이 생명의 근원이라고 주장했다.[18]

---

18   John M. Bracke, *Jeremiah 1–29* (WBC; Louisville, KY: Westminster John

야훼께서는 홀로 다산의 영역을 주관하신다. 바알과 아세라를 알고 있었던 언약 백성에게 다산의 영역에 복수의 신들이 아닌 단수의 신 야훼께서 자리하고 있다는 선포는 놀라웠을 것이다. 야훼께서는 이방국의 신들처럼 성관계를 통해 다산을 이루시거나, 홀로 창조할 능력이 없기에 다른 신을 필요로 하는 신이 아니셨다. 야훼 하나님은 천지를 말씀으로 창조하신 생명과 다산의 근원자셨다(창 1:1).

이뿐만이 아니다. 신명기 본문은 포유류(사람과 집짐승)의 다산과 더불어 풍성한 땅의 소출(곡식)까지 야훼의 권세 아래 두었다. 고대 근동 지역에는 곡식의 영역을 주관하는 신들이 따로 있었다(레네누테트[*Renenutet*], 쿠마르비[*Kumarbi*], 수드[*Sud*], 엔지누[*Ezinu*], 니사바[*Nisaba*], 아쉬난[*Ašnan*], 두무지[*Dumuzi*], 카이트[*Kait*], 엔구루[*En-guru*], 할키[*Ḫalki*], 쿠수[*Kusu*], 다간[*Dagân*]). 하지만 신명기 본문은 야훼께서 "땅의 소출[도] 풍성"하게 하심으로 언약 백성의 "곡식 광주리[와] 반죽 그릇[까지] 복을 받"을 수 있게 하신다고 선언했다(신 28: 5, 11). 이는 야훼께서 곡식의 영역도 주관하신다는 계시였다. 다니엘 I. 블록(Daniel I. Block)의 표현처럼 "이스라엘의 주변국들은 경제적 안녕을 위해 다산의 신들을 의지했지만" 신명기 본문은 "이스라엘의 안녕이 야훼에 대한 충성심에 달려 있음을 선언했다."[19]

Knox, 2000), 26. 굵은 활자체는 강조를 위해 본인이 첨가했다.

19   Block, *Deuteronomy*, The formulaic declarations of blessing and curse (28:3–6; 28:16–19).

[삽화 5] 곡식의 여신 니사바 (오른쪽 끝; 원통 인장)[20]

셋째, 야훼의 복은 **전쟁**의 영역에도 임한다. 야훼께서는 이스라엘을 대적하는 이방국들을 제압하심으로 당신의 언약 백성을 보호하신다(신 28:7). 우리는 이미 야훼의 전투력에 대해 여러 본문들을 통해 살펴봤다. 하지만 신명기 본문에 묘사된 야훼의 전투력은 야훼께서 모든 영역의 주권자가 되신다는 틀 속에서 이해되어야 한다. 이럴 경우 야훼의 전쟁 능력은 단지 야훼의 전투력을 드러내는 장치가 아니라 야훼의 우주적인 초월성을 묘사하는 퍼즐 조각들 중에 하나로 기능한다. 이미 짐작했겠지만, 고대 근동에는 전쟁의 영역을 담당하는 신들도 따로 있었다(몬투[*Montu*], 에라[*Erra*], 아스타비[*Astabi*], 앗슈르[*Aššur*], 이쉬타르[*Ištar*], 아나투[*Anatu*], 아눈나[*Anunna*], 니누르타[*Ninurta*], 루갈-마라다[*Lugal-Marada*]). 하지만 이 모든 신들에게는 한계점이 있었다. 그 어떤 전쟁의 신도 신명기 본문에 소개된 야훼 하나님처럼 수많은

---

20   ⓒ스테판 D. 뷸리. HGGANE, 282.

영역에서 동시에 주권을 행사하지는 못했다.

[삽화 6] 전쟁의 신 니누르타 (왼쪽 위; 원통 인장)[21]

넷째, 야훼의 복은 하늘과 비의 영역에도 임한다. 신명기 본문에 의하면 야훼께서는 "풍성한 보물 창고 하늘을 여시고, 철을 따라서 … 밭에 비를 내려 주"시는 능력이 있다(신 28:12). 이 구절은 야훼께서 하늘과 비의 영역을 다스릴 수 있는 능력이 있음을 뜻한다. 고대 근동 사람들은 하늘과 비의 영역도 다른 신들이 주관한다고 믿었다. 우선 하늘은 하늘신(아누[Anu], 몰록[Moloch], 아몬[Amon], 누트[Nut], 훔반[Humban])이 주관하는 영역이었다. 비는 풍우신(바알[Baal], 아다드[Adad], 이투르메르[Itûr-Mêr], 루갈-우쉼-수수[Lugal-ušim-susu], 누무쉬다[Numušda], 실리르[Silir], 텟슈프[Teššup])이 주관하는 영역이었다.[22] 그러나 신명기 본문에 따르

---

21   ©스테판 D. 불리. HGGANE, 278.
22   풍우신이 아니더라도 비를 주관할 수 있는 신이 있었다. 예컨대 자리야누

면 야훼 홀로 하늘과 비의 영역 모두를 주관하신다. 야훼는 장소, 다산, 전쟁뿐만 아니라 하늘과 비의 영역도 다스리시는 초월자이시다.

[삽화 7] 하늘의 신 아누 (오른쪽 위; 돌 표면에 새긴 이미지)[23]

이와 같이 구약성경 안에서 야훼 하나님은 수많은 축복의 영역들을 홀로 다스리는 분으로 계시되었다. 만신전을 구성하는 여러 신들이 서로 힘을 합쳐야 감당할 수 있는 우주의 질서를 야훼 홀로 감당하실 수 있다는 개념은, 야훼의 힘이 초월적이고 또한 우주적이라는 의미를 전달한다. 따라서 야훼를 섬기는 민족에게 많은 신들이 필요 없었다. 야훼 한 분만으로 인생의 모든 필요들이 채워질 수 있었다. 신명기 본문의 저자는 이를 명시하기 위해 이렇게 외쳤다.

(*Zaliyanu*)는 고대 카스타마 지역의 산신이었으나 비를 내릴 수 있는 능력이 있었다. 물론 그렇다고 해서 자리야누가 신명기 본문의 야훼처럼 우주적인 지역에서 주권을 행사할 수 있는 초월자는 아니었다.

23 ©스테판 D. 불리. HGGANE, 19.

당신들은, 좌로든지 우로든지, 내가 오늘 당신들에게 명하는 이 모든 말씀을 벗어나지 말고, 다른 신들을 따라가서 섬기지 마십시오. (신 28:14, 『새번역』)

언약 백성에게 약속된 축복은 야훼 하나님의 초월성을 인정하고 수용하는 오직-야훼-신앙에 근거했다.

신명기 본문의 저자는 축복의 영역을 통해서만 야훼 하나님의 초월성을 드러내지 않았다. 여기에서 한 걸음 더 나아가 저주의 영역을 통해서도 야훼의 초월성을 명백히 드러냈다. 아래에 살펴보겠지만, 야훼께서는 모든 저주의 영역을 홀로 다스리시는 초월자도 되신다.

모든 저주의 주권자

많은 학자들이 신명기 28:25-68에 등장하는 저주를 소위 「에살핫돈 종주권 조약」(*Vassal Treaty of Esarhaddon*; VTE으로 약칭)의 저주와 비교한다.[24] 그리고 신명기 본문의 저자가 에살핫돈의 조약을 알고 있었을 가능성의 유무에 대해 논한다. 이는 매우 흥미로운 연구임이 틀림없다. 하지만 우리는 고대 근동의 신론 쪽에 초점을 맞춰 본문과 「에살핫돈 종주권 조약」을 비교하고자 한다.

---

24   학자들의 다양한 의견들을 보려면 E. Otto, *Deuteronomium 12,1-23,15* (HTKAT; Freiburg: Herder, 2016), 1222-26; idem, *Deuteronomium 23,16-34,12* (HTKAT; Freiburg: Herder, 2017), 1984-90을 참고하라.

「에살핫돈 종주권 조약」에는 신명기 본문에 등장하는 여러 종류의 저주와 비슷한 종류의 저주가 등장한다. 피부병, 질병/역병, 시력 제한, 아내 탈취, 시체 훼손, 자손의 끊어짐, 하늘이 놋이 되고 땅이 쇠가 되는 것 등이 대표적인 예이다. 고대 근동 사람들은 한 명의 신에게 모든 저주의 영역을 감당할 힘이 있다고 믿지 않았다. 그래서 「에살핫돈 종주권 조약」에 등장하는 저주들은 각각 다른 신들의 주권 아래에 속한 것으로 묘사된다. 하지만 신명기 본문은 「에살핫돈 종주권 조약」과 전혀 다른 내용을 계시한다. 수많은 저주의 영역들을 야훼 하나님께서 홀로 주관하신다고 밝히기 때문이다. 이를 기억하며 「에살핫돈 종주권 조약」과 신명기 28장을 비교한 [도표]를 보자.

저주의 종류	신명기 28장	주관자	VTE	주관자
피부병	27절	야훼	§39	신(Sîn [달신])
질병/역병	21-22, 35절	야훼	§38A	아누(Anu [하늘신])
시력 제한	28-29절	야훼	§40	샤마쉬(Šamaš [태양신])
아내 탈취	30절	야훼	§42	비너스(Venus [성의 신])
시체 훼손	26절	야훼	§41	니누르타(Ninurta [전쟁신])
자손의 마름	53절	야훼	§45	자르파니투(Zarpanitu [출생신])
하늘이 놋이 되고 땅이 쇠가 됨	23절	야훼	§§63-63	VTE에 등장하는 다수의 신들

[도표] 신명기 28장과 에살핫돈 종주권 조약의 저주 비교

이 중에 우리의 눈길을 끄는 저주가 하나 있다. 하늘이 놋이 되고 땅이 쇠가 되는 저주이다. 이 저주는 다른 저주에 비해 저주가 임하는 영역이 넓다. 그래서 「에살핫돈 종주권 조약」은 다수의 신들의 합작품으로 이를 묘사했다. 여러 신들의 능력이 모여야 하늘이 놋이 되고 땅이 쇠가 되는 저주가 발생할 수 있다는 의미이다. 하지만 신명기 저자는 이 저주조차도 야훼 하나님께서 홀로 일으킬 수 있다고 계시했다. 어디 이뿐인가? 신명기 본문에 따르면 「에살핫돈 종주권 조약」이 각각 다른 신들에게 할당한 모든 저주의 영역들을 야훼 홀로 주관하고 계신다. 이는 실로 놀라운 계시가 아닐 수 없다.

축복과 저주의 주관자, 야훼

이처럼 신명기 28장은 단순히 축복과 저주의 종류를 나타내는 말씀이 아니다. 대신 축복과 저주의 모든 영역을 야훼께서 홀로 주관하신다는 계시가 담긴 말씀이다. 브랜든 프레든버그(Brandon Fredenburg)는 모세오경에 나타나는 언약을 분석하며 다음과 같이 말했다.

> 다른 고대 근동의 종주-봉신 언약 문서들을 보면 여러 명의 신들이 합의에 대한 양 당사자의 충실성을 감시하고 그에 따라 축복과 저주를 제정한다. 반면에 모세의 언약에 열거된 축복과 저주는 야훼께서 홀로 감시하고 수여하며 제정한다.[25]

25　Brandon Fredenburg, *Ezekiel* (Joplin, Mo: College, 2002), 61.

따라서 신명기 본문의 내용은 고대 근동의 다신관에 익숙했던 언약 백성의 고막을 찢고 들어오는 굉음(轟音)처럼 들렸을 것이다. 모든 축복의 영역을 홀로 다스리시는 신, 야훼! 모든 저주의 영역을 홀로 다스리시는 신, 야훼! 이와 같은 신은 고대 근동 지역의 그 어디에도 없었다. 오직 야훼 하나님만이 축복과 저주의 모든 영역을 다스리시는 놀라운 능력의 소유자였다.

야훼를 향한 믿음

야훼께서 축복과 저주의 주관자라는 믿음은 그분이 당신을 사랑하는 자들에게 임한 저주—본인의 잘못이나 다른 신들에게 기인한 저주—를 언제든지 축복으로 바꾸실 수 있다는 믿음으로 확장될 수 있다. 시편 기자의 고백을 들어보자.

> [11] 야훼께서는 내 통곡을 기쁨의 춤으로 바꾸어 주셨습니다. 나에게서 슬픔의 상복을 벗기시고, 기쁨의 나들이옷을 갈아입히셨기에 [12] 내 영혼이 잠잠할 수 없어서, 야훼를 찬양하렵니다. 야훼, 나의 하나님, 내가 영원토록 당신께 감사를 드립니다. (시 30:11-12, 『새번역』)

시편 기자는 야훼 하나님을 열렬히 찬양하고 있다. 야훼께서 그의 통곡을 기쁨의 춤으로, 슬픔의 상복을 기쁨의 나들이옷으로 바꿔 주셨기 때문이다. 이는 야훼께서 축복과 저주의 모든 영역을 다스리는 신들의 신이시기에 가능한 일이었다.

하나님께서는 당신을 올곧게 따르는 자들의 눈물을 웃음으로, 슬픔을 기쁨으로, 상처를 훈장으로 바꿀 수 있는 분이시다. 그리고 그들의 한숨이 찬양으로 바뀌도록 도울 수 있는 분이시다. 상한 갈대를 꺾지 않으시는 하나님, 꺼져가는 등불을 끄지 않으시는 하나님, 부르짖는 자들의 기도에 응답하시는 하나님의 능력은 오늘도 변함이 없다. 애타게 통곡하는 자들이 야훼를 찾을 때, 슬픔의 상복을 입고 있는 자들이 야훼를 찾을 때, 시편 20편의 고백은 곧 그들 자신의 고백이 된다. 야훼는 그 어떤 저주도 축복으로 바꾸실 수 있는 저주와 축복의 주관자이시다.

세 번째 조각: 치료와 야훼

치료의 신들

우리는 내세를 믿고 영생을 사모한다. 그래서 영생을 믿지 않았던 고대 근동 사람들의 종교성을 오해하는 경우가 있다. 다음과 같은 질문이 대표적인 예이다. "다수의 고대 근동 사람들은 영생을 믿지 않았잖아요? 그럼에도 불구하고 그들이 신을 믿은 이유가 무엇인가요?" 천국에 가기 위해 신을 믿는다는 개념을 수용한 현대인들이 충분히 물어볼 수 있는 질문이다. 하지만 다수의 고대인들은 영생을 얻기 위해 신을 믿지 않았다. 지역에 따라 약간의 차이가 있지만, 그들은 영생을 믿지 않았고, 설령 믿었다 할지라도 모든 사람이 영생을 누릴 수 있다고 생각하지 않았다. 영생은 극소수의 사람들—특히 부유한 엘리트 계층—만이 누릴 수 있는 특권이었다. 그럼에도 불구하고 고대인들은 열정적으로 신을 믿었다. 그 이유는 오직 한 번만 살다 가는 이생을 최대한 누리기 위함이었다. 고대 근동의 축복-저주 문서가 장수와 같은 현세의 복에 초점이 맞춰진 이유도 이와 맥락을 함께한다. 장수는 누구나 누릴 수 있는 복이 아니었다. 많은 남자들은 전쟁터에서 죽었고, 많은 여인들은 해산 중에 죽었다. 그리고 남녀노소를 가리지 않고 죽음의 그림자를 드리웠던 불청객이 있었으니 바로 병이었다. 지금과 같은 위생 관념과 의학 지식이 없었던 시절, 고대인들은 작은 상처를 통해서도 죽음에 이를 수 있었다. 따라서 그들이 장수를 위해 반드시 의지해야 했던 신이 있었으니 바로 **치료의 신**이었다.

이러한 배경지식은 열왕기하 1장과 5장의 이야기를 더 풍성하게 이해할 수 있게 해준다. 열왕기하 1장에는 치료를 위해 이방 지역으로 사절단을 보내는 이스라엘 왕에 관한 이야기가, 열왕기하 5장에는 치료를 위해 이스라엘로 오는 아람 장군에 대한 이야기가 등장한다. 지금부터 두 이야기를 통해 치료의 영역을 주관하시는 야훼 하나님을 만나보고자 한다. 우선 열왕기하 1장부터 살펴보자.

큰 병을 얻은 아하시야

열왕기하 1장에는 난간에서 떨어져 다친 이스라엘 왕 아하시야의 이야기가 등장한다.

아하시야가 사마리아에 있는 그의 다락방 난간에서 떨어져 크게 다쳤다. 그래서 그는 사절단을 에그론의 신 바알세붑에게 보내어, 자기의 병이 나을 수 있을지를 물어 보게 하였다. (왕하 1:2, 『새번역』)

현대인들은 난간에서 떨어져 발생한 병을 대수롭지 않게 판단할 수도 있다. 단순히 외과에 가서 치료를 받으면 어렵지 않게 나을 수 있다고 생각하기 때문이다. 하지만 고대에는 현대와 같은 의료대책이 전혀 없었다. 병원도 지금처럼 외과나 내과로 전문화되어 있지 않았다. 그래서 작은 상처가 큰 병이 되거나, 작은 병이 죽음으로 이어지는 경우가 흔히 발생했다. 다락방 난간에서 떨어진 아하시야의 상태도 마찬가지였을 것이다. 본문에 풍기는 분위기에 따르면, 그는 사고의 과정에서 발생한 상처로 인해 큰 병을 얻은 것으로 이해된다.

병을 얻은 아하시야는 에그론의 신 바알세붑에게 사절단을 보내 자신의 병이 나을 수 있을지 물었다. 여기에 "묻다"(דרש)로 번역된 히브리어는 접신과 같은 종교적 행위를 통해 신의 의견을 구하는 행위를 의미한다.[26] 아하시야는 이방신 바알세붑(בעל זבוב)에게 치료의 신탁을 구했던 것이다.

---

26 Mordechai Cogan and Hayim Tadmor, *II Kings: A New Translation with Introduction and Commentary* (AYB 11; New Haven: Yale University, 2008), 24.

바알세붑(바알세불)

학자들은 바알세붑을 '질병의 바알'이란 뜻을 가진 바알세불 (בעל זבול)의 변형된 표현으로 이해한다.[27] 이 경우에, 본문에 등장하는 바알세붑은 질병의 영역을 주관하는 신, 바알을 의미한다.[28] 고대 근동에는 '질병을 주는 신이 질병을 거둘 수 있다'라는 개념이 있었다. 그래서 바알세불은 '질병을 주는 바알'이자 '질병을 거두는 바알,' 즉 '치료자 바알'로 여겨졌다. 이 독법은 아하시야가 에그론의 신에게 치료의 신탁을 구한 이유를 설명한다.

여기에서 우리는 여러 가지 질문들을 마주한다. 바알은 비와 바람을 주관하는 풍우신이 아니었던가? 풍우신이 어떻게 치료의 신탁을 줄 수 있을까? 그리고 바알의 신전은 사마리아(왕상 16:29-32)에도 있었는데 굳이 왜 에그론까지 사절단을 보낸 것일까? 에그론의 바알과 사마리아의 바알은 서로 다른 바알일까? 고대 근동의 다신관은 이 질문들에 답을 제시한다.

풍우신 바알

우리는 바알을 비와 바람을 주관하는 풍우신으로만 알고 있다. 하지만 비와 바람은 바알의 주요 속성이지 그의 유일무이한 속성은

---

27 Hector Avalos, *Illness and Health Care in the Ancient Near East: The Role of the Temple in Greece, Mesopotamia, and Israel* (Atlanta, GA: Scholars, 1995), 281; Cogan and Tadmor, *II Kings*, 25.

28 본서는 בעל을 일반명사("주[인]")가 아닌 고유명사(이방신 "바알")로 이해하는 독법을 취한다.

아니었다. 고대 근동 사람들은 바알에게 여러 가지 속성을 덧붙였는데, 그 속성은 지역에 따라 차이가 있었다. 예컨대 지역 A가 바알에게 질병/치료의 속성을 더했다면, 지역 B는 전쟁의 속성을 더할수 있었다. 같은 풍우신 바알이라 할지라도 지역에 따라 더해지는 속성이 다를 수 있다는 의미이다. 에그론 지역의 경우, 질병/치료의 속성이 바알에게 더해졌다고 볼 수 있다.[29]

[삽화 8] 풍우신 바알 (석비)[30]

---

29   W. Herrmann, "Baal Zebub," in *Dictionary of Deities and Demons in the Bible* (Grand Rapids, MI: Eerdmans, 1999), 154–56(155).

30   ©스테판 D. 뷸리. HGGANE, 44.

우리의 이해를 넓히기 위해 이쉬타르(Ištar) 여신을 예로 드는 훈들리의 설명을 들어보자.

> 각 지역의 이쉬타르는 그 지역 주민들의 이쉬타르였다. 예컨대 아르벨라에 있던 이쉬타르와 니느웨에 있는 이쉬타르는 서로 연결되어 있지만 지역적으로 서로 다른 신들로 인식되었다. … 「앗슈르바니팔의 송가」는 니느웨의 이쉬타르와 아르벨라의 이쉬타르를 따로 언급했을 뿐만 아니라, 둘이 서로 다른 역할을 감당하는 신들이라는 점을 복수형 장치를 사용하여 언급했다. 이를 통해 각각의 이쉬타르들은 복제된 신 혹은 일란성 쌍생아처럼 기능할 수 있었다.[31]

훈들리는 아르벨라와 니느웨에서 섬겨진 이쉬타르들을 서로 다른 신들로 설명하는 것처럼 보인다. 그러나 그의 설명을 더 들어보면 둘 사이에 있는 다름의 경계선이 무너져 내림을 알 수 있다.

> 하지만 각각의 이쉬타르는 동일한 [신적] DNA를 소유하고 있으므로 본질적으로는 같은 신이다. 기능적인 차원에서 볼 때, 이 둘은 다른 지역에 있는 다른 몸에 들어가 다른 경험을 하므로 서로 다른 신이 된다. 비록 이쉬타르의 복제들은 원본과 본질적으로 동일한 신으로 태어나지만—다시 말해 동일한 DNA를 지닌 신으로 만들어지지만—지역에 따라 각자만의 고유한 성격과 경험이 더해지게 된다.

---

31 Hundley, *Yahweh among the Gods*, 39.

이처럼 아르벨라와 니느웨에서 섬겨진 이쉬타르들은 서로 같지만 다른, 그리고 서로 다르지만 같은 이쉬타르이다.

에그론의 바알과 사마리아의 바알도 마찬가지다. 둘은 같은 풍우신 바알이다. 하지만 둘은 각각 다른 지역에 있는 다른 신상에 들어가 다른 경험을 하며 서로 다른 바알이 되었다. 에그론의 바알은 사마리아의 바알과 다른 바알이 되는 과정에서 질병/치료의 속성을 부여받은 것이다.

에그론의 바알

지금까지 구축한 배경지식은 아하시야 왕이 사마리아에 있는 바알 산당이 아니라 에그론에 있는 바알 산당으로 사절단을 보낸 이유를 설명한다. 아하시야 왕이 살던 사마리아 지역에도 바알 산당이 있었다(왕상 16:29-32).[32] 아버지 아합으로부터 바알 신앙을 물려받은 아하시야는 바알을 숭배하기 위해 사마리아에 있는 바알 산당을 자주 찾았을 것이다(왕상 22:51-53). 하지만 그는 "사마리아에 있는 … 다락방 난간에서 떨어져 크게 다"쳤음에도 불구하고 에그론에 있는 바알 산당으로 사절단을 보냈다. 그가 에그론 산당을 선택한 이유는 사마리아의 바알에게 질병/치료의 속성이 없었기 때문이다.

---

32 열왕기서에 등장하는 바알이 어떤 바알(에쉬문, 멜카트, 바알 샤멘, 바알 하다드, 하다드 림몬)인지에 대한 학자들의 이견이 있다. 열왕기서의 거시적 문맥을 고려한다면 풍우신 바알이 가장 적합한 대상으로 보인다. Steve L. McKenzie, *1 Kings 16–2 Kings 16* (IECOT; Stuttgart: Kohlhammer, 2019), 129을 보라.

야훼의 독특성

이와 같은 고대 근동의 신관은 야훼 하나님의 독특성을 드러낸다. 구약성경의 총체적 증언에 따르면 **야훼의 치료 능력은 장소에 제한받지 않는다.** 야훼는 언제나 어디에서나 치료하실 수 있는 초월자이시다. 예컨대 모세에게 "나는 야훼 곧 너희를 치료하는 하나님이다"(출 15:26)라고 당신을 소개하신 야훼께서는 "나는 상하게도 하고 낫게도" 하며 "아무도 내가 하는 일을 막지 못한다"(신 32:39)고 선포하셨다. "다리가 부러지고 상한 것은 싸매어 주며, 약한 것은 튼튼하게 만"드시는(겔 34:16) 야훼는 "모든 병을 고"칠 수 있는 치료자이시다(시 103:3). 그리고 "단 한마디 말씀으로 [고난 가운데서 야훼께 부르짖는] 자들을 고쳐 주"실 수 있으실 뿐만 아니라(시 107:20), 당신의 이름을 경외하는 자들에게 "의로운 해가 떠올라서 치료하는 광선을 발"하도록 하시는 치료자이시다(말 4:2). 야훼께서는 광야에서도 치료하시고(민 21:8-9), 성읍에서도 치료하시며(창 20:17-18; 왕하 2:19-22), 이스라엘 진영 안에서뿐만 아니라 진영 밖에서도 치료하신다(왕상 17:17-24). 구약성경이 계시하는 하나님은 언제나 어디에서나 치료의 능력을 제한 없이 계시하실 수 있는 초월자이시다.

하지만 아하시야는 야훼 하나님을 치료의 신으로 믿지 않았다. 언약 백성의 최고 지도자였음에도 불구하고 그는 야훼를 등지고 에그론에 있는 이방신 바알에게 자신의 사절단을 보냈다. 그렇다면 아하시야는 바알로부터 어떤 신탁을 받았을까? 열왕기하 본문에 전개되는 이야기는 우리를 놀라게 한다. 아하시야에게 신탁을 내린 신은 에그론의 바알이 아니라 이스라엘의 야훼 하나님이셨기 때문이다.

야훼 하나님의 신탁

아하시야의 행동을 악하게 보신 야훼께서는 천사를 엘리야에게 보내 당신의 신탁을 하달하셨다.

> [3] 그 때에 야훼의 천사가 나타나서, 디셉 사람 엘리야를 보고, 사마리아 왕의 사절단을 만나서 이렇게 전하라고 명령하였다. "너희가 에그론의 신 바알세붑에게 물으러 가다니, 이스라엘에 하나님이 계시지 않느냐? [4] 그러므로 나 야훼가 말한다. 네가, 올라가 누운 그 병상에서 일어나 내려오지 못하고, 죽고 말 것이다." 엘리야는 천사가 시키는 대로 하였다. (왕하 1:3-4, 『새번역』)

아하시야는 에그론의 바알에게 치료의 신탁을 구하려 했으나 이스라엘의 야훼께서 바알을 대신해 신탁을 내리셨다. 그 신탁에 따르면 아하시야는 야훼의 의지에 따라 죽기로 확정되었다. 그리고 아하시야에게 선포된 신탁은 사절단과 엘리야의 입을 통해 두 번이나 더 반복되었다.

> [사절단]은 왕에게 사실대로 대답하였다. "길을 가다가 웬 사람을 만났습니다. 그는 우리를 보고, 우리를 보내신 임금님께 돌아가서, 주

님께서 하신 말씀을 전하라고 하였습니다. 그러면서 하는 말이 '네가 에그론의 신 바알세붑에게 사람을 보내어 물으려 하다니, 이스라엘에 하나님이 계시지 않느냐? 그러므로 너는, 네가 올라가 누운 그 병상에서 일어나 내려오지 못하고, 분명히 거기에서 죽고 말 것이다' 하였습니다." (왕하 1:6, 『새번역』)

엘리야가 왕에게 말하였다. "주님께서 말씀하시기를 '네가, 에그론의 신 바알세붑에게 네 병에 관하여 물어 보려고 사절들을 보내다니, 이스라엘에 네가 말씀을 여쭈어 볼 하나님이 계시지 않더란 말이냐? 그러므로 너는, 네가 올라가 누운 그 병상에서 일어나 내려오지 못하고, 죽고 말 것이다' 하셨습니다." (왕하 1:16, 『새번역』)

같은 신탁이 짧은 본문에 세 차례나 반복된 이유는 야훼의 신탁이 반드시 일어난다는 점을 강조하기 위함이다. 그렇다면 야훼의 신탁이 이뤄졌을까? 이 질문에 대한 대답은 아래와 같다.

엘리야가 전한 야훼의 말씀대로, 북왕국 이스라엘에서는 아하시야 왕이 죽었다. (왕하 1:17, 『새번역』)

야훼 하나님의 신탁이 그대로 이루어졌다.

바알보다 강하신 야훼 하나님

열왕기하 본문은 두 가지 중요한 가르침을 담고 있다. 첫째, '야훼 하나님께 질병/치료의 속성이 있다'라는 가르침이다. 이는 아하시야가 애시당초 에그론의 바알에게 사절단을 보낼 필요가 없었음을 뜻한다. 본문에 세 차례나 반복된 표현이 이를 보여준다.

> 너희가 에그론의 신 바알세붑에게 물으러 가다니, 이스라엘에 하나님이 계시지 않느냐? (왕하 1:3, 『새번역』)

> 네가 에그론의 신 바알세붑에게 사람을 보내어 물으려 하다니, 이스라엘에 하나님이 계시지 않느냐? (왕하 1:6, 『새번역』)

> 네가, 에그론의 신 바알세붑에게 네 병에 관하여 물어 보려고 사절들을 보내다니, 이스라엘에 네가 말씀을 여쭈어 볼 하나님이 계시지 않더란 말이냐? (왕하 1:16, 『새번역』)

언약 백성의 신 야훼는 질병/치료의 영역까지 주관하시는 신이시다. 따라서 이스라엘 백성은 오직-야훼-신앙을 따라 야훼 하나님만 바라봐야 했다. 오직-야훼-신앙에 바알이 설 자리는 없었다.

둘째, 본문에는 '바알보다 야훼께서 더 강하시다'라는 가르침도 담겨 있다. 앞서 언급했듯이, 당시 사마리아에는 바알의 산당이 세워져 있었다. 그리고 산당 안에는 바알의 신상들도 세워져 있었다. 따라서 사마리아는 바알이 능력을 행사할 수 있는 영토였다. 하지만 바알은 야훼 하나님의 신탁—바알의 추종자 아하시야를 향해 선포되는 신탁―을 막거나 되돌리지 못했다. 그 결과 아하시야는 치료도 받지 못한 채 죽음을 맞이했다. 이는 야훼 하나님의 능력이 바알의 능력을 완전히 능가한다는 의미이다.

에그론의 바알과 사마리아의 바알은 서로 다른 속성을 지닌 풍우신이었지만, 근본적으로 같은 신이었음을 기억해 보자. 에그론의 바알에게 도움을 요청했던 아하시야를 사마리아의 바알이 도울 수 있었다. 그러나 두 바알들은 야훼의 신탁 앞에서 잠잠했다. 바알은 그의 추종자 아하시야를 야훼의 심판으로부터 구할 수 없었다. 바알에게는 야훼를 능가하는 힘이 없었기 때문이다. 아무리 바알의 산당이 있고, 바알의 신상들이 놓인 장소였다 할지라도, 야훼께서는 바알보다 더 강하셨다.

열왕기하 본문을 접했던 언약 백성은 바알과 야훼 사이에 나타난 힘의 차이를 놓칠 수 없었을 것이다. 그들이 본문을 통해 만났던 야훼는 질병/치료의 신 바알을 무력하게 만드시는 참된 질병/치료의 신이셨다. 이 초월자를 대신할 수 있는 신은 그 어디에도 없었다. "너희가 에그론의 신 바알세붑에게 물으러 가다니, 이스라엘에 하나님이 계시지 않느냐?" 물으시는 야훼는 언약 백성이 지고지순 사랑해야 할 신들의 신이셨다.

아하시야와 나아만

지금까지 우리는 바알에게 신탁을 구하기 위해 이방신의 영토로 사절단을 보낸 아하시야를 살펴봤다. 이제는 언약 백성의 하나님께 신탁을 구하기 위해 야훼의 영토로 찾아온 아람 장군 나아만을 만나볼 순서이다. 나아만의 행동은 아하시야의 행동과 온전히 상반된 양상을 보인다. 전자가 언약 백성이 치료를 위해 이방신을 찾아가는 이야기라면, 후자는 이방인이 치료를 위해 이스라엘의 야훼를 찾아오는 이야기이기 때문이다. 열왕기하 저자는 상반된 두 이야기를 통해 야훼 하나님의 속성을 계시함과 동시에 독자를 오직-야훼-신앙으로 초대하고 있다. 먼저 문맥의 흐름을 이해하기 위해 열왕기하 5:1-19을 읽어보자.

> ¹ 시리아 왕의 군사령관 나아만 장군은, 왕이 아끼는 큰 인물이고, 존경받는 사람이었다. 야훼께서 그를 시켜 시리아에 구원을 베풀어 주신 일이 있었다. 나아만은 강한 용사였는데, 그만 나병에 걸리고 말았다. ² 시리아가 군대를 일으켜서 이스라엘 땅에 쳐들어갔을 때에, 그 곳에서 어린 소녀 하나를 잡아 온 적이 있었다. 그 소녀는 나아만의 아내의 시중을 들고 있었다. ³ 그 소녀가 여주인에게 말하였다. "주인 어른께서 사마리아에 있는 한 예언자를 만나 보시면 좋겠습니다. 그 분이라면 어른의 나병을 고치실 수가 있을 것입니다." ⁴ 이 말을 들은 나아만은 시리아 왕에게 나아가서, 이스라엘 땅에서 온 한 소녀가 한 말을 보고하였다. ⁵ 시리아 왕은 기꺼이 허락하였다. "내가 이스라엘 왕에게 편지를 써 보내겠으니, 가 보도록 하시오." 나아만은 은 열 달란트와 금 육천 개와 옷 열 벌을 가지고 가서, ⁶ 왕의 편지를 이스라엘 왕에게 전하였다. 그 편지에는 이렇게 씌어 있었다. "내

가 이 편지와 함께 나의 신하 나아만을 귀하에게 보냅니다. 부디 그의 나병을 고쳐 주시기 바랍니다." [7] 이스라엘 왕은 그 편지를 읽고 낙담하여, 자기의 옷을 찢으며, 주위를 둘러보고 말하였다. "내가 사람을 죽이고 살리는 신이라도 된다는 말인가? 이렇게 사람을 보내어 나병을 고쳐 달라고 하니 될 말인가? 이것은 분명 공연히 트집을 잡아 싸울 기회를 찾으려는 것이니, 자세히들 알아보도록 하시오." [8] 이스라엘 왕이 낙담하여 옷을 찢었다는 소식을, 하나님의 사람 엘리사가 듣고, 왕에게 사람을 보내어 말하였다. "어찌하여 옷을 찢으셨습니까? 그 사람을 나에게 보내 주십시오. 이스라엘에 예언자가 있음을 그에게 알려 주겠습니다." [9] 나아만은 군마와 병거를 거느리고 와서, 엘리사의 집 문 앞에 멈추어 섰다. [10] 엘리사는 사환을 시켜서 나아만에게 요단 강으로 가서 몸을 일곱 번 씻으면, 장군의 몸이 다시 깨끗하게 될 것이라고 말하였다. [11] 나아만은 이 말을 듣고, 화가 나서 발길을 돌렸다. "적어도, 엘리사가 직접 나와서 정중히 나를 맞이하고, 주 그의 하나님의 이름을 부르며 상처 위에 직접 안수하여, 나병을 고쳐 주어야 도리가 아닌가? [12] 다마스쿠스에 있는 아마나 강이나 바르발 강이, 이스라엘에 있는 강물보다 좋지 않다는 말이냐? 강에서 씻으려면, 거기에서 씻으면 될 것 아닌가? 우리나라의 강물에서는 씻기지 않기라도 한다는 말이냐?" 하고 불평하였다. 그렇게 불평을 하고 나서, 나아만은 발길을 돌이켜 분을 참지 못하여 떠나갔다. [13] 그러나 부하들이 그에게 가까이 와서 말하였다. "장군님, 그 예언자가 이보다 더한 일을 하라고 하였다면, 하지 않으시겠습니까? 다만 몸이나 씻으라는데, 그러면 깨끗해진다는데, 그것쯤 못할 까닭이 어디에 있습니까?" ¹⁴ 그리하여 나아만은 하나님의 사람이 시킨 대로, 요단 강으로 가서 일곱 번 몸을 씻었다. 그러자 그의 살결이 어린 아이의 살결처럼 새 살로 돌아와, 깨끗하게 나았다. ¹⁵ 나아만과 그의 모든 수행원이 하나님의 사람에게로 되돌아와, 엘리사 앞에 서서 말하였다. "이제야 나는 온 세계에서 이스라엘 밖에는 하나님이 계시지 않다는 것을 알게 되었습니다. 부디, 어른의 종인 제가 드리는 이 선물을 받아 주십시오." ¹⁶ 그러나 엘리사는 "내가 섬기는 야훼께서 살아 계심을 두고 맹세하지만 나는 그것을 받을 수가 없소." 하고 사양하였다. 나아만이 받아 달라고 다시 권면하였지만, 엘리사는 끝내 거절하였다. ¹⁷ 나아만이 말하였다. "정 그러시다면, 나귀 두어 마리에 실을 만큼의 흙을 어른의 종인 저에게 주시기 바랍니다. 어른의 종 저는, 이제부터 야훼 이외에 다른 신들에게는 번제나 희생제물을 드리지 않겠습니다. ¹⁸ 그러나 한 가지만은 어른의 종인 저를 야훼께서 용서하여 주시기를 바랍니다. 내가 모시는 왕께서 림몬의 성전에 예배드리려고 그 곳으로 들어갈 때에, 그는 언제나 나의 부축을 받아야 하므로, 나도 허리를 굽히고 림몬의 성전에 들어가야 합니다. 그러므로 내가 림몬의 성전에서 허리를 굽힐 때에, 야훼께서 이 일 때문에, 어른의 종인 저를 벌하지 마시고, 용서해 주시기를 바랍니다." ¹⁹ 그러자 엘리사가 나아만에게 말하였다. "좋소, 안심하고 가시오." 이렇게 하여 나아만은 엘리사를 떠나 얼마쯤 길을 갔다. (왕하 5:1-19, 『표준새번역』)

피부병 환자, 나아만

열왕기하 본문에 의하면 "시리아 왕의 군사령관 나아만 장군은 … 나병에 걸"렸다(왕하 5:1). "나병"이라고 번역된 히브리어(צרעת)는 악성 피부 질환을 의미하는 단어로 현대인이 생각하는 "나병"을 의미하지 않는다.[33] 그러므로 나아만 장군이 몹쓸 피부병에 걸렸다고 보는 독법이 더 타당하다. 재차 강조하지만, 우리는 피부병을 쉽게 치료할 수 있는 장치들이 고도로 발달한 시대에 살기 때문에 피부병을 대수롭지 않게 생각할 수 있다. 하지만 고대에는 피부병을 통해서도 여러 가지 합병증이 발생할 수 있었고, 합병증은 종종 환자를 죽음으로 몰고 갔다. 고대에는 대수롭지 않게 여길 수 있는 병이 단 하나도 없었던 셈이다. 나아만에게 찾아온 피부병도 이런 맥락 속에서 이해되어야 한다.

절박한 이방인, 무능력한 이방신들

마침 나아만의 집에는 아내의 시중을 들고 있던 어린 소녀가 있었다. 소녀는 시리아 군대가 이스라엘 땅에서 잡아 온 하녀였다. 하녀는 나아만의 아내에게 사마리아에 있는 예언자 엘리사(의 신 야훼)에게 병 고침의 능력이 있으니 나아만이 그를 만나보기를 권유했다. 놀랍게도 나아만은 소녀의 권유를 수락했다.

고대 근동 지역에서 장군이라는 높은 지위를 지닌 남자가 포로

---

33 John F. A. Sawyer, "A Note on the Etymology of Tsara'at," *VT* 26 (1976): 241-45.

로 잡아 온 하녀의 말을 듣고 움직였다는 점은 두 가지 전제를 가정한다. 첫째, 나아만에게 병을 고침 받고 싶어 하는 절박한 심정이 있었다는 점이다. 나아만은 전형적인 고대 근동의 관점에 따라 이스라엘의 신을 본인이 섬기는 나라의 신보다 약하다고 판단했을 것이다. 그럼에도 불구하고 포로로 잡혀 온 하녀의 말을 듣고 이스라엘의 신을 만나러 떠났다는 사실은 그의 절박함을 보여준다.

둘째, 나아만은 그가 살던 지역에 있는 치료의 신들로부터 병 고침을 받지 못했다는 점이다. 나아만이 에그론의 바알세붑을 몰랐을까? 혹은 아람 지역에 있던 다른 치료의 신들을 몰랐을까? 당연히 알고 있었다고 보는 것이 더 합리적이다. 내세를 믿지 않았던 다수의 고대인들은 치료의 신을 가장 중요한 신들 중 하나로 여겼기 때문이다. 나아만도 예외는 아니다. 그에게는 명예가 있었고, 돈이 있었으며, 무엇보다 치료의 신들이 있었다. 그래서 그의 병을 고칠 수 있는 신들이 주변에 있었다면 이미 병 고침을 받았을 것이 틀림없다. 하지만 나아만은 이스라엘 소녀의 제안을 받을 때까지 병을 앓고 있었다. 이는 그가 만났던 수많은 신들이 그를 고치지 못했다는 의미로 해석된다.

어쩌면 나아만은 그가 앓고 있는 피부병을 신들도 고칠 수 없는 미크레의 저주로 여겼을지도 모른다. 앞서 언급했듯이, 고대인들은 신들이 주관할 수 없는 영역이 있다고 믿었다. 이 영역에서 발생한 병은 그 어떤 신들도 고칠 수 없었다. 수많은 신들을 만나봤던 나아만, 그러나 병 고침을 받을 수 없었던 나아만은 본인의 피부병을 미크레의 저주로 받아들였을 것이다. 결국 모든 것을 포기하고 살던 그에게 한 줄기의 빛이 다가왔다. 그 빛은 야훼 하나님께서 나아만의 병을 고칠 수 있다는 소식이었다. 하녀의 제안을 수락한 나아만은 지푸라기라도 잡는 심정으로 엘리사를 만나러 떠났다. 그리고 절박한 마음으로 지푸라기를 향해 손을 뻗었다. 과연 나아만은 지푸라기를 잡았을까? 놀랍게도 나아만이 잡은 것은 지푸라기가 아니었다. 전능하신 치료자, 야훼 하나님의 손이었다.

나아만의 신앙고백

나아만을 만난 엘리사는 그에게 요단강에서 몸을 일곱 번 씻으라고 제안했다. 엘리사의 요구가 매우 황당했지만, 나아만은 결국 그의 제안을 따라 요단강에서 몸을 씻었다. 그 결과 야훼 하나님의 치료 능력이 나아만에게 임했다. 놀라운 치료의 능력을 경험한 나아만은 이런 신앙고백을 했다.

> 나아만과 그의 모든 수행원이 하나님의 사람에게로 되돌아와, 엘리사 앞에 서서 말하였다. "이제야 나는 온 세계에서 이스라엘 밖에는 하나님이 계시지 않는다는 것을 알게 되었습니다." (왕하 5:15, 『표준새번역』)

나아만의 선포는 오직-야훼-신앙과 맥을 함께하는 신앙고백이었다. 고대 근동에 만연했던 다신관을 고려할 경우, 이스라엘에만 하나님이 존재한다고 읽히는 나아만의 고백은 충격적으로 들릴 수 있다. 예컨대 리사 M. W. 비일(Lissa M. W. Beal)은 나아만의 고백에 "이스라엘 영토 밖에는 그 어떤 신들도 존재하지 않는다"라는 의미가 담겨 있다고 해석한다.[34] 이럴 경우 나아만의 고백은 탈/비고대 근동적인 신앙의 표현으로 볼 수 있다. 하지만 R. W. L. 모벌리(Moberly)처럼 다른 해석을 제시하는 학자들도 있다.

> "온 세계에서 이스라엘 밖에는 하나님이 계시지 않다는 것을 알게 되었습니다"는 나아만의 고백을 "나는 이제 [야훼 이외의 다른 신들]이 존재하지 않는다는 사실을 깨달았습니다"라는 의미로 이해해서는 안 된다. 이 고백의 핵심은 "다른 신들"이 더 이상 존재하지 않는다는 점이 아니라 야훼를 제외한 다른 신들에게 예배를 드리지 않겠다는 부분이다. … [구약성경에서] "다른 신들"은 어떤 식으로든 야훼에 대한 충성에 영구적으로 도전하는 존재로 남아있다.[35]

고대 근동에 다신관이 만연했다는 점, 나아만이 다신론자로 한평생을 살아왔다는 점, 그리고 그가 야훼의 모든 속성들을 아직 충분히 경험하지 못했다는 점을 고려할 때, 모벌리의 해석은 설득력이 있다.

---

34 Lissa M. W. Beal, *1 & 2 Kings* (Downers Grove, IL: IVP Academic, 2014), 335.

35 R. W. L. Moberly, *The God of the Old Testament: Encountering the Divine in Christian Scripture* (Grand Rapids, MI: Baker Academic, 2020), 182.

우선 나아만이 만난 이스라엘의 하나님은 치료자 야훼였다. 치료의 속성은 고대 근동의 신들이 소유할 수 있던 여러 가지 속성들 중에 하나였을 뿐이다. 따라서 나아만이 야훼의 치료를 경험했다는 이유만으로 다른 신들의 존재를 즉시 부인했다는 독법은 선뜻 받아들이기 힘들다. 피부병을 고침 받은 나아만의 신앙 고백은 그가 "**회복, 치유, 생명의 참된 신의 정체**를 [야훼 하나님으로] 인식하고 있음을 보여"줄 뿐이다.[36] 즉, 나아만은 아직 야훼 하나님의 전지전능성과 무소부재성을 경험하지 못했다는 의미이다. 모벌리는 이와 같은 이유로 나아만의 고백을 다음과 같이 재구성한다: "이제야 나는 온 세계에서 이스라엘 밖에는 [나를 그동안 괴롭혔던 몹쓸 병을 고칠 수 있는 참된 치료의 신]이 계시지 않다는 것을 알게 되었습니다."[37]

하지만 나는 비일과 모벌리의 해석 사이에 답이 있다고 생각한다. 왜냐하면 본문의 18절에 기록된 나아만의 부탁은 그가 야훼 하나님을 치료의 신 이상으로 이해했음을 보여주기 때문이다.

"한 가지만은 예언자님의 종인 저를 야훼께서 용서하여 주시기를 바랍니다. 제가 모시는 왕께서 림몬의 성전에 예배드리려고 그 곳으로 들어갈 때에, 그는 언제나 저의 부축을 받아야 하므로, 저도 허리를 굽히고 림몬의 성전에 들어가야 합니다. 그러므로 제가 림몬의 성전

---

36 Song-Mi Suzie Park, *2 Kings* (ed. Ahida Calderon Pilarski and Barbara. E. Reid; WC 12; Collegeville, MI: Liturgical, 2019), 70.

37 Moberly, *The God of the Old Testament*, 182.

에서 허리를 굽힐 때에, 야훼께서 이 일 때문에 예언자님의 종인 저를 벌하지 마시고, 용서해 주시기를 바랍니다." (왕하 5:18, 『새번역』)

야훼의 치료를 경험한 나아만은 그동안 당연한 것으로 여겨왔던 행동—아람의 국가신인 림몬에게 허리를 굽히는 행동—에 대해서 몹시 불편해하고 있음을 알 수 있다. 림몬(רמון)은 "천둥을 치는 자"(Ramman)라는 뜻으로 풍우의 신 바알의 요란한 속성을 강조하는 호칭으로 보인다. 야훼 하나님의 치료를 경험한 나아만이 아람의 국가신 림몬(바알)에게 절하는 행위를 더 이상 옳지 않게 판단했다는 의미이다. 이 부분은 설명이 필요하다. 왜냐하면 나아만이 야훼를 단지 이스라엘의 치료의 신으로 이해했다면 굳이 아람의 국가신을 배격할 필요가 없기 때문이다. 다신론자였던 나아만은 림몬을 국가신으로, 야훼를 치료신으로 섬길 수 있었다. 하지만 야훼의 치료를 경험한 나아만은 야훼와 림몬을 양자택일의 관계로 이해했다. 그 이유가 무엇일까?

마크 S. 스미스(Mark S. Smith)는 나아만이 그의 국가신을 아람의 림몬에서 이스라엘의 야훼로 바꾸었다고 이해한다.[38] 즉, 아람인 나아만이 이스라엘인으로 "귀화"했다는 의미이다.[39] 만약 그렇다면 림몬은 더 이상 국가신으로 예배를 받을 수 없다. 오직 야훼 하나님만

---

38 Mark S. Smith, *God in Translation: Deities in Cross-Cultural Discourse in the Biblical World* (Grand Rapids, MI: Eerdmans, 2010), 124.

39 Cogan and Tadmor, *II Kings*, 67.

국가신으로 예배를 받을 수 있다. 스미스의 제안은 나아만이 야훼와 림몬을 양자택이의 구도(림몬을 국가신으로, 야훼를 치료신으로 섬기는 구도)가 아닌 양자택일의 구도(림몬이 아닌 야훼를 국가신으로 섬기는 구도) 속에서 언급한 이유를 설명한다. 일부 학자들이 본국으로 돌아가는 나아만의 여행을 "선교지로 향하는 여정"으로 이해하는 이유도 이와 맥락을 함께한다.[40] 이 독법에 따르면 나아만은 아람에 거주하는 이스라엘의 "선교사"가 된 셈이다.

나아만이 경험했던 야훼

하지만 나아만이 야훼의 치료를 경험했다는 이유만으로 국가신을 림몬에서 야훼로 바꾸었다는 점은 선뜻 이해하기 어렵다. 그는 림몬을 국가신으로, 야훼를 치료신으로 섬길 수 있었다. 그러므로 나아만이 국가신을 바꾼 이유에 대해서는 보다 충분한 설명이 필요하다. 지금부터 본문에 가정되어 있는 요소들과 고대 근동에 만연했던 신관을 통해 나아만의 상황을 재구성해 보자.

앞서 언급했듯이, 고대 근동 지역에서 장군이라는 높은 지위를 지닌 남자가 포로로 잡아 온 하녀의 말을 듣고 움직였다는 점은 두 가지 전제를 가정한다. 첫째는 나아만에게 병을 고침 받고 싶어 하는 절박함이 있었고, 둘째는 그가 살던 지역에 있는 치료의 신들은

---

40 Walter A. Maier III, "The Healing of Naaman in Missiological Perspective," *CTQ* 61 (1997): 177–96; D. P. O'Brien. "'Is This the Time to Accept …?' (2 Kings V 26b): Simply Moralizing (LXX) or an Ominous Foreboding of Yahweh's Rejection of Israel (MT)?," *VT* 46.4 (1996): 448–57.

나아만의 병을 고치지 못했다는 점이다. 따라서 나아만은 이방신들의 한계를 누구보다 깊이 절감했고, 본인의 병을 운명이 내린 벌로 이해했을 것이다. 어쩌면 나아만은 치료의 소망 없이 운명에게 버림받은 자라는 낙인을 달고 하루하루를 버텼을지도 모른다.

이랬던 나아만에게 임한 야훼 하나님의 치료는 가히 충격적이었다. 그 어떤 아람의 신들도 고칠 수 없던 몹쓸 병, 신들보다 높은 세계를 주관하는 미크레가 내렸다고 생각했던 저주의 병, 그 병을 야훼께서 고치신 것이었다. 심지어 야훼께서는 나아만이 상상조차 할 수 없었던 방법으로 고치셨다. 나아만의 관점으로 봤을 때, 야훼께서는 그가 지금까지 경험했던 모든 신들과 다른 차원에 존재하는 신이었다.[41] 야훼께서 제공하신 "엄청난 생명의 회복은 병에 걸렸던 [나아만] 장군에게 압도적인 경험이었고, 하나님의 손길이 그의 삶에 임했음을 알리는 놀라운 증거"[42]였다. 그 압도적인 경험은 나아만으로 하여금 야훼를 단지 치료의 신으로 보도록 하지 않았다. 대신 미크레의 영역 위에 계신 초월자로 이해하도록 했다. 결국 나아만은 야훼 하나님을 국가신으로 섬길 가치가 충분한 존재로 인식했

---

41 Kenneth A. Mathews, "YHWH Is One: Yahwistic Monotheism in the Book of Deuteronomy," in *The Law, The Prophets, and The Writings: Studies in Evangelical Old Testament Hermeneutics in Honor of Duane A. Garrett* (ed. A. M. King, J. M. Philpot, and W. R. Osborne; Nashville, TN: B&H Academic, 2021), 105을 참고하라.

42 Sarita D. Gallagher, *Abrahamic Blessing: A Missiological Narrative of Revival in Papua New Guinea* (ASMMS 21; Eugene, OR: Pickwick, 2014), 67.

다. 그래서 그는 지금까지 국가신으로 섬겼던 림몬을 버리고 야훼를 그 자리에 모시기로 결심했다. 그렇게 나아만의 국가신이 바뀌었다.

이와 같은 재구성에 따르면 열왕기하 본문이 계시하는 야훼 하나님은 나아만의 피부만 고치지 않으셨다. 그 피부 속에서 죽어가고 있던 그의 심령까지 고치셨다. 절박한 자에게 응답하시는 야훼 하나님, 간절한 자를 외면하지 않으시는 야훼 하나님, 바로 그 하나님께서 절박하고 간절한 마음으로 당신을 찾아온 이방인을 만나 주셨다. 지푸라기라도 잡으려고 이스라엘로 찾아왔던 나아만. 그가 잡은 것은 지푸라기가 아니었다. 대신 이방인을 향해 언제나 열려 있는 야훼 하나님의 손이었다.

신앙의 시작

이쯤에서 우리는 하나의 질문을 만난다. 림몬의 영토로 돌아간 나아만이 어떻게 이스라엘의 하나님을 섬길 수 있을까? 신들이 지역과 연결되어 있다는 고대 근동의 개념을 기억하는 일은 중요하다. 야훼를 국가신으로 섬기기로 다짐한 나아만은 이스라엘 땅으로 이사를 오는 대신 아람 땅으로 돌아가 그곳에서 야훼를 섬길 의사를 밝혔다(왕하 5:17-18). 림몬의 영토에서 야훼를 국가신으로 섬길 수 있다는 의미일까? 일부 학자들의 주장처럼 나아만이 '이방인을 향한 이방인 선교사'로 이방 땅에 '파송'되었다 치더라도 아람 땅에서 이스라엘의 하나님을 섬긴다는 개념은 쉽게 이해하기 어렵다. 특히 신과 땅이 서로 연결되어 있다는 고대 근동의 믿음은 문제를 더욱 복잡하게 만든다. 하지만 이 문제를 풀 수 있는 단서가 본문 17절에 나온다.

> 나아만이 말하였다. "… 나귀 두어 마리에 실을 만큼의 흙을 예언자 님의 종인 저에게 주시기 바랍니다. 예언자님의 종인 저는, 이제부터 야훼 이외에 다른 신들에게는 번제나 희생제를 드리지 않겠습니다."
>
> (왕하 5:17, 『새번역』)

아람 땅으로 돌아갈 준비를 하는 나아만이 이스라엘 땅의 흙을 요구하고 있다. 요구의 목적이 다른 신들에게 번제나 희생제를 드리지 않고 오직 야훼에게만 예배를 드리고 싶다는 것으로 미루어 보아 흙과 예배를 연결하고 있음을 알 수 있다. 밥 베킹(Bob Becking) 은 나아만의 요구를 이렇게 해석한다.

> 이스라엘 땅의 일부를 다메섹에 있는 집으로 가져가려는 나아만의 의도는 땅과 신 사이에 확실한 연관성이 있다는 [고대 근동의] 믿음 을 반영한다. 그는 이스라엘의 흙을 [이방 지역에 위치한 본인의] 집 으로 가져감으로써 이스라엘의 하나님의 임재를 국경 너머로 … 운 반했다.[43]

---

43 Bob Becking, *Israel's Past Seen from the Present: Studies on History and Religion in Ancient Israel and Judah* (BZAW 535. Berlin: De Gruyter, 2021),

제럴드 오콜린스(Gerald O'Collins)도 비슷한 해석을 제시한다.

> 나아만은 고대의 신앙−신은 그와 연결되어 있는 고유의 영토 밖에
> 서 예배를 받을 수 없다는 신앙−을 소유하고 있었다. … 야훼의 영
> 토인 이스라엘의 아주 작은 부분[흙]을 소유한 나아만은 이제 [이방
> 땅에서] 야훼를 예배할 수 있게 되었다. … 이스라엘 땅에서 가져온
> 흙을 통해 그는 … 야훼를 향한 신앙을 지킬 수 있었다.[44]

나아만이 이방 땅으로 이스라엘의 흙을 가져간 이유는 그 흙이
야훼 하나님과 연결되어 있다고 믿었기 때문이다.

학자들은 나아만이 이스라엘의 흙을 어떻게 사용했는지에 대한
의견을 여러 가지로 제시한다. 가장 대표적인 의견들을 소개하자면
다음과 같다. 첫째, 흙으로 야훼를 위한 제단을 만들었을 가능성이
다. 둘째, 이방 땅에서 야훼를 향한 충성심을 기억하기 위해 흙을 지
니고 다녔을 가능성이다. 셋째, 특정 지역에 흙을 뿌림으로 예배의
처소를 만들었을 가능성이다. 나아만이 이스라엘의 흙을 어떻게 사
용했는지 우리는 정확히 알 수 없다. 하지만 우리가 확실히 알 수 있
는 한 가지는 야훼의 흙을 림몬의 영토로 가져간 나아만은 이방신
의 영토 가운데 야훼의 영토를 구축함으로써, 이방신의 영토에 야

183.

44 Gerald O'Collins, *Salvation for All: God's Other Peoples* (Oxford: Oxford
    University, 2008), 29.

훼의 임재가 가능하도록 하려 했다는 점이다.

이방인의 한계

야훼의 무소부재성에 이미 노출되어 있는 현대인들은 나아만의
생각을 비웃을지도 모른다. 그는 다른 고대 근동의 신들과 마찬가
지로 야훼께서도 물리적 지역(이스라엘의 흙)과 연결되어 있다고 믿었
기 때문이다.[45] 하지만 나아만은 전형적인 고대 근동의 이방인이었
다는 점을 기억해야 한다. 그는 신과 땅이 서로 불가분의 관계로 연
결되어 있다고 믿었고, 언약 백성과는 다르게 야훼의 충만한 계시
의 수혜자가 아니었다. 그래서 이스라엘의 흙이 없어도 "야훼의 능
력이 이스라엘의 국경에 국한되지 않는다는 사실을 알지 못했다."[46]
그럼에도 불구하고 그는 림몬에서 야훼로 국가신을 바꾸는 신앙을
보여줬다. 심지어 야훼의 흙을 림몬의 영토에 가져감으로써 야훼에
대한 그의 신앙을 아람의 신들 앞에서 공개적으로 표명하려 했다.
이와 같은 나아만의 행동은—비록 전통적인 언약 백성의 예배 형식
과 차이가 있었지만—고대 근동의 세계 속에서 큰 믿음이 없으면
결코 할 수 없는 행동이었다.

어쩌면, 일부 학자들의 생각처럼, 이방 땅으로 돌아간 나아만은
그를 야훼 하나님께 인도했던 하녀로부터 야훼 하나님에 대해서 배

---

45 Jesse C. Long, *1 & 2 Kings* (Joplin, MO: College, 2002), 326; O'Collins,
    Salvation for All, 203

46 Beal, *1 & 2 Kings*, 335.

웠을지도 모른다. 혹은 종종 엘리사를 찾아가 하나님에 대한 지식을 공급받았을지도 모른다. 성경이 나아만의 삶에 대해 언급하지 않기에 우리는 이후에 그가 어떤 삶을 살았는지 정확히 알 수 없다. 하지만 우리가 알 수 있는 한 가지 사실이 있다. 나아만은 계시의 한계가 있는 이방인이었지만—그래서 전통적인 언약 백성의 예배 형식을 따를 수 없었지만—본인이 속해 있는 한계 속에서 야훼 하나님에 대한 신앙을 키우려고 노력했다는 점이다. 그리고 야훼께서는 그러한 나아만에게 관대하셨다는 점이다.

네 번째 조각: 생명과 죽음, 그리고 야훼

열왕기상 17장

열왕기상 17장은 우리가 익히 들어 잘 알고 있는 본문이다. 본문에 등장하는 놀라운 기적들—몇 해 동안 지속될 가뭄 재앙의 선포, 엘리야를 돕는 과부, 뒤주의 밀가루와 병의 기름이 마르지 않는 사건, 죽은 아이를 다시 살려내는 기적 등—은 야훼 하나님의 초월성을 잘 드러낸다. 본문을 고대 근동의 눈으로 살펴보면 야훼 하나님의 초월성을 더욱 구체적으로, 더욱 입체적으로 이해할 수 있다.

> [1] 길르앗의 디셉에 사는 디셉 사람 엘리야가 아합에게 말하였다. "내가 섬기는 야훼 이스라엘의 하나님께서 살아 계심을 두고 맹세하니

다. 내가 다시 입을 열기까지 앞으로 몇 해 동안은, 비는 커녕 이슬 한 방울도 내리지 않을 것입니다.” ² 야훼께서 엘리야에게 말씀하셨다. ³ “이 곳을 떠나서, 동쪽으로 가거라. 그리고 거기 요단 강 동쪽에 있는 그릿 시냇가에 숨어서 지내며, ⁴ 그 시냇물을 마셔라. 내가 까마 귀에게 명하여서, 네게 먹을 것을 날라다 주게 하겠다.” ⁵ 엘리야는 야훼의 말씀대로 가서, 그대로 하였다. 그는 곧 가서, 요단 강 앞에 있는 그릿 시냇가에 머물렀다. ⁶ 까마귀들이 아침에도 빵과 고기를 그에게 가져다 주었고, 저녁에도 빵과 고기를 그에게 가져다 주었다. 그리고 물은 그 곳 시냇물을 마셨다. ⁷ 그런데 그 땅에 비가 내리지 않으므로, 얼마 있지 않아서, 시냇물까지 말라 버렸다. ⁸ 야훼께서 엘리야에게 말씀하셨다. ⁹ “이제 너는, 시돈에 있는 사르밧으로 가서, 거기에서 지내도록 하여라. 내가 그 곳에 있는 한 과부에게 명하여서, 네게 먹을 것을 주도록 일러두었다.” ¹⁰ 엘리야는 곧 일어나서, 사르밧으로 갔다. 그가 성문 안으로 들어설 때에, 마침 한 과부가 땔감을 줍고 있었다. 엘리야가 그 여인을 불러서 말하였다. “마실 물을 한 그릇만 좀 떠다 주십시오.” ¹¹ 그 여인이 물을 가지러 가려고 하니, 엘리야가 다시 여인을 불러서 말하였다. “먹을 것도 조금 가져다 주시면 좋겠습니다.” ¹² 그 여인이 말하였다. “어른께서 섬기시는 야훼 하나님께서 살아 계심을 두고 맹세합니다. 저에게는 빵 한 조각도 없습니다. 다만, 뒤주에 밀가루가 한 줌 정도, 그리고 병에 기름이 몇 방울 남아 있을 뿐입니다. 보시다시피, 저는 지금 땔감을 줍고 있습니다. 이것을 가지고 가서, 저와 제 아들이 죽기 전에 마지막으로, 남아 있는 것을 모두 먹으려고 합니다." ¹³ 엘리야가 그 여인에게 말하였다. "두려워하지 말고 가서, 방금 말한 대로 하십시오. 그러나 음식을 만들어서, 우선 나에게 먼저 가지고 오십시오. 그 뒤에 그대와, 아들이 먹을 음식을 만들도록 하십시오. ¹⁴ 야훼께서 이 땅에 다시 비를 내려주실 때까지, 그 뒤주의 밀가루가 떨어지지 않을 것이며, 병의 기름이 마르지 않을 것이라고, 야훼 이스라엘의 하나님께서 말씀하셨습니다." ¹⁵ 그 여인은 가서, 엘리야의 말대로 하였다. 과연 그 여인과 엘리야와 그 여인의 식구가 여러 날 동안 먹었지만, ¹⁶ 뒤주의 밀가루가 떨어지지 않고, 병의 기름도 마르지 않았다. 야훼께서 엘리야를 시켜서 하신 야훼의 말씀대로 되었다. ¹⁷ 이런 일이 있은 뒤에, 이 집 여주인의 아들이 병이 들었다. 그의 병은 매우 위중하여서, 끝내는 숨을 거두고 말았다. ¹⁸ 그러자 그 여인은 엘리야에게 이렇게 말하였다. "하나님의 사람이신 어른께서 저와 무슨 상관이 있다고, 이렇게 저에게 오셔서, 저의 죄를 기억나게 하시고, 제 아들을 죽게 하십니까?" ¹⁹ 엘리야가 그 여인에게 아들을 달라고 하면서, 그 여인의 품에서 그 아이를 받아 안고, 자기가 머물고 있는 다락으로 올라갔다. 그리고 그를 자기의 침대 위에 뉘어 놓고, ²⁰ 야훼께 부르짖었다. "야훼나의 하나님, 어찌하여 내가 머물고 있는 이 집의 과부에게 이렇게 재앙을 내리시어, 그 아들을 죽게 하십니까?" ²¹ 그는 그 아이의 몸 위에 세 번이나 엎드려서, 몸과 몸을 맞춘 다음, 야훼께 또 부르짖었다. "야훼 나의 하나님, 제발 이 아이의 호흡이 되돌아오게 하여 주십시오!" ²² 야훼께서 엘리야가 부르짖는 소리를 들으시고, 그 아이의

호흡을 되돌아오게 하여 주셔서, 그 아이가 살아났다. (왕상 17:1-22,
『새번역』)

이스라엘의 영토를 벗어나는 가뭄

엘리야는 바알의 추종자 아합 왕에게 사마리아 땅에 바알의 성
전을 세운 일(왕상 16:31-32)로 인해 이스라엘 땅에 몇 해 동안 가뭄이
임할 것을 예언했다. 그런데 본문을 주의 깊게 읽어보면 가뭄이 이
스라엘 땅을 넘어 다른 지역—시돈에 있는 사르밧—까지 확장되었
음을 알 수 있다. 왜 야훼께서는 사르밧까지 가뭄을 보내셨을까? 아
합을 벌하기 위해서는 이스라엘 땅에만 가뭄을 내리시면 되지 않았
을까? 야훼께서 사르밧에도 가뭄을 내리셨던 이유는 사르밧이 풍우
신 바알의 핵심 영토였다는 데에서 찾을 수 있다.[47]

사르밧이 야훼 하나님과 연결된 영토가 아니었음을 인지하는
일은 중요하다. 고대 근동 사람들은 야훼의 영토를 이스라엘로 한
정했다. 사르밧은 야훼의 능력이 도달할 수 없는 영토로 이해되었
다.[48] 그러므로 야훼께서 일으키신 가뭄이 이스라엘 땅을 넘어 바알
의 영토까지 확장되었다는 사실은 중요한 의미를 함의한다. 제임스
S. 앤더슨(James S. Anderson)의 설명을 들어보자.

---

47 아합의 아내 이세벨이 사르밧 출신이라는 점에 근거하여 사르밧을 풍우신
    바알의 영토로 이해하는 학자들이 많다.

48 Mordechai Cogan, *I Kings: A New Translation with Introduction and
    Commentary* (AYB 10; New Haven; London: Yale University, 2008), 432.

과부가 마지막 식사를 준비하기 위해 장작을 모으는 것으로 미루어 보아 엘리야가 선포한 가뭄은 이스라엘 영토에 국한되지 않는다는 것이 분명하다. 가뭄은 바알 예배가 가장 두드러진 도시, 즉 바알의 지리적 영역의 심장부까지 공격한다. 야훼의 관할권은 전통적인 이스라엘 영토를 넘어 [바알의 영역까지] 확장된다는 의미일까? ⋯ 엘리야는 "야훼께서 이 땅에 다시 비를 내려 주실 때까지"(왕상 17:14) 과부의 가족에게 양식의 공급이 멈추지 않을 것임을 약속함으로 바알의 영토 한가운데에서 야훼께서 비와 땅의 비옥함을 주관하시는 분이심을 선포했다.[49]

사르밧까지 일어난 가뭄은 야훼께서 바알의 영토에서도 주권을 행사할 수 있는 초월자라는 사실을 계시했다.

풍우신 바알과 가뭄

여기에서 우리가 놓치지 말아야 할 부분이 있다. 사르밧의 바알은 풍우의 신이라는 점이다. 풍우신은 비와 바람을 주관하는 신으로 가뭄 때 가장 필요한 신이다. 하지만 본문에 등장하는 바알은 야훼께서 보내신 가뭄에 대응하지 못했다. 사마리아와 사르밧에 각각 성전과 신상이 있는 바알은 두 곳에 임한 가뭄을 해결할 수 있어야 했다. 그러나 그는 야훼께서 내린 가뭄에 속수무책이었다. 폴 R. 하

---

49   James S. Anderson, *Monotheism and Yahweh's Appropriation of Baal* (LHBOTS 617; London: Bloomsbury, 2015), 68.

우스(Paul R. House)는 야훼께서 바알을 상대로 가뭄 재앙을 선택하셨다는 점에 집중한다.

> [야훼께서] 왜 가뭄을 선택하셨을까? ⋯ 엘리야는 바알 숭배의 신학적 중심지에서 바알의 능력을 공격하기로 결정한다. 바알 숭배자들은 그들의 풍우신이 비를 내리게 한다고 믿었다. ⋯ 엘리야는 이 믿음을 논박하기 위해 야훼께서 비가 내리는 때를 결정하는 분이며, 항상 살아 계신 분이시며, 또한 ⋯ 바알 숭배의 핵심 지역에서 바알에게 도전하는 것을 두려워하지 않는 분이라고 말한다.[50]

비와 바람을 주관하는 풍우신이 야훼께서 내리신 가뭄에 전혀 대응하지 못했다는 점은 야훼께서 바알의 최고 속성을 누르셨음을 나타낸다.

삼 년 동안 지속되는 가뭄

야훼께서 선포하신 가뭄이 "몇 해"나 지속되었다는 점도 유의미하다(왕상 17:1). 열왕기상 18:1에 따르면 가뭄은 약 삼 년 동안 지속되었다. 이는 바알이 삼 년 동안이나 전혀 힘을 쓰지 못했음을 의미한다. 이 부분은 고대 근동의 바알 신화를 통해 더욱 풍성하게 이해할 수 있다.

---

50 Paul R. House, *1, 2 Kings* (NAC 8; Nashville: Broadman & Holman, 1995), 213.

「바알 신화」(*KTU* 1.5-1.6)[51]에 따르면 풍우신 바알은 봄 기간에 모투(*Mōtu*)라는 죽음, 불임, 메마름의 신에게 사로잡혀 지하세계에서 죽임을 당한다. 바알 숭배자들은 풍우신이 죽은 이유로 건기가 시작된다고 믿었다. 하지만 다시 우기가 찾아오리라고 기대할 수 있던 이유는 바알의 아내이자 전쟁의 여신인 아나트(*Anath*)가 모투와 싸워 이김으로 풍우신이 부활할 수 있게 만든다고 믿었기 때문이다. 바알과 모투의 싸움은 매년 반복되었다. 바알은 매년 모투에게 죽었다가 아나트의 도움으로 부활하는 일을 반복함으로 우기에는 풍우신의 역할을 감당할 수 있었다. 이처럼 비와 바람에 대한 바알의 통제력은 모투와의 승패와 아나트의 개입 여부에 따라 변화되었다. 바알 신화에 가정되어 있는 전제는 아무리 바알이라 할지라도 전지전능하거나 무소부재하지 않다는 신관임을 알 수 있다.

바알 신화를 기억하며 열왕기상 본문을 다시 살펴보자. 엘리야의 입을 통해 선포된 야훼의 가뭄 재앙이 바알의 영토에 삼 년 동안 임했다. 바알 신화를 알고 있던 고대인들은 이 부분을 바알이 정해진 기간 이상 동안 지하의 신 모투의 영역에 사로잡혔다고 이해했을 것이다. 아나트가 모투를 이기지 못했던 것일까? 혹은 이겼다 할지라도 바알이 부활하지 못했던 것일까? 여러 가지 경우의 수들이 그들의 머릿속에 오고 갔을 것이다. 그러나 한 가지 확실한 사실이 있다. 바알이 삼 년 동안 풍우신의 역할을 감당할 수 없었던 근본적

---

51   Mark S. Smith and Simon B. Parker, *Ugaritic Narrative Poetry* (WAW 9; Atlanta, GA: Scholars, 1997), 141을 보라.

인 이유를 야훼께서 제공하셨다는 점이다. 이를 통해 야훼께서 아합에게 전달하셨던 메시지는 더 크고 분명해졌다. "풍우신 바알의 숨통을 쥐고 있는 자는 바로 나, 초월자 야훼이다! 이래도 나와 바알 사이에서 갈팡질팡하겠느냐?"

생명의 주관자, 야훼

앞에 언급했듯이, 바알 신화를 알고 있던 고대 근동 사람들은 바알이 삼 년 동안 풍우신의 역할을 감당하지 못한 이유를 죽음의 신 모투가 바알을 제압하는 구도로 인식했을 가능성이 있다. 물론 열왕기상 본문은 야훼께서 가뭄을 일으키신 것으로 계시한다. 하지만 고대 근동의 독법에 의하면 야훼 하나님께서 모투를 사용해 바알을 제압하셨다는 해석도 가능하다. 그러므로 모투의 속성을 고려하여 본문을 살피는 작업은 우리에게 도움이 된다.

모투는 죽음, 불임, 메마름의 신이었다. 열왕기상 본문이 사르밧 지역을 죽음, 불임, 메마름의 그림자가 드리워진 곳으로 묘사한 이유도 이와 맥락을 함께한다. 예컨대 본문에 의하면 사르밧 과부에게는 "빵 한 조각도 없"었다. "뒤주에 밀가루가 한 줌 정도, 그리고 병에 기름이 몇 방울 남아 있을 뿐"이었다. 극심한 가뭄 속에서 고통받고 있는 과부는 남아 있는 음식을 아들과 함께 마지막 끼니로 먹고 굶어 죽을 준비를 하고 있었다(왕상 17:12). 안타깝게도 과부의 불행은 여기에서 멈추지 않았다. 과부의 아들이 위중한 병이 들어 끝내는 숨을 거두었기 때문이다(왕상 17:17). 이처럼 본문은 풍우신 바알이 보장하는 풍성함과 생명력이 죽음의 신 모투의 속성인 빈곤함과 파괴력으로 온전히 대치되었음을 보여준다. 그러므로 고대 근동 사람들은 야훼께서 모투를 통해 바알을 지배하는 구도로 본문을 이해했을 가능성이 있다.

그러던 중에 과부의 삶에 기적들이 일어나기 시작했다. 야훼께서 보내신 선지자 엘리야를 통해 뒤주의 밀가루가 떨어지지 않고, 병의 기름이 마르지 않는 초자연적인 현상이 나타나는 게 아닌가(왕상 17:13-16)? 일부 학자들은 이 부분을 야훼-바알 구도 속에서 이해한다. 물론 가능한 해석이다. 하지만 나는 야훼-모투 구도 속에서 이해하는 것이 고대 근동의 독법에 더 부합한다고 생각한다. 그 이유는 아래와 같다.

우선 본문이 언급하는 가뭄 재앙은 풍우신 바알의 능력을 제한시키는 야훼 하나님을 드러낸다. 하지만 극심한 가뭄 중에도 마르지 않는 밀가루 뒤주와 기름병의 기적이 사르밧 과부에게 임했다는 부분은 죽음의 신 모투의 영역을 제한시키는 야훼 하나님을 부각시킨다. 바알 신화에 따르면 모투가 바알을 이겼을 때 가뭄이 시작된다. 그러므로 시돈에 있는 사르밧 모든 지역에 가뭄이 나타난 현상은 바알을 누른 모투의 능력이 전방위적으로 가시화 됐다고 이해할 수 있다. 고대 근동의 표현을 빌리자면, 가뭄의 시작과 동시에 바알은 무대에서 퇴장했고, 모투가 무대의 중심에 서게 됐다는 의미이다. 하지만 열왕기상 본문은 무대의 중심에 계신 분은 모투가 아니라 야훼라는 사실을 보여준다. 모투의 능력이 야훼께서 선택하신 사람들—그것도 사르밧 지역에 살고 있는 사람들—에게 닿지 않았기 때문이다. 놀랍게도 그들에게는 모투의 속성과 반대되는 풍요함과 넉넉함이 주어졌다. 이는 야훼께서 바알과 모투의 영역을 모두 주관하고 계시는 초월자라는 사실을 드러낸다.

그러므로 본문의 이야기를 접한 고대 근동 사람들은 바알 신화에 등장하는 주인공 바알과 그의 천적 모투보다 강하신 야훼, 그래서 이들의 능력을 당신의 의지대로 제한할 수 있으신 초월자 야훼 하나님께 무척이나 놀랐을 것이다.

부활의 주관자, 야훼

열왕기상 본문에는 죽은 아이를 살려내는 기적도 등장한다(왕상 17:22). 이 기적은 야훼-아나트 구도 속에서 이해될 수 있다. 앞서 언급했듯이, 죽었던 바알이 다시 살아날 수 있었던 원인은 아나트가 죽음의 신 모투와 싸워서 이겼기 때문이다. 곧 아나트가 바알이 부활할 수 있는 길을 열어주었다는 의미이다. 이런 이유로 아나트는 부활의 영역을 담당하는 신으로 여겨졌다(*KTU* 1.17:6:26-29). 이안 프로반(Iain Provan)의 말을 들어보자.

> 부활의 능력이 있다고 주장한 신은 이스라엘의 하나님뿐만이 아니었다. 우가릿의 「아카트 서사시」에 따르면 아나트 여신도 … 죽고 다시 살아나는 바알의 불멸성을 아카트에게 제시한다.[52]

---

52 Iain Provan, *Zondervan Illustrated Bible Backgrounds Commentary* (Grand

그러므로 본문의 부활 사건을 아나트와 야훼의 구도 속에서 이해하는 작업은 해석에 도움이 된다.

바알 신화를 알았던 고대인들은 죽은 과부의 아이가 모투의 영역으로 내려갔다고 이해했을 것이다. 그래서 죽은 아이를 소생시키는 일은 모투의 영역에 있던 아이를 그곳에서 불러내는 일과 동일하게 여겨졌다. 아나트가 바알을 부활시키기 위해 반드시 거쳐야 했던 관문은 모투와 격렬히 싸워 이기는 일이었음을 기억하자. 그렇다면 야훼께서도 아이를 소생시키기 위해 모투와 결전을 벌이셨을까? 놀랍게도 열왕기상 본문에는 야훼께서 모투와 싸워 이기신 후 아이를 꺼내셨다는 언급이 전혀 없다. 대신 "야훼께서 엘리야가 부르짖는 소리를 들으시고, 그 아이의 호흡을 되돌아오게 하여 주셔서, 그 아이가 살아났다"(왕상 17:22)는 언급만 있을 뿐이다. 이런 차이는 야훼와 아나트 사이에 있는 능력의 격차를 극명하게 부각시킨다. 야훼는 아이를 부활시키기 위해 모투와 싸울 필요가 없으셨다. 야훼는 죽음의 영역과 생명의 영역, 그리고 부활의 영역까지 주관하시는 초월자이시기 때문이다.[53]

Rapids, MI: Zondervan, 2009), 134.

53 아이의 생명은 돌아왔던 반면, 사르밧의 가뭄은 여전히 지속됐다는 점도 유의미하다(왕상 18:1-39). 이는 야훼께서 과부의 아이는 모투의 영역에서 건져 주셨던 반면, 바알은 모투의 영역에 계속 가두어 두셨다는 독법을 형성한다. 이를 통해 우리가 알 수 있는 바는 자명하다. 열왕기상 본문은 야훼 하나님을 생명과 죽음의 영역 모두를 주관하시는 초월자로 계시한다는 점이다.

바알, 아나트, 그리고 모투 위에 계시는 야훼

이제 한 가지 부분만 더 살펴보도록 하자. 야훼께서 가뭄을 내리신 이유는 아합 왕이 야훼의 영토에 바알을 위한 산당을 지었기 때문이었다. 야훼의 가뭄은 바알 산당이 세워진 사마리아 땅과 바알 신앙의 심장부인 사르밧 땅에 일어났다. 고대 근동의 신관을 고려할 경우, 가뭄은 풍우신 바알을 저격하기 위한 최고의 방법이었다. 하지만 위에 제시된 고대 근동의 독법에 따르면 야훼께서 손을 대셨던 영역은 바알의 영역을 넘어 아나트와 모투의 영역까지 뻗어 나갔다. 사실 바알 숭배자를 벌하기 위해서는 바알의 영역만 제압하면 된다. 그러나 야훼께서는 바알, 아나트, 모투의 영역까지 모조리 제압하셨다. 그 이유가 무엇일까?

여기서 바알, 아나트, 그리고 모투의 관계를 기억하는 일은 도움이 된다. 앞서 언급했듯이, 바알 신화에 등장하는 모투는 바알을 죽일 수 있는 강력한 신이었다. 그리고 아나트는 모투를 죽일 수 있는 전쟁의 여신이었다. 따라서 야훼께서 바알의 영역만 정복하셨다면 아나트의 영역과 모투의 영역은 야훼의 영역이 아닐 수 있다는 의문이 계속해서 남았을 것이다. 그러나 열왕기상 본문은 야훼께서 아나트와 모투의 영역까지 주관하시는 초월자라는 사실을 보여줌으로써 바알 신화를 구성하는 강력한 신들을 모두 무력하게 만들었다. 이는 곧 야훼께서 바알의 만신전 위에 계시다는 의미이다.[54]

---

54 바알이 속한 만신전에는 최고의 신 엘(El)이 있다. 그러나 엘은 바알의 후광에 가려진 '은퇴한 신'으로 종종 묘사된다.

이처럼 본문이 증거하는 야훼 하나님은 이스라엘 땅은 물론 이스라엘 밖의 땅도 주관하는 초월자이시다. 생명의 영역은 물론 죽음의 영역도 주관하는 초월자이시다. 그 누구도, 그 무엇도 야훼의 능력을 제한할 수 없다. 풍우신 바알이라 할지라도, 바알을 죽인 모투라 할지라도, 모투를 제압한 아나트라 할지라도 야훼의 능력 앞에서는 전혀 힘을 쓰지 못한다. 야훼 하나님은 상천하지(上天下地)의 모든 영역을 주관하시는 지존자이시기 때문이다.

다섯 번째 조각: 다윗과 야훼

시편 139편

우리가 마지막으로 살펴볼 본문은 시편 139편이다. 이 본문에는 다윗이 만났던 하나님이 시적인 언어로 계시되어 있다. 놀랍게도 다윗이 노래한 하나님은 전지하신 하나님, 무소부재하신 하나님, 창조하시는 하나님, 그리고 주관하시는 하나님이셨다. 이는 실로 위대한 고백이 아닐 수 없다. 어떻게 한 사람이 이렇게 많은 하나님의 속성을 고백할 수 있을까? 그가 하나님의 "마음에 맞는 사람"(삼상 13:14)이었기 때문일까? 아니면 다윗의 파란만장했던 삶이 그를 야훼 하나님께 더 깊이 노출시켰던 것일까? 정확히 알 수 없지만, 분명한 것은 다윗이 고백한 야훼 하나님은 고대 근동의 신들과 다른, 신들의 신이시라는 점이다. 존재의 안팎을 모두 알고 계신 분, 어디에나 항상 계신 분, 무에서 유를 창조하시는 분, 그리고 당신의 백성을 주권적으로 인도하시는 분, 야훼! 이제 바로 그 하나님을 만나보자.

야훼의 전지성

1-6절에는 야훼께서 소유하신 지력의 범위가 묘사되어 있다.

> ¹ 야훼여, 당신께서 나를 샅샅이 살펴보셨으니, 나를 환히 알고 계십니다. ² 내가 앉아 있거나 서 있거나 야훼께서는 다 아십니다. 멀리서도 내 생각을 다 알고 계십니다. ³ 내가 길을 가거나 누워 있거나, 야훼께서는 다 살피고 계시니, 내 모든 행실을 다 알고 계십니다. ⁴ 내가 혀를 놀려 아무 말 하지 않아도 야훼께서는 내가 하려는 말을 이미 다 알고 계십니다. ⁵ 야훼께서 나의 앞뒤를 두루 감싸 주시고, 내게 당신의 손을 얹어 주셨습니다. ⁶ 이 깨달음이 내게는 너무 놀랍고 너무 높아서, 내가 감히 측량할 수조차 없습니다. (시 139:1-6, 『새번역』)

다윗은 야훼께서 자신을 샅샅이 살펴보셨기 때문에 그의 모든 것을 환히 알고 계신다고 고백한다. 이때 야훼께서 아시는 지력의 범위는 존재의 외적인 부분뿐만 아니라 내적인 부분까지 포함한다.

다윗의 고백을 고대 근동의 맥락에서 조명하면 보다 풍성한 이해가 가능해진다. 고대 근동의 신들에게는 전지성이 없었다. 그래서 그들은 서로 속고 속이는 굴레 속에서 돌고 돌았다. 예컨대 이집트 신화에 따르면 마법의 신 이시스(*Isis*)가 태양신 라(*Ra*)의 진짜 이름을 알기 위해 라를 속였고, 라는 이시스에게 가짜 이름을 줌으로써 그녀를 속였다. 이뿐만이 아니다. 혼돈의 신 세트(Seth)는 지하의 신 오시리스(Osiris)를 속여 관에 가두는데 성공했고, 태양신 라는 전쟁의 여신 세크메트(Sekhmet)를 속여 그녀가 붉은색 맥주를 피로 알고 마시도록 유인했다. 그리고 태양신 호루스(Horus)는 보트 만들기 대회에서 소나무 배를 석고로 덮어 돌처럼 보이게 함으로 혼돈의 신 세트를 속였다. 이처럼 신들은 서로 속고 속이는 관계 속에서 자신들의 한계를 드러냈다. 존재의 내적 부분을 온전히 꿰뚫어 볼 수 있는 이방신은 존재하지 않았다. 하지만 시편 본문에 따르면 야훼의 지력의 범위는 존재의 외면과 내면 모두를 포함한다. 이는 야훼의 지력이 고대 근동 신들의 지력을 훌쩍 넘어선다는 의미이기도 하다.

야훼의 초월성을 경험한 다윗은 "이 깨달음이 내게는 너무 놀랍고 너무 높아서, 내가 감히 측량할 수조차 없"(시 139:6)다고 고백했다. 다윗은 "야훼 하나님의 전지성"[55]과 "통제하는 모든 지식"[56]에 전율했던 것이다.

야훼의 무소부재성: 하늘과 스올

야훼 하나님의 전지성을 고백한 다윗은 야훼의 또 다른 속성을

---

55 Mitchell Dahood, *Psalms III: 101-150: Introduction, Translation, and Notes with an Appendix: The Grammar of the Psalter* (AYB 17A; New Haven: Yale University, 2008), 286.

56 Allen P. Ross, *A Commentary on the Psalms: Volume 3 (90–150)* (KEL; Grand Rapids, MI: Kregel Academic, 2016), 823.

고백했다. 바로 야훼의 무소부재성이다.

> ⁷ 내가 야훼의 영을 피해서 어디로 가며, 야훼의 얼굴을 피해서 어디로 도망치겠습니까? ⁸ 내가 하늘로 올라가더라도 당신은 거기에 계시고, 스올에다 자리를 펴더라도 당신은 거기에도 계십니다. ⁹ 내가 저 동녘 너머로 날아가거나, 바다 끝 서쪽으로 가서 거기에 머무를지라도, ¹⁰ 거기에서도 당신의 손이 나를 인도하여 주시고, 당신의 오른손이 나를 힘있게 붙들어 주십니다. ¹¹ 내가 말하기를 "아, 어둠이 와락 나에게 달려들어서, 나를 비추던 빛이 밤처럼 되어라" 해도, ¹² 당신 앞에서는 어둠도 어둠이 아니며, 밤도 대낮처럼 밝으니, 당신 앞에서는 어둠과 빛이 다 같습니다. (시 139:7-12, 『표준새번역』)

다윗은 야훼 하나님의 영과 얼굴을 피해 달아날 수 없음을 고백했다. 그 이유는 하늘로 올라가더라도 야훼께서 거기에 계시고, 스올에다 자리를 펴더라도 야훼께서 거기에 계시기 때문이었다. 많은 학자들이 본문에 사용된 "하늘"과 "스올"을 문학적 기법 곧 "모든 장소"를 지칭하기 위해 사용된 메리즘(merism: 전체를 지칭하기 위해 양극단을 언급하는 문학적 기법)으로 이해한다.[57] 이 독법에 의하면 본문은 "모든 장소에 계신 야훼 하나님"을 노래한다고 볼 수 있다.

본문에 사용된 메리즘을 고대 근동의 신관과 접목하여 이해할 경우, 그 의미는 더욱 풍성해진다. 아래는 하늘과 스올에 대한 고대

---

57 Ross, *A Commentary on the Psalms*, 824을 보라.

의 세계관이다.[58]

- 하늘을 주관하는 신들과 스올을 주관하는 신들이 각각 있다.
- 신들은 특정 장소에 한정되기에 한 명의 신이 하늘과 스올에 동시에 존재할 수 없다.
- 하늘을 지배하는 우주의 법칙과 스올을 지배하는 우주의 법칙이 다르다.
- 하늘의 신과 스올의 신은 상대방의 영역으로 쉽게 이동할 수 없다.
- 하늘의 신이 함부로 스올로 내려갈 경우, 그는 스올을 지배하는 우주의 법칙—하늘을 지배하는 우주의 법칙과 다른 법칙—으로 인해 스올에 갇힐 수 있다.

그런데 아주 가끔씩 하늘과 스올 양쪽에서 능력을 발휘하는 신들이 등장했다. 네르갈(Nergal)이 대표적인 예이다. 바벨론 신화인 「네르갈과 에레시키갈」(Nergal and Ereshkigal)에 의하면 네르갈은 천상계에 머물던 역병의 신이었다. 하지만 그는 지하의 여신 에레시키갈(Ereshkigal)이 지배하는 영역에 두 번이나 방문했음에도 불구하고 무탈했다. 그리고 무력을 사용해 에레시키갈을 지하계의 권좌에서 하야시키고 본인이 지하계를 지배하는 왕이 되었다. 천상계에 거주지가 있는 신이 지하계도 다스렸다는 의미이다. 글렌 S. 홀랜드(Glenn

---

58   Glenn S. Holland, *Gods in the Desert: Religions of the Ancient Near East* (Lanham, MD: Rowman & Littlefield, 2009), 160–61을 참고하라.

S. Holland)는 네르갈이 "천상계와 지하계를 두 번이나 왕복했"던 사건을 "다른 주요한 신들도 감히 할 수 없었던 일"이라고 평가했다.[59] 볼프람 폰 소덴(Wolfram von Soden)도 이와 비슷한 평가를 내렸다.

> 「네르갈과 에레시키갈」 신화는 네르갈이 어떻게 천상계의 신도 되고 동시에 지하계의 신도 되는지를 설명하기 위해 만들어졌다. … 지하계로 내려간 네르갈은 에레시키갈을 제압함으로 지하계의 왕이 되었고 하늘에 있는 그의 영역도 여전히 유지했다.[60]

[삽화 9] 네르갈 (왼쪽; 신상)과 에레시키갈 (오른쪽; 원통 인장)[61]

59 Holland, *Gods in the Desert*, 162.

60 Wolfram von Soden, *The Ancient Orient: An Introduction to the Study of the Ancient Near East* (Grand Rapids, MI: Eerdmans, 1994), 214.

61 ©스테판 D. 뷸리. HGGANE, 101, 232.

이처럼 네르갈은 고대 근동에서 매우 독특한 신으로 여겨졌다. 하지만 야훼 하나님과 네르갈 사이에는 유의미한 차이가 있다. 첫째, 네르갈은 하늘과 스올에 본인의 영역을 두었지만, 두 영역에 동시에 존재할 수는 없었다. 반면에 야훼께서는 하늘과 스올에 동시에 존재하실 뿐만 그 사이에 있는 모든 영역에도 존재하신다. 둘째, 네르갈은 지하의 신과의 싸움을 통해 지하계를 정복했다. 반면에 야훼께서는 싸움 없이 지하계를 주관하신다. 이와 같은 차이를 고려한다면, "하늘로 올라가더라도 당신께서 거기에 계시고, 스올에다 자리를 펴더라도 당신께서 거기에 계[신다]"(시 139:8)라는 표현이 얼마나 놀라운 신앙고백인지를 짐작할 수 있다. 야훼께서는 천상과 지하의 영역에 동시에 존재하시며, 위와 아래 사이에 있는 모든 영역을 절대적인 주권으로 통치하시는 무소부재적 초월자이시다.

야훼의 무소부재성: 동쪽과 서쪽

하늘과 스올의 관계뿐만 아니라 동쪽과 서쪽의 관계(시 139:9)도 야훼 하나님의 무소부재성을 나타낸다. 다윗은 야훼께서 동녘에도 계시고, 바다 끝 서쪽에도 계신다고 고백했다. 학자들은 여기에 사용된 "동녘"과 "바다 끝 서쪽"을 메리즘으로 이해한다. 이 경우에, 9절은 야훼께서 동쪽부터 서쪽까지 충만하시다는 내용으로 읽힌다.

고대 근동의 세계관은 메리즘에 담겨 있는 의미를 보다 풍성하게 확장해 준다. 고대 근동 사람들은 모든 곳에 신들이 있다고 믿었음을 기억하자. 이는 동쪽, 서쪽 지역과 연결된 신들도 예배의 대상으로 추앙을 받았다는 의미이다. 예컨대 하토르(Hathor)는 '서쪽의 여왕'으로 불리는 생산의 여신으로서 죽은 자들을 관리했다.[62] 아누비스(Anubis)는 '서쪽의 주'로 불리는 장례의 신으로서 망자들의 영혼을 사후의 세계로 인도했다.[63] 소프두(Sopdu)는 '동쪽의 주'로 불리는 수호의 신으로서 악귀를 쫓는 역할을 감당했다.[64] 그리고 아문(Amun)은 '동쪽의 신들 중에 가장 높은 자'로 불리는 신으로서 창조와 생명을 관리했다.[65]

고대 근동의 구성원이었던 다윗은 동쪽과 서쪽을 단지 방위의 개념으로만 보지 않고 여러 신들에 의해 지배를 받는 영역으로 이해했을 가능성이 높다. 이 경우에, 야훼께서 동쪽과 서쪽에 모두 계신다는 표현은 야훼께서 양쪽과 그 사이에 있는 모든 영역에 존재하실 뿐만 아니라 그 영역에서 절대적인 주권을 행사하실 수 있다는 의미를 수반한다. 요컨대, 앞에 살펴본 '하늘-스올' 구조가 우주의 수직적 영역을 모두 채우시는 야훼의 무소부재성을 계시한다면, '동쪽-서쪽' 구조는 우주의 수평적 영역을 모두 채우시는 야훼의 무소부재성을 계시한다고 볼 수 있다.

62　Denise Martin, "Hathor," in *Encyclopedia of African Religion* (ed. M. K. Asante and A. Mazama; Thousand Oaks, CA: Sage, 2009), 306–307(306).

63　Nashay M. Pendleton, "Anubis," in *Encyclopedia of African Religion*, 61–63(61).

64　DeBorah Gilbert White, "Sopdu," in *Encyclopedia of African Religion*, 623–24(623).

65　Molefi K. Asante, "Amen," in *Encyclopedia of African Religion*, 37–38(38).

야훼의 무소부재성: 낮과 밤

낮과 밤(시 139:11-12)의 관계도 야훼 하나님의 무소부재성을 나타낸다. 다윗은 "어둠이 와락 나에게 달려들어서, 나를 비추던 빛이 밤처럼 되어라해도 당신(야훼) 앞에서는 어둠도 어둠이 아니며, 밤도 대낮처럼 밝"다고 고백했다. 이 표현의 배경은 밤이다. 밤이 되자 어둠은 다윗에게 다가왔고, 다윗을 비추던 빛은 자연스레 모습을 감추게 되었다. 하지만 다윗은 야훼 하나님께서 낮은 물론 밤에도 능력을 발휘하실 수 있다고 고백했다.

고대 근동의 개념에 따르면 낮의 영역을 주관하는 신들은 밤에 잠을 자거나 밤을 주관하는 신들과 싸워야 했다. 예컨대, 태양신 샤마쉬는 밤에 잠을 자야 했기 때문에 밤에 발생한 사건에 대해서는 심판자의 기능을 수행하지 못했다. 그래서 밤에는 어둠의 영역을 주관하는 신들에게 심판을 의존해야만 했다. 고대의 바벨론 자료인 「밤의 신들에게 드리는 기도」(Prayer to the Gods of Night)는 이를 명시한다.[66] 또 다른 예는 이집트의 태양신 라와 혼돈의 신 아펩(Apep)과의 전쟁이다. 태양신은 밤마다 지하 세계로 내려가 혼돈의 신과 전쟁을 벌여야 했다. 전쟁의 승패는 이집트의 질서에 직접적인 영향을 끼쳤다. 태양신은 날마다 혼돈의 신을 제압함으로써 이집트의 질서를 유지해야 했고, 이를 위해 수많은 신들이 태양신에게 조력해야 했다. 이처럼 고대 근동의 신들은 낮과 밤의 영역에서도 갈렸다. 두

---

66 J. B. Pritchard (ed.), *Ancient Near Eastern Texts Relating to the Old Testament* (3rd ed.; Princeton: Princeton University, 1969), 390–91을 보라.

영역을 모두 주관하는 신은 존재하지 않는다는 생각 때문이었다.

그러나 시편에 따르면 야훼께서는 밤의 영역도 낮의 영역처럼 다스리신다. 그래서 "당신 앞에서는 어둠도 어둠이 아니며, 밤도 대낮처럼 밝"다. 그리고 "어과 빛이 다 같"다. 이러한 다윗의 고백은 시편 74:16과 121:4과도 맥락을 함께한다.

> 낮도 당신의 것이요, 밤도 당신의 것입니다. 당신께서 달과 해를 제자리에 두셨습니다. (시 74:16, 『새번역』)

> 이스라엘을 지키시는 분은, 졸지도 않으시고, 주무시지도 않으신다.
> (시 121:4, 『새번역』)

이처럼 시편의 신학에 따르면 야훼는 낮과 밤을 모두 주관하는 초월자이시다. 따라서 밤에 무력해지거나 낮을 보장하기 위해 지하 세계에서 싸움을 일으키는 일은 야훼께 발생하지 않는다.[67] 다윗의

---

67 놀랍게도 고대 근동 문헌에 사용된 '잠자는 신' 모티프는 문맥에 따라 완전히 상반된 의미들 - 신의 무력함이나 신의 절대적 주권 - 을 나타내는 장치로 쓰였다. 예컨대 시편 44편에도 '잠자는 야훼' 모티프가 나타난다. 따라서 시편 44편의 묘사(잠자는 야훼)는 시편 121편의 묘사(졸지도 주무시지도 않는 야훼)와 모순된 것처럼 보일 수 있다. 하지만 언급했다시피 '잠자는 신' 모티프는 문맥에 따라 신의 무력함 혹은 신의 절대적 주권을 나타낸다. 시편 44편의 문맥을 살필 경우 '잠자는 야훼' 모티프는 야훼의 절대적 주권을 의미하는 장치로 쓰였음을 알 수 있다. 이 부분에 대해서는 Bernard F. Batto, *In the Beginning: Essays on Creation Motifs in the Ancient Near East and the Bible*

고백처럼 야훼 하나님의 존재성과 주권성은 천상계와 지하계, 그리고 그 사이에 있는 천하계에 밤낮을 가리지 않고 모두 미친다. 요컨대 우주 그 어디에도 야훼의 존재와 능력이 미치지 못하는 장소는 없다. 야훼 하나님은 고대 근동의 세계 속에서도 전지전능하시고 무소부재하신 초월적인 신이시다.

야훼의 창조성

이번에는 야훼 하나님의 또 다른 속성을 노래하는 시편 기자의 고백을 살펴보자.

> [13] 당신께서 내 장기를 창조하시고, 내 모태에서 나를 짜 맞추셨습니다. [14] 내가 이렇게 빚어진 것이 오묘하고 당신께서 하신 일이 놀라워, 이 모든 일로 내가 당신께 감사를 드립니다. 내 영혼은 이 사실을 너무도 잘 압니다. [15] 은밀한 곳에서 나를 지으셨고, 땅 속 깊은 곳 같은 저 모태에서 나를 조립하셨으니 내 뼈 하나하나도, 당신 앞에서는 숨길 수 없습니다. [16] 나의 형질이 갖추어지기도 전부터, 당신께서는 나를 보고 계셨으며, 나에게 정하여진 날들이 아직 시작되기도 전에 이미 당신의 책에 다 기록되었습니다. (시 139:13-16, 『새번역』)

본문이 소개하는 하나님은 사람이 탄생하기 전에 "모태"에서 사람을 만드는 창조자이시다. 야훼께서 사람의 "장기를 창조"하시고,

---

(Siphrut 9; Winona Lake, IN: Eisenbrauns, 2013), 139-57을 보라.

형체를 "짜 맞추"시며, 여러 부분을 "조립"하신다. 그리고 이러한 작업을 통해 탄생한 사람은 토기장이에 의해 "빚어진" 토기로 유비된다. 많은 학자들이 인지하듯, 본문에 묘사된 인간 창조는 고대 이집트의 인간 창조 개념과 놀랍도록 유사하다. 그러므로 본문을 이집트 신화와 비교해 보는 작업은 의미가 있다.

이집트 신화에 따르면 사람은 탄생 전에 여러 명의 신들에 의해 차례대로 형질이 갖춰진다. 예컨대, 창조의 신 아문(*Amun*)은 착상의 영역을 주관했다. 토기장이 신 크눔(*Khnum*)은 형체를 생성하는 영역을 관장했고, 다산의 여신 하토르(*Hathor*)는 생기를 주입하는 영역을 관리했다. 끝으로 여러 탄생의 신들이 해산의 영역을 다스렸다.[68] 하지만 구약성경은 야훼 하나님께서 이 모든 작업들을 홀로 감당하신다고 계시한다(시 2:7; 22:9; 71:6; 139:13, 16).

시편 본문을 다른 지역에서 발견되는 인간 창조 개념과 비교해도 다신론과 대척점에 있음을 알 수 있다. 아카드 신화 「아트라하시스」(*Atra-ḫasīs*)[69]를 보면 인간 창조에 여러 명의 신들이 직/간접적으로 개입함을 알 수 있다. 우선 인간을 만들기 위해 죽은 신의 시체가 필요했다. 그리고 지혜의 신 엔키(*Enki*)가 정화한 순결한 물과 진흙이 필요했다. 끝으로 준비된 재료들을 사용해 인간을 빚을 어머니

---

68 Othmar Keel, *The Symbolism of the Biblical World: Ancient Near Eastern Iconography and the Book of Psalms* (Trans. T. J. Hallett; Winona Lake, IN: Eisenbrauns, 1997), 248-49.

69 Pritchard (ed.), *Ancient Near Eastern Texts Relating to the Old Testament*, 99-100.

여신 마미(*Mami*)가 필요했다. 이처럼 적어도 세 명의 신들(살과 피를 제공한 죽은 신, 물과 진흙을 제공한 신, 질료를 빚은 여신)이 창조 작업에 개입했다. 이는 한 명의 신이 인간을 창조할 수 없다는 고대 근동의 전형적인 신관을 반영한다.

[삽화 10] 지혜의 신 엔키 (오른쪽; 원통 인장)[70]

우리에게 잘 알려진 바벨론 신화 「에누마 엘리쉬」(*Enūma Eliš*)도 마찬가지이다. 이 이야기에 따르면 지혜의 신 에아(*Ea*)가 반역의 신 킹구(*Kingu*)의 피를 재료로 삼아 인간을 창조했다(*VI* 31-33). 여기에도 두 명의 신들(피를 제공한 신과 피를 사용해 인간을 만든 신)이 인간 창조에 직/

---

70   ⓒ스테판 D. 뷸리. HGGANE, 93.

간접적으로 개입했음을 알 수 있다. 「바벨론 신정론」(*The Babylonian Theodicy*)에도 나루(*Narru*; 엔릴[*Enlil*] 신의 이름)와 주룸마(*Zulummar*; 에아 신의 이름), 그리고 마미 여신이 함께 인간을 창조했다고 나온다.[71] 이처럼 고대 근동의 여러 자료들은 인간 창조를 여러 신들의 합작품으로 묘사한다.

[삽화 11] 메소포타미아의 어머니 여신 (가운데; 명판)[72]

---

71   Pritchard (ed.), *Ancient Near Eastern Texts Relating to the Old Testament*, 604.
72   ©스테판 D. 뷸리. HGGANE, 58.

하지만 구약성경은 오직 야훼 하나님 홀로 인간을 창조하셨다고 계시한다. 고대 근동의 다신관을 고려할 때, 한 명의 신이 인간 창조에 필요한 모든 영역을 홀로 감당한다는 개념은 가히 충격적이다. 시편 본문도 이런 맥락 속에서 이해될 수 있다. 다윗이 고백하는 야훼 하나님은 우리의 장기를 창조하시고, 우리의 형질을 짜 맞추시고 조립하시며, 토기장이가 그릇을 만들듯이, 우리의 존재를 만드시는 유일무이한 창조자이시다.

야훼의 주권성

이번에는 야훼 하나님의 주권성을 노래하는 시편 기자의 고백을 들어보자. 시편 139편 16절에는 "나에게 정하여진 날들이 아직 시작되기도 전에 이미 당신(야훼)의 책에 다 기록되었습니다"라는 고백이 담겨 있다. 여기서 "야훼의 책"은 무엇을 뜻할까? 이 "책"(ספר)이 무엇을 의미하는지 정확히 특정할 수는 없다. 고대 근동 사람들은 신들이 소유하고 있는 "책"들이 여러 종류라고 믿었기 때문이다. 예컨대, 개인의 운명을 기록한 석판, 생명의 길이를 기록한 석판, 선행을 기록한 석판, 악행을 기록한 석판, 산 자들의 이름을 기록한 석판은 물론 나라의 운명을 기록한 석판도 있었다.[73] 하지만 시편 139편에 흐르는 전반적인 분위기가 다윗 개인에 대한 내용—특히 그의

---

73 Shalom M. Paul, *Divrei Shalom: Collected Studies of Shalom M. Paul on the Bible and the Ancient Near East, 1967–2005* (CHANE 23; Leiden: Brill, 2005), 60–61. 출 32:32-33; 시 40:7; 56:8; 69:28; 사 4:3; 34:16-17; 렘 17:13; 22:30; 단 12:1; 말 3:16도 살펴보라.

탄생을 언급하는 내용—이라는 점으로 미루어 보아 개인의 운명이나 생명의 길이를 기록한 석판(운명/명줄의 석판)으로 볼 수 있을 것 같다. 이렇게 이해할 경우, 우리는 이 시편 본문에 사용된 "야훼의 책"이 야훼의 어떤 초월성을 계시하는지 알 수 있다.

첫째, 고대 근동 사람들은 운명/명줄의 석판은 석판의 소유자에게 주권을 부여한다고 믿었다. 「아카디안 안주 이야기」(The Akkadian Anzû Story)[74]에 따르면 운명의 석판은 만신전의 최고신 엔릴이 소유하고 있었다. 그러나 엔릴이 몸을 씻는 동안 혼돈의 괴물 안주(Anzû)가 석판을 훔쳐 달아났다. 그 시로부터 안주에게 놀라운 힘이 나타났다. 다른 신들을 명령할 수 있는 주권이 생긴 게 아닌가? 안주가 석판을 소유했다는 이유만으로 능력이 생겼다는 점은 유의미하다. 이는 석판 자체에 능력이 내재되어 있고, 그 능력은 소유자에게 큰 영향을 끼친다는 의미를 나타내기 때문이다. 물론 구약성경에는 야훼 하나님의 주권이 운명/명줄의 석판에서 나온다고 말하지 않는다. 야훼의 주권은 야훼로부터 나온다. 이 세상의 그 무엇도 야훼 하나님께 주권을 더하거나 빼지 못한다. 그럼에도 불구하고 시편 본문에 운명/명줄의 석판이 등장하는 이유는 야훼 하나님께 압도적인 주권이 속해 있음을 고대 근동의 언어로 나타내기 위함이다.

---

74 William W. Hallo and K. Lawson Younger Jr., *Context of Scripture, Volume Three: Archival Documents from the Biblical World* (Leiden: Brill, 2002), 327-35을 보라.

[삽화 12] 혼돈의 괴물, 안주 (명판)[75]

　둘째, 고대 근동 사람들은 인간을 창조한 신과 인간의 운명/명줄을 주관하는 신이 서로 다르다고 믿었다. 하나의 예를 들어보자. 앞서 살펴봤듯이, 바벨론 만신전에서 킹구 신의 피로 인간을 창조한 신은 에아였다. 따라서 에아가 인간의 운명/명줄을 주관할 것으로 의레껏 짐작할 수 있다. 하지만 우리의 예상은 빗나간다. 인간의 운명/명줄은 문자의 신 나부(*Nabû*)가 주관하기 때문이다. 이를 고려하며 시편 139:13-16을 보면 놀라운 점을 발견하게 된다. 시편 기자의 고백에 따르면 야훼 하나님께서 인간을 창조하셨을 뿐만 아니라 인간의 운명/명줄도 주관하신다. 여기에서 우리는 다윗의 신관이 고대 근동의 전형적인 다신론과 얼마나 큰 차이를 보이는지 알 수

___

75　ⓒ스테판 D. 뷸리. HGGANE, 26.

있다. 야훼께서는 인간을 창조만 하신 후 방치해 두는 분이 아니시다. 혹은 창조 후에 인간을 다른 신에게 맡기는 분도 아니시다. 야훼께서는 인간을 당신의 형상으로 만드시는 창조자이시고 또한 만들어진 그 형상의 삶을 이끄시는 주권자이시다.

다윗의 놀라운 고백

이제 다윗의 고백을 정리할 시간이다. 구약성경의 총체적 증언에 따르면 다윗은 단 한 번도 야훼를 떠나 다른 신들에게 절하거나 그들을 섬기지 않았다.[76] 다윗은 오직 야훼만 바라보며 그분께 의지했다. 물론 그도 실수와 실패로 얼룩진 연약한 인간이었다. 하지만 그는 파란만장한 삶 속에서 칠전팔기하며 오직 야훼 하나님만 바라보았다. 수많은 적군들이 위협할 때도 전쟁의 신에게 기도하지 않고 야훼께 기도했다. 가족이 죽었을 때도 지하의 신에게 기도하지 않고 야훼께 기도했다. 음식과 물이 필요할 때도 다산의 신에게 기도하지 않고 야훼께 기도했다. 그가 이처럼 행동할 수 있었던 저변에는 야훼를 전지전능하고 무소부재한 초월자로 바라봤던 신앙이 있었기 때문이다.

오직-야훼-신앙은 다윗을 죄 없는 완벽한 인간으로 만들지는 않았다. 그러나 그가 넘어졌을 때, 누구의 손을 붙잡아야 하는지를 가

---

76 Geoffrey W. Grogan, *Prayer, Praise and Prophecy: A Theology of the Psalms* (Ross-shire, Great Britain: Christian Focus, 2001), 97; Paul R. House, *Old Testament theology* (Downers Grove, IL: InterVarsity, 1998), 245; Long, 1 & 2 Kings, 65.

르쳐 주었다. 그가 어긋났을 때, 누구에게 돌아가야 하는지를 가르쳐 주었다. 그가 어둠 속에 빠졌을 때, 누가 빛의 근원인지를 가르쳐 주었다. 다윗은 세상 앞에서 일곱 번 넘어졌지만, 그의 속에 자리하고 있던 오직-야훼-신앙은 그가 여덟 번 일어날 수 있도록 힘을 주었다. 그렇게, 다윗은 점점 하나님의 "마음에 맞는 사람"으로 거듭났다(삼상 13:14, 『새번역』).

정리하기

퍼즐 조각 맞추기

우리는 제3장을 통해 당신을 전지전능하고 무소부재한 초월자로 드러내시는 야훼 하나님을 만났다. 이를 위해 분석했던 성경 본문들(출 20장, 신 28장, 왕상 17장, 왕하 1장, 왕하 5장, 시 139편)을 퍼즐 조각들에 비유한다면, 각각의 조각들은 야훼 하나님의 모습을 부분적으로 담고 있다고 볼 수 있다. 이 모든 조각들에 담겨 있던 내용을 간략히 요약하자면 다음과 같다.

- 신상 없이 인간계에 존재하실 수 있는 야훼 하나님
- 축복과 저주의 영역을 다스리시는 야훼 하나님
- 치료의 영역을 다스리시는 야훼 하나님
- 생명과 죽음의 영역을 다스리시는 야훼 하나님
- 존재의 안팎을 모두 아시는 야훼 하나님
- 모든 영역(하늘, 스올, 동쪽, 서쪽, 낮, 밤)에 계시는 야훼 하나님
- 홀로 창조하시는 야훼 하나님
- 창조하신 존재들을 다스리시는 야훼 하나님
- 절대적인 주권을 소유하신 야훼 하나님

하나의 퍼즐 조각 안에 야훼 하나님의 모든 초월성이 담겨 있지

는 않다. 그러나 이 조각들을 하나씩 맞춰 나가다 보면, 퍼즐이 총체적으로 보여주는 야훼 하나님께 전지전능하고 무소부재한 초월성이 있다는 점을 발견하게 된다.

초월자 야훼 하나님

고대 근동의 그 어떤 신도 삼라만상의 모든 영역을 홀로 다스리지 못했다. 한 개 이상의 영역을 주관했던 신들은 많았으나 야훼처럼 모든 영역에서 전방위적으로 주권을 행사할 수 있는 신은 없었다. 태양신 라도, 풍우신 바알도, 하늘신 아누도, 그리고 후대에 승격한 다른 이방신들(마르둑, 아후라 마즈다)도 야훼와 같지 않았다. 야훼는 모든 영역을 가득 채우실 뿐만 아니라 그곳에서 주권을 행사하실 수 있는 신들의 신이셨다. 그리고 이방신들이 결코 도달할 수 없었던 영역까지 주관하시는, 전혀 다른 차원의 신이셨다. 이와 같은 야훼 하나님의 초월성은 언약 백성이 모든 이방신들을 버리고 오직 야훼 하나님만 섬겨야 하는 이유가 되었다.

다음 장으로

제3장 「언약 백성의 세상」에서는 구약성경에 묘사된 언약 백성의 신관에 초점을 맞추어 야훼 하나님의 초월성을 살펴보았다. 우리가 함께 살펴본 바에 따르면, 야훼 하나님께서는 퍼즐 조각식 계시를 통해 당신의 초월성을 나타내셨다. 그리고 야훼 하나님의 언약 백성도 이에 발맞추어 오직-야훼-신앙을 향해 점점 나아갔다. 비

록 여전히 좌충우돌하고 갈팡질팡하는 자들도 있었지만, 그들을 날개 아래 품으시고 인내하시는 야훼 하나님의 도우심으로 인해 오직-야훼-신앙은 다음 세대로, 또 다음 세대로 흘러갔다.

제4장 「이방신들이 죽은 세상」에서는 성경의 저자들이 오직-야훼-신앙을 더 확실히 보존하고 지키기 위해 사용했던 문학적 장치들을 알아보고자 한다. 언약 백성이 살았던 고대 근동 지역은 신들의 세상이었음을 잊지 말자. 이는 언약 백성이 언제라도 오직-야훼-신앙에서 눈을 돌려 '신들은 많으면 많을수록 좋다'라는 다다익선의 신앙을 바라볼 수 있었음을 의미했다. 성경의 저자들은 이런 유혹으로부터 언약 공동체를 지키기 위해 다방면으로 노력했다. 제4장은 그들의 숭고한 노력을 살펴본다.

제4장

이방신들이 죽은 세상

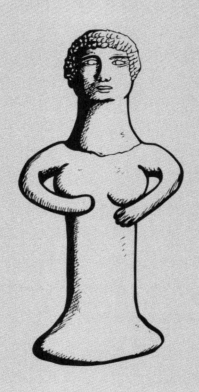

제4장 이방신들이 죽은 세상

"오직-야훼-신앙은 야훼께서 전지전능하고 무소부재한 초월자라는 믿음에 기인한다. 이 믿음은 상황에 따라 대체할 수 있는 일개의 슬로건이 아니었다. 대신 언약 백성을 정의하고 규정하는 정체성이었다. 이 정체성이 무너지는 순간 언약 공동체의 존재 이유도 무너진다. 따라서 오직-야훼-신앙은 언약 백성이 모든 것을 걸고서라도 지켜야 할 최고의 가치였다. 이를 누구보다도 잘 알았던 성경 저자들은 야훼 하나님을 철저히 높이는 작업과 더불어 이방신들을 적극적으로 낮추는 작업을 병행함으로써, 언약 백성의 정체성을 흔들 수 있는 모든 가능성을 원천적으로 봉쇄하려 했다. 구약성경이 야훼 하나님을 '모든 신들 위에 계신 신들의 신'으로만 아니라 또한 '예배받기에 합당하신 유일한 신'으로 계시하는 이유가 바로 이 때문이다."

이방신들 죽이기

언약 백성과 다신론

야훼의 언약 백성은 종교와 문화의 진공 상태에서 살지 않았다. 그들은 무역, 전쟁, 결혼 등을 통해 주변의 다신론 국가들과 끊임없이 접촉하며 살았다. 매사가 종교적이었던 고대 근동 시대, 언약 백성은 이방국과의 접촉을 통해 다신론의 영향을 직/간접적으로, 그리고 무/의식적으로 받았다. 이와 같은 현상은 언약 공동체 안에 심각한 문제를 일으켰다. 오직-야훼-신앙을 버리고 이방신들을 향해 떠나는 자들이 생겨났기 때문이다.

모든 언약 백성이 시편 139편을 노래한 다윗처럼 "일편단심 민들레"의 마음으로 야훼 하나님을 따랐다고 봐서는 안 된다. 마치 한 교회를 구성하는 성도들 사이에도 믿음의 차이가 있는 것처럼—그리고 심지어는 불신자도 있는 것처럼—언약 공동체 안에는 야훼를 온전히 믿는 사람들, 부분적으로 믿는 사람들, 그리고 믿지 않는 사람들이 모두 존재했다. 이방국과의 접촉은 다신론적 요소들이 언약 공동체 안으로 들어오도록 했고, 공동체 안에 존재했던 신앙의 차이를 더욱 가속화했다.

성경 저자들의 사명

성경 저자들은 야훼 하나님을 향한 올곧은 신앙을 보존하고 전하기 위해 여러 가지 방법을 사용했다. 가장 대표적인 방법은 야훼의 초월성을 부각하는 일이었다. 제3장에서 살펴봤듯이, 구약성경은 이스라엘의 하나님만이 전지전능하고 무소부재한 신이라고 논증한다. 이 논증에 따르면 야훼는 모든 신들보다 모든 면에서 뛰어난 신들의 신이다. 따라서 야훼를 섬기는 자들은 다른 신들을 섬길 필요가 없어진다. 이처럼 성경의 저자들이 강조한 야훼의 초월성은 오직-야훼-신앙의 당위성을 구축했다.

하지만 그들은 여기에서 멈추지 않았다. 한 걸음 더 나아가 이방신들의 한계성을 노골적으로 드러냄으로써, 그 이방신들이 예배를 받을 가치가 없는 신들임을 논증했다. 제4장에서 더욱 구체적으로 살펴보겠지만, 성경 저자들은 야훼 앞에서 무력한 이방신들을 조롱하고 비웃었을 뿐만 아니라 그 신들의 신성을 강등시키거나 지우기도 했다. 그 결과 오직-야훼-신앙이 언약 공동체 안에 깊이 뿌리내릴 수 있었다.

언약 백성의 정체성

성경 저자들이 이렇게까지 다신론에 맞대응했던 이유를 이해하는 일은 매우 중요하다. 오직-야훼-신앙은 야훼께서 전지전능하고 무소부재한 초월자라는 믿음에 기인한다. 이 믿음은 상황에 따라 대체할 수 있는 일개의 슬로건이 아니었다. 대신 언약 백성을 정의하고 규정하는 정체성이었다. 이 정체성이 무너지는 순간 언약 공동체의 존재 이유도 무너진다. 따라서 오직-야훼-신앙은 언약 백성이 모든 것을 걸고서라도 지켜야 할 최고의 가치였다. 이를 누구보다도 잘 알았던 성경 저자들은 야훼 하나님을 철저히 높이는 작업과 더불어 이방신들을 적극적으로 낮추는 작업을 병행함으로써 언약 백성의 정체성을 흔들 수 있는 모든 가능성을 원천적으로 봉쇄하려 했다. 구약성경이 야훼 하나님을 '모든 신들 위에 계신 신들의 신'으로만 아니라 또한 '예배받기에 합당하신 유일한 신'으로 계시하는 이유가 바로 이 때문이다.

이제 우리는 이방신들을 문학적으로 죽이는 구약성경의 본문들을 접할 예정이다. 이를 통해 야훼 하나님을 사랑했던 성경 저자들의 숭고한 노력이 우리의 가슴에 닿기를 소망한다. 그리고 오직-야훼-신앙을 보존하고 전하기 위해 흘렸던 그들의 땀방울과 핏방울이 우리에게 느껴지기를 바란다. 무엇보다 그들의 노력을 사용해 당신의 계시를 전달하신 야훼 하나님의 초월성이 우리를 감동하게 만들기를 바란다.

태양신과 달신 죽이기

결정사의 기능

우리는 제1장에서 결정사의 기능에 대해서 알아봤다. 고대 근동 사람들은 결정사를 통해 신과 자연을 구별했다. 예컨대 이집트어 라(Ra)에 신(神)-결정사가 붙어 있으면 태양신을 의미한다. 만약 결정사가 붙어 있지 않으면, 라는 불타는 구를 의미한다.[1] 하지만 이와는 다른 목적을 위해서 신(神)-결정사를 사용하기도 했다. 예컨대, 자연과 신의 구별이 전혀 필요 없는 경우, 즉 태양신 호루스(*Horus*)와 같이 신명이 명시된 경우에도 결정사를 붙일 수 있었다. 이때 사용된 결정사의 기능은 구별이 아니라 존중이었다. 이처럼 신(神)-결정사는 신과 자연을 구별할 때, 그리고 신명을 존중할 때 사용되었다.

문학적으로 신 죽이기

고대 근동의 저자들은 이와 같은 결정사의 기능을 잘 알고 있었다. 그래서 특정 신에 대한 개인의 감정을 결정사를 통해 표출할 수 있었다. 하나의 상황을 가정해 보자. 이집트와 전쟁 중인 나라가 있다. 그 나라의 서기관이 문서를 작성하던 중 본국의 신 아누와 적국의 신 라를 언급해야 하는 상황에 처했다. 이때 그는 아누에 신(神)-결정사를 붙이고, 라에 결정사를 생략할 수 있었다.[2] 둘 다 신이지만 한 명은 결정사와 함께, 다른 한 명은 결정사가 없이 동일한 문서에

---

1   신명에 항상 결정사를 붙여야 한다는 규칙은 없었다. 고대인들은 여러 가지 이유로 결정사를 생략하기도 했다. 하지만 고대 근동의 보편적인 문화는 신과 자연을 구별하는 장치로 결정사를 사용하는 것이었다.

2   Albert T. Clay, *Amurru: The Home of the Northern Semites* (Eugene: OR: Wipf and Stock, 2014), 80-81; Eva Anagnostou-Laoutides, "Flexing Mythologies in Babylon and Antiocho-on-the-Orontes: Divine Champions and their Aquatic Enemies under the Early Seleukids," in *Culture and Ideology under the Seleukids: Unframing a Dynasty* (Berlin: De Gruyter, 2022), 231n.30을 참고하라.

기록되는 셈이다. 이럴 경우 결정사 없이 기록된 신(라)은 결정사가 붙어 있는 신(아누)과 문헌 속에서 비교를 당하며 탈신(脫神)된다.

물론 그렇다고 해서 이집트의 라가 문자적으로 죽는다는 의미는 아니다. 문서를 작성했던 서기관도 라가 죽었다고 생각하지 않았다. 하지만 그럼에도 불구하고 한 가지 분명한 사실이 있다. 적어도 서기관이 작성한 문헌의 세계에서만큼은 라는 신성을 적출(摘出)당한 채 탈신되고, 아누는 신성을 유지한 채 높임을 받는다는 점이다.[3]

언약 백성

그렇다면 성경 저자들도 신(神)-결정사의 기능을 활용했을까? 고대 근동의 구성원들이었던 그들도 결정사의 기능을 잘 알았을 것이다. 하지만 안타깝게도 구약성경에는 결정사를 활용한 탈신 작업이 나타나지 않는다. 왜냐하면 히브리어와 아람어에는 자연과 신을 구별하거나 신명을 존중하기 위해 사용하는 신(神)-결정사가 없기 때

---

3 고대 이집트의 자료인 「망자의 서」를 보면, 태양신 라에는 결정사가 붙어 있는 반면 혼돈의 신 세트에는 결정사가 생략된 경우가 자주 나타난다. 저자는 의도적으로 결정사를 생략한 채 세트의 이름을 기록함으로써 혼돈의 신에 대한 본인의 악감정을 드러냈다. 그 결과 세트는 신성을 적출당한 채 문헌 속에 기록되었고 신들의 무리에서 자연스럽게 탈신되었다. 저자가 혼돈의 신을 문학적으로 죽인 셈이었다. Michael B. Hundley, *Yahweh among the Gods: The Divine in Genesis, Exodus, and the Ancient Near East* (Cambridge, United Kingdom: Cambridge University, 2022), 101-102을 보라.

문이다.[4] 이런 사실은 구약성경에 등장하는 여러 가지 단어들—태양, 달, 혼돈, 공허, 어둠, 깊음, 죽음, 물, 불 등—이 문맥에 따라 신들을 의미할 수 있다는 가능성을 제시한다.

우리가 이러한 점을 고려하면서 성경을 읽다 보면 독특한 본문들을 만나게 된다. 태양과 달을 인격체로 취급하는 본문이 대표적인 예이다. 혹시 여기에 등장하는 태양과 달은 각각 이방국의 태양신과 달신을 의미하는 것일까? 다수의 주석가들은 이 질문에 단순히 "의인법"이라는 답을 제시한다. 그러나 이런 태도는 고대 근동의 신관을 전혀 고려하지 않는 접근이다. 우리는 히브리어와 아람어에 신(神)-결정사가 없다는 점을 기억해야 한다. 이는 인격체로 묘사된 태양과 달은 문맥에 따라 태양신과 달신으로 해석될 수 있음을 의미한다.

그렇다면 성경 저자들은 어떤 방식으로 이방신들을 탈신했을까? 이제 곧 살펴보겠지만 성경에 인격체로 묘사된 태양과 달은 문맥 속에서 어김없이 야훼의 능력 아래 종속된다. 그런데 종속되는 정도가 절대적이어서 인격체로 소개되었던 태양과 달은 문맥 속에서 즉시 비인격체로 강등된다. 이로 미루어 보아, 신(神)-결정사의 기능을 사용할 수 없었던 성경 저자들은 다른 방법—이방신들을 야훼의 권력 아래 완전히 종속시키는 방법—을 통해 이방신들을 탈신했다고 볼 수 있다. 지금부터 몇 가지 예를 살펴보자.

---

4   Hundley, *Yahweh among the Gods*, 254, 295n.207을 보라.

태양과 달아 멈추어라!

여호수아 10장에는 태양과 달을 멈추는 여호수아가 등장한다.

> [12] 야훼께서 아모리 사람들을 이스라엘 자손에게 넘겨 주신 날에, 여
> 호수아가 야훼께 아뢰었다. 이스라엘 백성이 보는 앞에서 그가 외쳤
> 다. "태양아, 기브온 위에 머물러라! 달아, 아얄론 골짜기에 머물러
> 라!" [13] 백성이 그 원수를 정복할 때까지 태양이 멈추고, 달이 멈추어
> 섰다. (수 10:12-13, 『새번역』)

본문에 등장하는 태양과 달은 여호수아의 명령을 들을 수 있는
인격적 존재로 묘사된다. 이와 같은 이유로 다수의 현대인들은 본
문이 "의인법"을 사용했다고 본다. 물론 구약성경에는 문맥에 따라
의인법이 사용된 부분이 있다. 하지만 본문이 태양과 달을 인격체
로 묘사했다는 이유만으로 본문에 의인법이 사용되었다고 봐서는
안 된다.

앞서 언급했듯이, 구약성경에 신(神)-결정사가 쓰일 수 없었다는
점은 본문에 등장하는 태양과 달을 각각 태양을 주관하는 (혹은 태양으
로 상징된) 이방신과, 달을 주관하는 (혹은 달로 상징된) 이방신으로 볼 수
있는 가능성을 제기한다. 이와 같은 독법에 따르면 여호수아는 적
군의 신들인 태양신과 달신의 능력을 야훼 하나님의 능력을 빌려
무력화했다고 볼 수 있다.

[삽화 13] 달신 (돌 표면에 새긴 이미지)[5]

　　토마스 뢰머(Thomas Römer)는 본문의 기록 연대를 언제로 측정하는지에 따라 "태양신과 달신에 대한 야훼 하나님의 우월성을 주장하는" 해석과, "야훼 하나님과 지역신들과의 경쟁"을 보여주는 해석이 가능해진다고 말했다.[6] 울프강 오스왈드(Wolfgang Oswald)도 비슷한 맥락 속에서 본문을 해석했다. "여호수아는 태양과 달―더 자세

5　　©스테판 D. 뷸리. HGGANE, 226.

6　　Thomas Römer, *The Invention of God* (Cambridge, MA: Harvard University, 2015), 127. Ernst Axel Knauf, *Josua* (ZB 6; Zürich: Theologischer, 2008), 98-100을 참고하라.

히 말하자면 태양신과 달신—을 불렀다. 그리고 그들에게 멈출 것을 요구했다."[7] 고대 근동의 세계관으로 볼 때, 뢰머와 오스왈드의 해석은 충분히 설득력이 있다.

이제 우리는 본문의 저자가 어떤 방식으로 이방신들을 탈신했는지 알 수 있다. 저자는 태양(신)과 달(신)을 야훼 하나님의 권위 아래 완전히 종속시킴으로써 그(것)들을 무력화했다. 그 결과 본문 속에 등장하는 태양과 달은 언약 백성에 의해 예배를 받을 가치가 없는 존재들로 강등되었다. 이 본문을 접한 언약 백성은 다음과 같은 저자의 음성을 들을 수 있었을 것이다.

> 야훼 앞에서 모든 능력을 상실하는 타국의 태양신을 섬길 가치가 있느냐? 야훼 앞에서 힘을 전혀 쓸 수 없는 타국의 달신을 숭배할 가치가 있느냐? 오직 야훼 하나님만이 우리의 예배를 받기에 합당하신 초월자이시다!

태양과 달로부터 지켜주소서!

시편 121편에 등장하는 "낮의 해"와 "밤의 달"도 이방신을 의미한다고 볼 수 있다.

---

7   Wolfgang Oswald, "Battle Descriptions in the Hebrew Bible: An Overview with Special Attention to the Book of Joshua," in *Battle Descriptions as Literary Texts: A comparative approach* (ed. J. Luggin and S. Fink; Wiesbaden: Springer, 2020), 61-80(75).

⁵ 야훼는 너를 지켜 주시는 분이시니 야훼께서 네 오른손의 그늘이 되신다. ⁶ 낮의 해도, 밤의 달도 너를 해치지 못하리라. ⁷ 야훼께서 모든 해악에서 너를 지켜 주시며 네 영혼을 지켜 주시리라. (시 121:5-7, 『우리말성경』)

본문에 등장하는 해와 달도 사람을 해할 수 있는 능력이 있는 인격체로 묘사되고 있다. 역시 이를 근거로 본문에 "의인법"이 사용되었다고 보는 학자들이 있다. 하지만 고대 근동의 신관과 신(神)-결정사의 부재는 "낮의 해"와 "밤의 달"을 각각 해를 주관하는 (혹은 해로 상징된) 이방신과, 달을 주관하는 (혹은 달로 상징된) 이방신으로 해석할 수 있는 가능성을 제공한다. 예컨대 제리 황(Jerry Hwang)은 본문에 사용된 해와 달의 히브리어가 각각 "아카드의 태양신 샤마쉬와 우가릿의 달신 야리크의 이름과 동족어"라는 점을 근거로 본문을 신들의 전쟁이라는 틀 속에서 봐야 한다고 주장한다.⁸

본문을 이런 관점으로 볼 경우, 우리는 시편 저자가 어떤 방식으로 태양신과 달신을 탈신했는지 알 수 있다. 여호수아 10장과 마찬가지로, 태양(신)과 달(신)을 야훼 하나님의 권위 아래 완전히 종속시킴으로써 이방신들이 전혀 예배를 받을 가치가 없다는 점을 논증한 것이다. 이 독법에 따르면 야훼 하나님은 이방의 태양신과 달신의

---

8   Jerry Hwang, *Contextualization and the Old Testament: Between Asian and Western Perspectives* (LS 1; Cumbria, UK: Langham Global Library, 2022), 82.

공격으로부터 당신의 백성을 전방위적으로 지키실 수 있다. 태양신과 달신은 그 어떤 경우에도 야훼의 보호하심을 무력화할 수 없다. 야훼는 낮에도 강하시고 밤에도 강하신 초월자이시다. 그러므로 야훼의 장중에 붙들린 자들의 영혼은 늘 안전하다.

오그도아드 죽이기

창조신화

고대 근동의 구성원이었던 언약 백성은 주변국의 창조 신화를 알았다. 이방의 창조 신화는 언약 공동체의 오직-야훼-신앙을 위협하는 요소로 작용했는데, 가장 대표적인 예가 이집트의 신화였다. 출애굽 했던 히브리 민족은 그들에게 큰 영향을 끼쳤던 이집트 신화를 배격해야 했고, 통일 왕국 시대의 이스라엘 민족도 여러 가지 경로를 통해 유입되는 이집트 신화에 대응해야 했다. 분열 왕국 시대와 바벨론 포로기, 그리고 포로기에서 돌아온 언약 백성도 주변에 산재해 있던 이집트 신화와 맞서 싸워야 했다.[9] 이집트 신화는 언약 백성이 형성되는 첫 순간부터 후대에 이르기까지 그들의 오직-야훼-신앙을 꾸준히 위협하는 암초였다.

---

9   이집트 신화가 언약 백성에게 유입된 경로에 대한 제안은 Sanghwan Lee, "The Journey through the Netherworld and the Death of the Sun God: A Novel Reading of Exodus 7-15 in Light of the Book of Gates," *Religions* 14.3.343 (2023): 19-21(1-30)을 보라.

하지만 성경의 저자들은 뒤로 물러나지 않았다. 그들은 이방국의 신화에 대담하게 맞서 싸웠고 신화 속의 신들을 탈신하기 위해 최선을 다했다. 창세기 1장은 이와 같은 저자들의 노고를 고스란히 담고 있는 결정체이다.

창세기의 천지창조

창세기 1장에는 창조가 시작될 때의 상태가 다음과 같이 묘사되어 있다.

> [1] 태초에 하나님이 천지를 창조하셨다. [2] 땅이 혼돈하고 공허하며, 어둠이 깊음 위에 있고, 하나님의 영은 물 위를 움직이고 계셨다. [3] 하나님이 말씀하시기를 "빛이 생겨라" 하시니, 빛이 생겼다. (창 1:1-3, 『새번역』)

본문을 주의 깊게 읽다 보면 많은 질문들이 나온다. 우리는 하나님께서 처음으로 창조하신 것이 빛이라고 배웠다. 하지만 본문은 빛이 생성되기 이전에 여러 가지 요소들이 이미 존재했던 것으로 읽힌다. 특히 1절을 히브리어 문법이 제시하는 경우의 수를 살려 "하나님이 천지를 창조하기 시작하실 때"로 읽는다면 더 많은 질문들이 발생한다.

> [1] 하나님이 천지를 창조하기 시작하실 때, [2] 땅이 혼돈하고 공허하며,

어둠이 깊음 위에 있고, 하나님의 영은 물 위를 움직이고 계셨다. ³하나님이 말씀하시기를 "빛이 생겨라" 하시니, 빛이 생겼다.

"땅과 물은 언제 만들어진 것일까?" "공간 개념은 언제 형성된 것일까?" "명암 개념은 어디에서 온 것일까?" "2절에 있는 창조는 3절의 창조와 다른 창조일까?" 이처럼 많은 질문들이 꼬리에 꼬리를 물고 찾아온다.

수많은 학자들이 위에 언급한 질문들에 다양한 답들을 제시했는데, 특히 최근 이집트 학자들과 구약학자들 사이에 회자되는 논의는 매우 건설적이다. 이들은 창세기 본문과 이집트 신화 사이에 연결성—유사성과 차이성—이 있음을 인지한다. 그리고 창세기 본문에 이집트의 창조 신화를 저격하는 기능이 있다고 제안한다. 아래에서 살펴보겠지만, 이들의 주장은 설득력이 있다. 고대 근동의 문서인 창세기 1장을 고대 근동의 눈으로 이해하려 했을 뿐만 아니라, 위에 던져진 일부 질문들에 적절한 답을 제시하기 때문이다. 우선 이들의 주장을 이해하기 위해서는 이집트 신화에 대한 배경지식이 필요하다.

이집트 신화

이집트의 신화는—사실 거의 모든 고대 근동의 신화들은—정적이지 않고 동적이다. 하나의 이야기로 일목요연하게 정리되어 내려온 것이 아니라 지역마다, 시기마다 서로 다른 형태들로 보존된 신화들이 내려왔다. 그러므로 이집트의 신화를 조직적으로 신학화하는 일은 거의 불가능하다. 그렇다고 해서 신화에 흐르는 커다란 맥을 찾는 일까지 불가능하다는 의미는 아니다. 비록 다른 형태로 보존된 신화들이라 할지라도 그 안에 담겨있는 뼈대는 매우 일관적으로 나타난다.

이를 고려하며 이집트의 신화를 살펴보자. 헤르모폴리스(*Hermopolis*) 신화에 따르면 태고에 오그도아드(*Ogdoad*)로 불리는 여덟 명의 신들이 있었다. 이들은 네 명의 남자 신들(눈, 헥, 켁, 아문)과 네 명의 여자 신들(눈넷, 헤켓, 케켓, 아문넷)로 구성되어 있었는데, 둘씩 부부 관계를 이루고 있었다. 짝을 이룬 이들은 각각 독특한 속성을 드러냈다. 눈과 눈넷은 '물'의 속성을, 헥과 헤켓은 '공간'과 '혼돈'의 속성을, 켁과 케켓은 '어둠'의 속성을, 아문과 아문넷은 '공허'와 '숨겨짐'의 속성을 나타냈다. 헤르모폴리스 신화 속에서 오그도아드는 천지창조의 동력이자 근본으로 움직였다.

놀랍게도 오그도아드의 속성들은 창세기 본문에 등장하는 여러 가지 요소들—물(눈과 눈넷 [물]), 깊음과 혼돈(헥과 헤켓 [공간과 혼돈]), 어둠(켁과 케켓 [어둠]), 공허(아문과 아문넷 [숨겨짐])—과 의미적으로 연결된다. 이를 우연으로 보기에는 무리가 있다. 그래서 일부 학자들은 창세기 본문의 저자가 헤르모폴리스 신화를 알았고, 그래서 창세기 본문을 통해 이집트의 신화에 맞대응했을 가능성을 제시한다.[10] 이 경

---

10   Manfred Lurker, *The Routledge Dictionary of Gods and Goddesses, Devils and Demons* (London: Routledge, 2004), 142; Gordon H. Johnston, "Genesis 1

우에, 창세기의 계시와 이집트의 신화 사이에 나타나는 차이점을 살피는 작업은 매우 유의미해진다. 우리는 그 차이점을 통해 창세기 본문의 저자가 어떤 방식으로 탈신 작업을 수행했는지 알 수 있기 때문이다.

계시와 신화의 차이점

이집트 신화와 창세기의 계시 사이에 나타나는 가장 큰 차이점은 다음과 같다. 전자는 물, 공간, 혼돈, 어둠, 공허를 신들의 속성으로 묘사했던 반면, 후자는 이것들을 모두 비인격적 개념으로 묘사했다는 점이다. 헤르모폴리스 신화가 천지창조의 근원으로 소개했던 오그도아드는 창세기 본문 속에서 모든 인격적 속성을 적출당한 채 등장한다. 이는 창세기가 계시하는 천지창조의 주체는 오그도아드가 아니라는 의미를 수반한다. 그리고 독자들이 다른 신을 찾도록 초대한다. 그렇다면 도대체 누가 천지창조의 주체라는 말인가?

창세기 본문의 첫 문장은 그 주체가 누구인지 명시한다. 바로 엘로힘(אלהים), 곧 이스라엘의 하나님이시다. 엘로힘께서는 정적인 오그도아드의 속성과는 달리 역동적으로 "움직이고 계"시고, 침묵하

---

and Ancient Egyptian Creation Myths," *BibSac* 165 (2008): 178-94; Andreas Schweizer, *The Sungod's Journey through the Netherworld: Reading the Ancient Egyptian Amduat* (Ithaca, NY: Cornell University, 2010), 189; Johnny V. Miller and John M. Soden, *In the Beginning … We Misunderstood: Interpreting Genesis 1 in Its Original Context* (Grand Rapids, MI: Kregel, 2012), 77-112을 참고하라.

는 오그도아드의 속성과는 달리 "말씀"하시는 실존자로 나타나신
다. 인격이 없는 혼돈, 공허, 어둠, 깊음, 물은 천지창조에 전혀 개입
하지 않았다. 아니, 개입할 수 없었다. 천지창조의 동력이자 근본은
오직 한 분, 이스라엘의 하나님이셨다.

신(神)-결정사로 기능한 엘로힘

조금만 더 깊이 본문을 살펴보도록 하자. 본문에 "하나님"으로
번역된 히브리어는 엘로힘이다. 엘로힘은 호루스, 아누, 그모스, 아
문과 같은 고유명사와는 달리 단순히 "신"을 의미하는 보통명사이
다. 따라서 구약성경은 이방신들을 지칭할 때에도 엘로힘을 사용했
다. 이와 같은 이유로 창세기 본문에 사용된 엘로힘에 큰 의미를 부
여하지 않는 신학자들도 적지 않다. 하지만 히브리어에 신(神)-결정
사가 없고 창세기 본문이 이집트의 신화와 유사한 부분이 있음을
고려할 경우, 창세기에 사용된 엘로힘은 매우 유의미한 논쟁적 장
치—이집트의 신들을 탈신하는 장치—로 이해될 수 있다. 이를 고
려하며 본문을 보면 독특한 부분을 발견할 수 있다.

우선 창세기 본문은 오그도아드의 속성으로 볼 수 있는 요소
들—혼돈, 공허, 어둠, 깊음, 물—에 엘로힘을 붙이지 않았다. 그 어
떤 요소들도 엘로힘과 동격 구조로 나타나지 않을 뿐만 아니라 엘
로힘의 속성으로도 묘사되지 않는다. 고대 근동의 관점으로 볼 때,
본문에는 엘로힘으로 지칭될 수 있는 대상이 매우 많았다. 하지만
본문은 오직 한 분에게만 엘로힘이라는 단어를 할당함으로 본문에

등장하는 창조자는 오직 한 분이라는 점을 명시한다. 그분이 누구인가? 바로 이스라엘의 하나님이시다. 이는 창세기 본문의 저자가 엘로힘이라는 장치를 통해 이스라엘의 하나님의 신성은 강조했던 반면, 오그도아드로부터는 모든 영역에서 신성을 적출했다는 의미로 이해될 수 있다. 이 독법에 의하면 본문에 사용된 엘로힘은 이스라엘의 하나님을 높이고 이집트의 신들을 탈신하는 신(神)-결정사로 기능했다고 볼 수 있다.

창조자

이제 우리는 본문의 저자가 어떤 방식으로 오그도아드를 탈신했는지 알 수 있다. 저자는 오그도아드로부터 신의 속성을 적출함으로써 이집트의 창조신들을 죽였다. 그 결과 본문에 등장하는 혼돈, 공허, 어둠, 깊음, 물은 창조자 오그도아드가 아니라 탈신된 오그도아드, 즉 오그도아드의 흔적으로 볼 수 있다. 흔적과 존재는 다르다. 흔적은 존재의 유와 무 사이에서 배회하고 있는 '무엇'일 뿐이다. 존재가 아닌 '무엇'은 창조할 수 없다. 그리고 예배의 대상이 될 수도 없다.

그러므로 이집트 신화를 알고 있었던 언약 백성은 창세기 본문을 통해 다음과 같은 저자의 선포를 들었을지도 모른다.

> 너희는 지금까지 이집트의 오그도아드가 천지를 창조한 동력이자 근본이라고 들었을 것이다. 하지만 천지를 창조하신 신이 누구인지

내가 소개해 주겠다. 그분은 인격이 없는 혼돈, 공허, 어둠, 깊음, 물과는 달리 의지대로 움직이실 수 있고 말씀하실 수 있는 엘로힘, 곧 이스라엘의 하나님이시다. 너희는 오그도아드로부터 눈을 돌려 살아 계신 엘로힘을 보라. 그분은 어둠 가운데 있는 우리에게 참 빛을 주시는 이스라엘의 하나님이시다!

그리고 이 음성은 오늘날 이스라엘의 하나님이 아닌 다른 신들에게 창조자의 위치를 내어주는 자들에게도 울려 퍼지고 있다.

생각해 보기

우리 주변에는 구약성경을 '주변 고대 근동 신화들을 짜깁기한 묶음'으로 보는 사람들이 상당수 존재한다. 다수의 고대 근동 신화들이 구약성경보다 오래되었고, 둘 사이에 무시할 수 없는 유사점이 나타나기 때문이다. 그러나 유사점이 반드시 짜깁기로 귀결된다는 생각은 논리의 비약이다. 구약성경의 저자들은 유사점을 이용해 차이점을 드러내는 방법을 매우 적극적으로 활용하였다. 그렇게 이방신들을 탈신했고 야훼의 독특성을 논증했다. 고대 근동에서 이와 같은 방식이 사용될 경우, 비교의 방점은 유사점이 아니라 차이점에 찍혔다. 저자들은 차이점을 나타내기 위해 유사점을 언급했기 때문이다. 그러므로 성경의 계시와 고대 근동의 신화 사이에 나타나는 뚜렷한 차이점을 고려하지 않은 채 유사점만 강조하며 구약성경을 판단하는 태도는 건전하지도 타당하지도 않다.

기억하자. 하나님께서는 고대 근동 사람들이 이해할 수 있는 언어로 당신을 계시하셨다. 하나님께서 사용하신 언어에는 이방의 신화도 포함되어 있었다. 이는 하나님께서 신화의 내용을 인정하셨기 때문이 아니다. 대신 언약 백성이 신화를 이미 잘 알고 있었을 뿐만 아니라 신화로부터 큰 영향을 받고 있었기 때문이다. 하나님께서는 신화의 언어를 의도적으로 사용하여 신화의 내용을 전복시키셨다. 그리고 유사점 뒤에 차이점을 드러내심으로 당신의 독특성과 특별성을 논증하셨다. 신들의 세상에 살았던 언약 백성에게 그들이 가장 잘 이해할 수 있는 방법으로 당신을 계시하셨던 셈이다.

아세라 죽이기

야훼의 아내, 아세라

구약성경에 등장하는 고대 근동의 여신들 중 가장 많이 언급되고 저격당하는 여신은 아세라이다. 아세라가 언약 백성의 오직-야훼-신앙에 크게 부정적인 영향을 끼쳤기 때문이다. 그렇다면 아세라가 언약 공동체에 끼쳤던 부정적인 영향은 무엇이었을까? 이 질문의 답은 아세라가 야훼 하나님의 아내로 여겨졌다는 데서 찾을수 있다. 고대 근동의 관점으로 볼 때, 야훼에게 아내가 있다는 개념은 야훼의 초월성을 강등시키는 원인으로 작용할 수 있었다. 예컨대, 원수 모투를 상대로 남편 바알을 도왔던 아내 아나트, 원수 세트를 상대로 남편 오시리스를 도왔던 아내 이시스의 이야기는 남편 신에게 초월성이 없다는 전제를 담고 있다. 남편 신에게 원수 신을 홀로 이길 수 있는 능력이 없었기 때문에 아내 신이 개입해야만 했다. 이처럼 야훼에게 아내 아세라를 더하는 행동은 야훼의 초월성에 대한 불신을 조성할 수 있었다.

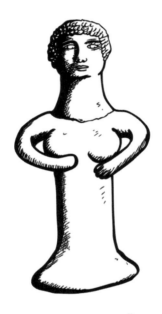

[삽화 14] 아세라 (신상)[11]

아세라를 탈신해야 하는 이유가 몇 가지 더 있었다. 고대인들은 신들이 부부 관계를 통해 자녀를 생산한다고 믿었다. 가족을 형성

---

11 ©스테판 D. 뷸리. HGGANE, 30.

한 신들은 가족 구성원들과 상부상조할 수 있었다. 왜냐하면 각각의 신들이 다른 속성을 지니고 있었기 때문이다. 예컨대, 아버지 신과 어머니 신은 서로 다른 능력을 소유하고 있었다. 둘 사이에 태어난 자녀들도 각각 다른 능력을 소유했다. 이들 사이에 태어난 손자 신들도 역시 다른 능력을 지니고 태어났다. 그래서 문제를 만날 경우 대가족에 속한 신들이 소가족에 속한 신들보다 여러모로 유리했다. 신들의 세계에서도 다다익선의 신앙이 통했던 셈이다.

이처럼 고대인들은 야훼에게 아내가 있다는 개념을 단지 부부관계의 구도 속에서만 이해하지 않았다. 여기에 한 가지를 더해 능력 관계의 구도 속에서도 이해했다. 야훼는 아세라와 함께 있을 때, 그리고 아세라와 자녀를 낳을 때 더 강한 신이 된다고 생각했다는 의미이다. 그러므로 아세라를 탈신하는 일은 성경의 저자들에게 필수적인 업무로 부상했다.

관사와 함께 나타나는 아세라

안타깝게도 아세라가 등장하는 본문들을 연구하는 데 적잖은 어려움이 있다. 고유명사인 아세라 앞에 관사가 붙어 있거나 그렇지 않은 본문들이 있기 때문이다. 히브리어의 일반적인 규칙에 따르면 고유명사 앞에는 관사를 붙이지 않는다. 관사 없이 사용된 아세라가 히브리어의 문법 규칙에 부합한다는 의미이다. 하지만 질 미들마스(Jill Middlemas)의 말에 따르면 "[구약성경에서 아세라]의 이름은 관사와 함께 자주 등장하는데, 이는 거의 전례가 없는 현상이다."[12] 그렇다면 아세라가 관사와 함께 사용된 경우를 어떻게 이해해야 할까?

학자들은 '관사+아세라' 구조에 대한 여러 가지 견해들을 제시한다. 가장 대표적인 해결책은 '관사+아세라' 구조를 '여신과 연결된 종교적 물체'로 보는 것이다. 이렇게 이해할 경우 히브리어 문법도 존중하고, 문맥적으로도 어색하지 않은 해석이 만들어진다.[13] 하지만 이 방법으로 모든 문제를 해결할 수 있는 것은 아니다. 앞에 언급한 방법으로도 해결되지 않는 본문들, 즉 '관사+아세라' 구조가 여전히 아세라 여신으로 해석되는 본문들이 있기 때문이다. 한 가지 예를 들어보자.

열왕기상 15장

아래는 열왕기상 15장 말씀이다.

> [11] 아사는 그의 조상 다윗과 같이 야훼께서 보시기에 정직하게 행하였다. [12] 그는 성전 남창들을 나라 밖으로 몰아내고, 조상이 만든 모든 우상을 없애 버렸다. [13] 그리고 그는, 자기 할머니 마아가가 아세라를 섬기는 혐오스러운 상을 만들었다고 해서, 자기의 할머니를 왕

---

12 Jill Middlemas, *The Troubles of Templeless Judah* (OTM; Oxford: Oxford University, 2005), 88n.45

13 아세라가 사람에 의해 만들어질 수 있고(왕상 14:15), 지어질 수 있으며(왕상 14:23), 세워질 수 있다(왕하 17:10)는 묘사로 미루어 보아 충분히 가능한 해석이다.

대비의 자리에서 물러나게 하였다. 아사는, 할머니가 만든 혐오스러운 상을 토막내어서, 기드론 시냇가에서 불살라 버렸다. [14] 그렇다고 해서 산당이 모두 제거된 것은 아니지만, 야훼를 사모하는 아사의 마음은 평생 한결같았다. [15] 그는 자기의 아버지와 자기가 거룩하게 구별해서 바친 은과 금과 그릇들을, 야훼의 성전에 들여놓았다. (왕상 15:11-15, 『새번역』)

마소라 본문에 보존된 내용을 고려하며 열왕기상 15장 13절을 보면, 아세라 앞에 관사가 붙어 있음을 알 수 있다. 학자들이 지적하듯이, 일반적인 히브리어 규칙에 따라 '관사+아세라' 구조를 "여신과 연결된 물체"로 이해한다면 문맥의 흐름이 매우 이상해진다.[14] 하지만 이 구조를 아세라 여신으로 이해한다면 문맥이 부드럽게 흘러간다. 요컨대 본문에 사용된 '관사+아세라' 구조는, 비록 일반적인 히브리어 문법에 부합하지 않는다고 할지라도, 아세라 여신을 의미한다고 볼 수 있다. 우리는 여기에서 한 가지 질문을 할 수 있다. 본문의 저자가 히브리어의 일반적인 규칙을 어기며 아세라를 언급한 이유가 무엇일까?

바룩 할픈(Baruch Halpern)은 "여신을 아세라로 부르는 곳마다 정관사가 일관되게 등장하"는데, "이는 아세라가 단수이거나 복수이거

---

14   Brian B. Schmidt, *The Materiality of Power: Explorations in the Social History of Early Israelite Magic* (FZAT 105; Tübingen: Mohr Siebeck, 2016), 97; James S. Anderson, *Monotheism and Yahweh's Appropriation of Baal* (LHBOTS 617; London: Bloomsbury, 2015), 51-52.

나 할 것 없이 고유명사나 이름이 아니라 … 보통명사"라는 의미를
나타낸다고 주장한다.[15] 제임스 S. 앤더슨(James S. Anderson)은 이를 근
거로 '관사+아세라' 구조가 아세라를 탈신하는 문법적 장치라고 제
안한다.[16] 앤더슨의 해석을 보다 구체적으로 살펴보자.

아세라 탈신하기

앤더슨의 해석에 따르면 본문에 사용된 '관사+아세라' 구조는
인격체인 여신을 무생물로 만드는 논쟁적 장치이다.[17] 즉, 아세라와
함께 사용된 관사는 고유명사 아세라를 단순히 보통명사 아세라로
치환시키는 기능을 넘어 생명체를 무생물로 강등시키는 기능까지
감당한다는 의미이다.

우리가 알다시피 고유명사에는 대상의 고유성이 이미 들어 있
기 때문에 관사를 붙이지 않는다. 아세라 여신에게 관사를 할당하
지 않는 이유가 여기에 있다. 그러나 본문에 등장하는 아세라에는
관사가 붙어 있다. 논쟁적인 관점에 따르면, 본문의 저자가 아세라에
게 의도적으로 관사를 붙임으로써 여신으로부터 신성을 적출했고, 이를 통

---

15 Baruch Halpern, *From Gods to God: The Dynamics of Iron Age Cosmologies*
    (FAT 63; Tübingen: Mohr Siebeck, 2009), 64. 혹자는 '관사+아세라' 구조를
    아세라 여신의 직함/호칭을 나타내는 장치로 이해하기도 한다. 하지만 이 주
    장은 관사가 붙지 않은 아세라가 등장한다는 점에 의해 약화된다.

16 Anderson, *Monotheism and Yahweh's Appropriation of Baal*, 52.

17 Jill Middlemas, *The Divine Image: Prophetic Aniconic Rhetoric and Its
    Contribution to the Aniconism Debate* (FZAT 2.74; Tübingen: Mohr Siebeck,
    2014), 46-47도 보라.

해 그녀를 본문 속에서 문학적으로 죽였다는 해석이 가능해진다.[18] 사람으로 예를 들어 설명하자면, 몸에 있는 심장을 꺼내 시체 옆에 둠으로써 사람이 죽었다는 사실을 명시했다고 볼 수 있는 셈이다. 성경의 저자들이 오직-야훼-신앙을 전파하기 위해 이방신들을 적극적으로 탈신했다는 점과, 아세라가 관사와 함께 혹은 관사 없이 구약성경에 나타난다는 관찰은 이와 같은 해석에 타당성을 부여한다.

스가랴 5장에는 열왕기상 15장보다 더 노골적으로 아세라를 죽였다고 볼 수 있는 사례가 등장한다. 스가랴 본문에 등장하는 뒤주 속의 여인을 살펴보자.

> [5] 나와 이야기하던 천사가 앞으로 나와서 나에게 말하였다. "눈을 들어 가까이 오는 것이 무엇인지 보아라." [6] "저것이 무엇입니까?" 하고 내가 물었다. 그가 나에게 "가까이 오는 것은 뒤주이다." 하고 대답하였다. 이어서 "이것은 온 땅에 퍼져 있는 그들의 죄악이다." 하고 말하였다. [7] 그러자 납 덮개가 들어 올려지면서, 뒤주 한가운데에 앉아 있는 여자가 보였다. [8] "이 여자가 악이다." 하고 천사가 말하였다. 그러고 나서 그 여자를 뒤주 속으로 밀어 넣고는 그 아가리를 납 덩어리로 덮었다. [9] 내가 또 눈을 들어 보니 여자 둘이 앞으로 나오고 있었다. 그들은 황새 날개처럼 생긴 날개를 달고 있었는데, 그것으로 바람을 일으키고 있었다. 그들은 뒤주를 땅과 하늘 사이로 들어 올렸

---

18 Diana Vikander Edelman, *The Triumph of Elohim: From Yahwisms to Judaisms* (CBE T 13; Grand Rapids, MI: Eerdmans, 1996), 17-18도 보라.

다. [10] 나는 나와 이야기하던 천사에게, "저들이 뒤주를 어디로 가져
가는 것입니까?" 하고 물었다. [11] 그가 나에게 "뒤주를 둘 집을 지으
려고 신아르 땅으로 간다. 그 집이 세워지면 뒤주는 받침대 위에 놓
일 것이다." 하고 대답하였다. (슥 5:5-11, 『가톨릭성경』)

일부 학자들은 본문에 등장하는 여러 가지 표현을 근거로 뒤주
속에 앉아 있는 여인이 사람이 아니라 여신이라고 주장한다.[19] 안타
깝게도 본문이 여신의 이름을 명시하지 않기 때문에 여신의 정체를
특정하는 일은 불가능하다. 하지만 몇 가지 단서들은 여신의 정체
성을 탈신된 아세라로 볼 수 있는 가능성을 제시한다.

8절에 의하면 이 여인은 "악"이다. 이 단어를 히브리어(הרשעה)로
보면 몇 가지 기이한 점이 발견된다. 아세라(אשרה)를 구성하는 히브
리어 알파벳과 동일한 알파벳 세 개(ה, ר, ש)가 사용되었다는 점이다.
이를 우연으로 볼 수 있을까? 스가랴의 저자는 다른 단어를 사용해
여신의 속성을 묘사할 수 있었다. 그러나 굳이 아세라를 구성하는
알파벳이 다수 들어가 있는 히브리어의 여성형 명사를 선택했다.
이는 저자가 '악(הרשעה)-아세라(אשרה)'의 구조를 의도적으로 그러나
암시적으로 만들었을 가능성을 제시한다. 이 독법에 따르면 본문이
저격하는 여신은 아세라이다.

---

19 Carol L. Meyers and Eric M Meyers, *Haggai, Zechariah 1–8: A New
    Translation with Introduction and Commentary* (ed., C. L. Meyers and E. M.
    Meyers; AB 25b; Garden City, NY: Doubleday & Company, 1987), 301–9,
    313–16; Middlemas, *The Troubles of Templeless Judah*, 95.

또 하나 유의미한 부분이 있다. "악"이라고 번역된 히브리어에 관사(הרשעה)가 붙어 있다는 점이다. 구약성경에서 "악"이라는 여성형 명사에 관사가 붙는 경우는 이 본문에서만 발견된다.[20] 만약 "악"이 아세라 여신을 지칭한다면 앞에 등장하는 관사는 논쟁적인 장치—관사를 이방신의 이름 앞에 붙임으로써 그 신으로부터 신성을 적출하는 장치—로 볼 수 있다. 이 독법에 의하면 본문의 저자는 아세라 여신을 두 번이나 죽인 셈이 된다. 신명이 아닌 "악"으로 아세라를 지칭함으로 여신을 한 번 죽였고, "악" 앞에 관사를 붙임으로 아세라를 또 한 번 죽였다. 그 결과 본문에 등장하는 아세라는 탈신된 아세라의 흔적이 되어 버렸다.

아내가 필요 없는 신, 야훼

야훼의 아내로 여겨진 아세라를 탈신하는 일은 단지 '이방신을 탈신한다'라는 의미를 넘어선다. 야훼 하나님께 아내가 없다는 신관은 야훼께서 고대 근동의 이방신들과 달리 부부 관계나 자녀 생산을 통해 능력을 확장하지 않는다는 점을 강력히 드러낸다. 앞서 언급했듯이, 고대인들은 신들이 부부 관계를 통해 자녀를 생산하고, 태어난 신들은 부모 신들과 함께 상부상조한다고 믿었다. 각각의 신들은 서로 다른 능력을 지니고 있었기 때문에 필요에 따라 서로 도울 수 있다고 생각했다. 이와 같은 구도에 따르면 대가족에 속한 신들은 소가족에 속한 신들보다 여러모로 유리했다. 그러나 야훼

---

20 Middlemas, *The Troubles of Templeless Judah*, 94.

하나님은 이와 같은 방식으로 능력을 공급받을 필요가 없으셨다. 야훼는 이미 모든 능력을 소유하고 계신 초월자, 곧 신들의 신이었기 때문이다.

성경의 저자들은 이런 사실을 전달하기 위해 아세라를 적극적으로 탈신했다. 아세라에 관사를 붙였을 뿐만 아니라, 아세라의 이름을 다른 이름으로 바꿔 부르기도 했다. 그리고 바꿔 부른 이름에 관사까지 붙임으로 아세라를 두 번이나 죽이기도 했다. 이를 통해 고대 근동의 이방신들과 매우 다른 독특한 야훼 하나님이 계시되었다. 야훼는 무엇이나 누군가가 필요한 신이 아니었다. 그분은 홀로 완전하신 지존자요, 절대자이시다.

모세가 죽인 신

모세라는 히브리어 이름

마지막으로 살펴볼 본문은 출애굽기 2장이다. 여기에는 파라오의 딸이 물에서 건져낸 아이의 이름을 모세로 짓는 내용이 나온다. 고대 근동 사람들은 이름을 존재의 구성 요소로 봤다. 특히 이집트 사람들은 더욱 그랬다. 따라서 출애굽기 본문은 모세의 존재를 알리는 중요한 이야기로 볼 수 있다. 앞으로 살펴보겠지만, 모세라는 이름은 구약성경에 등장하는 탈신 작업들 중, 가장 깊이 있게 일어났던 작업의 흔적으로 볼 수 있다. 이를 기억하며 문맥을 살펴보자.

¹ 레위 가문의 한 남자가 레위 가문의 한 여자를 아내로 맞이하였다. ² 그 여자가 임신을 하여 아들을 낳았는데, 그 아이가 하도 잘 생겨서, 남이 모르게 석 달 동안이나 길렀다. ³ 그러나 더 이상 숨길 수가 없어서, 갈대 상자를 구하여다가 역청과 송진을 바르고, 아이를 거기에 담아 강가의 갈대 사이에 놓아 두었다. ⁴ 그 아이의 누이가 멀찍이 서서, 아이가 어떻게 되는지를 지켜 보고 있었다. ⁵ 마침 파라오의 딸이 목욕을 하려고 강으로 내려왔다. 시녀들이 강가를 거닐고 있을 때에, 공주가 갈대 숲 속에 있는 상자를 보고, 시녀 한 명을 보내서 그 것을 가져 오게 하였다. ⁶ 열어 보니, 거기에 남자 아이가 울고 있었다. 공주가 그 아이를 불쌍히 여기면서 말하였다. "이 아이는 틀림없이 히브리 사람의 아이로구나." ⁷ 그 때에 그 아이의 누이가 나서서 파라오의 딸에게 말하였다. "제가 가서, 히브리 여인 가운데서 아기에게 젖을 먹일 유모를 데려다 드릴까요?" ⁸ 파라오의 딸이 대답하였다. "그래, 어서 데려오너라." 그 소녀가 가서, 그 아이의 어머니를 불러 왔다. ⁹ 파라오의 딸이 그에게 말하였다. "이 아이를 데리고 가서, 나를 대신하여 젖을 먹여 다오. 그렇게 하면, 내가 너에게 삯을 주겠다." 그래서 그 여인은 그 아이를 데리고 가서 젖을 먹였다. ¹⁰ 그 아이가 다 자란 다음에, 그 여인이 그 아이를 파라오의 딸에게 데려다 주니, 공주는 이 아이를 양자로 삼았다. 공주는 "내가 그를 물에서 건졌다" 하면서, 그의 이름을 모세라고 지었다. (출 2:1-10, 『새번역』)

파라오의 딸은 "내가 그를 물에서 건졌다"는 이유로 "히브리 사람의 아이"에게 모세라는 이름을 지어주었다. 하지만 모세의 히브리어 뜻과 공주가 작명의 이유로 제시한 설명은 쉽게 연결되지 않는다. 우선 히브리어 모세는 '건지다'라는 능동적 의미를 지니고 있다. 그러나 출애굽기 본문에 따르면 능동적 행동을 취한 대상은 공주였지 아이가 아니었다. 공주는 아이를 물에서 능동적으로 건져냈던 반면, 아이는 공주에 의해 물에서 수동적으로 건짐을 받았다. 따라서 공주의 능동적 행동과 아이의 수동적 행동은 모세라는 이름에 문제를 제기한다. 장 루이 스카(Jean Louis Ska)의 말을 들어보자.

> 많은 주석가들은 모세의 이름(출 2:10)을 '언어적 아이러니'의 사례로 간주한다. 파라오의 딸은 "내가 그를 물에서 건져냈기 때문"이라고 말하면서 "모세"라는 이름을 설명한다. 이 설명에 따르면 아이의 이름은 모세(*mōšeh*; '건지다'라는 의미의 능동 분사)가 아니라 마슈이 (*māšûy*; '건짐 받다'라는 의미의 수동 분사)가 되어야 한다.[21]

일부 학자들은 이와 같은 언어적 문제를 해결하기 위해 모세라는 이름의 능동적 의미를 원격 문맥—모세가 히브리 민족을 이집트의 압제와 홍해로부터 건져내는 내용(출 12, 14장)—과 연결시켜 해석하기도 한다.[22]

---

21 Jean Louis Ska, *Our Fathers Have Told Us: Introduction to the Analysis of Hebrew Narratives* (SB 13; Roma: Pontificio Instituto Biblico, 2000), 59.

22 Jan Assmann, *The Invention of Religion: Faith and Covenant in the Book of Exodus* (Trans. R. Savage; Princeton, NJ: Princeton University, 2018), 113.

하지만 이와 같은 접근에는 문제가 있다. 공주가 언급한 작명의 이유와 모세의 히브리어 뜻 사이에 있는 모순을 여전히 해결하지 못하기 때문이다. 그래서 다수의 학자들은 모세를 히브리어로 보지 않고 이집트어로 본다. 학자들이 모세를 이집트어로 보는 근거는 다음과 같다. 첫째, 출애굽기 본문의 배경은 이집트이다. 둘째, 이집트인(파라오의 딸)이 아이를 입양했다. 셋째, 이집트인이 직접 작명했다. 넷째, 고대 이집트에는 모세라는 이름이 흔했다.

모세라는 이집트어 이름

모세를 이집트어 이름으로 볼 경우, 우리는 매우 독특한 부분을 발견하게 된다. 이집트의 전형적인 작명 구조에서는 모세라는 이름 앞에 이집트 신의 이름이 함께 나타나기 때문이다. '토트-모세,' '라-모세,' '프타-모세,' '아-모세'는 고대 이집트에 실존했던 파라오의 이름들이다. 보다시피 이름들이 '신명+모세'라는 구조를 따르고 있다. 이집트어 모세는 '~가 태어나다'(*msy* 동사형) 혹은 '~의 아들'(*ms* 명사형)이라는 뜻이다. 그래서 모세가 신명과 함께 결합될 경우 '아무개 신이 태어나다' 혹은 '아무개 신의 아들'이라는 의미가 된다. 일례로 '토트-모세'는 '문자/지혜의 신 토트가 태어나다' 혹은 '토트의 아들'이라는 의미이다. 아래는 이집트 18왕조의 제6대 파라오였던 토트-모세 3세의 이름을 분석한 표이다.

토트모세   토트(신명)   +   모세(*msy* 혹은 *ms*)

[삽화 15] 토트-모세의 이름 분석표[23]

이런 정보를 기억하며 출애굽기 본문으로 돌아가 보자. 본문에 의하면 파라오의 딸이 물에서 건져낸 아이에게 모세라는 이름을 지어줬다. 앞서 살펴봤듯이 모세는 완전한 이름이 아니다. 모세 앞에는 신명이 들어가야 한다. "그러나 모세의 이름에서는 소유격에 목적어가 없다. 그는 단순히 '~의 아들'이다."[24] 다수의 학자들은 이를 근거로 모세를 신명이 빠진 불완전한 이름, 즉 반쪽짜리 이름으로 본다. 빅터 P. 해밀턴(Victor P. Hamilton)의 말을 들어보자.

> 대부분의 학자들은 파라오의 딸이 젖뗀 아이에게 이집트 이름을 지어줬다고 본다. … 우리에게는 아이의 이집트 이름에서 신명이 삭제되고 남은 부분, 즉 이름을 구성하는 두 번째 부분만 전달되었다.[25]

---

23 ©이상환.

24 John D. Currid, *Against the Gods: The Polemical Theology of the Old Testament* (Wheaton, IL: Crossway, 2013), 82. [=『고대 근동 신들과의 전쟁』(새물결플러스, 2017)]

25 Victor P. Hamilton, *Exodus: An Exegetical Commentary* (Grand Rapids, MI:

토마스 B. 도저맨(Thomas B. Dozeman)도 모세의 본명에는 이집트 신의 이름이 포함되어 있었을 가능성을 제안했다.[26]

사라진 신명

모세의 이름 앞에 붙어 있던 이집트 신의 이름이 무엇이었는지에 대해서는 여러 가지 경우의 수들이 있다. 예컨대 모세와 이집트의 델타 지역—태양신 라가 주요 신으로 숭배를 받았던 지역—의 관계를 근거로 모세의 본명을 '라-모세'로 제시하거나, 모세와 테베—창조의 신 아문이 주요 신으로 숭배를 받았던 지역—의 관계를 근거로 모세의 본명을 '아-모세'로 제시하기도 한다. 하지만 나는 모세의 본명에 태양신 호루스(Horus)나 그와 관련된 신명이 들어 있었을 가능성에 열려있다. 그 이유는 두 가지이다. 첫째, 모세의 탄생 일대기가 호루스의 탄생 일대기와 매우 흡사하다.[27] 둘째, 이집트 신왕국의 유명한 장례 문서인 「관문의 서」에는 태양신 호루스가 물에 빠진 자들을 관리하는 신으로 등장한다.[28] 이러한 내용을 고려할 경우, 파라오의 딸이 모세의 본명에 호루스 신명을 넣었을 가능성은

Baker Academic, 2011), Exo 2:3. [=『출애굽기 주석』(솔로몬, 2017)]

26 Thomas B. Dozeman, *Exodus* (Grand Rapid, MI: Eerdmans, 2009), 2:10.

27 예컨대 모세와 호루스는 다음과 같은 과정을 겪었다. 태어날 때 외압에 의해 죽음의 위협을 받음 → 엄마가 아이를 보호함 → 아이가 바구니에 숨겨짐 → 엄마가 아닌 제2의 여인이 아이를 도움 → 엄마가 아이를 일정 기간 동안 키움 → 높은 신이 아이를 도움. Currid, *Against the Gods*, 79-83.

28 Lee, "The Journey through the Netherworld and the Death of the Sun God," 17-18.

커진다.[29] 야휘 하나님을 만나기 전, "모세는 자신을 호루스로 생각했[을 것이]다"라는 피터 페인만(Peter Feinman)의 제안도 이와 맥락을 함께한다.[30]

하지만 이러한 제안은 어디까지나 추측일 뿐이다. 우리에게는 모세의 이름 앞에 이집트 신의 이름이 붙어 있는 전통이 남아있지 않다. 이는 출애굽 전통의 상당히 이른 시기부터 신명이 생략된 모세의 이름이 전해졌다는 의미로 볼 수 있다. 따라서 우리가 관심을 가져야 할 부분은 '모세의 본명에서 생략된 신의 정체'가 아니라 '신명이 생략된 모세의 이름이 전달된 이유'이다.

로날드 M. 글라스맨(Ronald M. Glassman)은 모세의 본명에서 신명이 지워진 이유를 두 가지 가능성 속에서 살펴본다.[31] 첫째는 모세가 스스로 지웠을 가능성이고, 둘째는 구약성경의 편집자가 지웠을 가능성이다. 전자의 경우, 야휘 하나님으로부터 부르심을 받은 모세는 더 이상 이집트 신의 이름으로 본인의 정체성을 드러내고 싶지 않았을 것이다. 후자의 경우, 편집자들은 언약 백성에게 영웅과 같은 모세의 본명에 이방신의 이름이 포함됐다는 사실을 받아들이기 힘들었을 것이다. 둘 중에 무엇이 더 타당한지 확정할 수는 없지만, 고대 이집트의 "기록말살형"(damnatio memoriae)은 신명이 지워진 모세

---

29 「관문의 서」와 출애굽기의 연관성에 대해서는 Lee, "The Journey through the Netherworld and the Death of the Sun God," 1–30을 보라.

30 Peter Feinman, *The Exodus: An Egyptian Story* (Oxford: Oxbow, 2021), 53.

31 Ronald M. Glassman, *The Origins of Democracy in Tribes, City-States and Nation-States* (Volume I; Cham, Switzerland: Springer, 2017), 599–600.

의 이름이 어떤 의미를 수반하는지를 더 풍성하게 보여준다.

기록말살형

"기록말살형"은 자료에 보존된 대상의 이름을 지움으로 그/그녀를 사람의 기억 속에서 완전히 지우는 형벌이었다. 기록말살형은 특히 이집트에서 활발히 행해졌는데,[32] 사람은 물론 신들도 형벌의 대상이 될 수 있었다.[33] 현대인들은 이와 같은 고대인들의 행동을 유치하다고 생각할지도 모른다. 특정 대상의 이름을 지우는 형벌은 아이들의 장난처럼 보이기 때문이다. 하지만 기록말살형은 이집트인들에게 있어서 최고의 형벌이었다. 그 이유는 아래와 같다.

이집트인들은 존재를 구성하는 요소를 다섯 가지로 봤다. 그중에 하나가 이름(rn)이었다. 이름은 존재의 핵심을 구성하는 요소로 존재 자체와 동일시되기도 했다. 신들도, 사람들도, 동물들도, 물건들도 이런 개념에서 벗어날 수 없었다. 따라서 이름이 지워진다는 개념은 존재가 지워진다는 개념으로 확장되어 이해되었다. 심지어는 이승을 떠나 저승에서 사는 존재라 할지라도, 그의 이름이 이승

---

32 출애굽기에 나타나는 기록말살형에 관한 연구는 Sanghwan Lee, "Killing Pharaohs in Exodus: The Anonymity of the Egyptian Kings, the Deconstruction of Their Individuality, and the Egyptian Practice of Damnatio Memoriae," *Religions* 14.2.165 (2023): 1–17에서 볼 수 있다.

33 일례로 이집트 제18왕조의 제10대 파라오 아케나톤은 본인이 섬기는 신 아튼(*Aten*)을 높이기 위해 신전에 새겨져 있던 다른 신들(아문, 콘슈, 무트)의 이름을 지우고 그 자리에 아튼의 이름을 넣었다.

에서 지워지는 순간—그래서 이름이 불릴 수 없고, 기억될 수 없게 되는 순간—이름의 주인은 소멸한다고 믿었다. 이와 같은 불상사를 미연에 방지하기 위해 이집트인들은 본인들의 무덤 안팎에 자신의 이름을 기록했다.[34] 그리고 무덤을 방문하는 자들에게 그 이름을 소리 내어 읽고 의지적으로 기억해 달라는 요청문도 새겨 넣었다. 아울러 이름을 지우려는 자들에게 저주를 맹렬히 퍼붓는 문구도 새겼다. 이처럼 고대 이집트인들에게 있어서 이름이란 존재의 생존과 직접적으로 연결된 존재의 심장과도 같았다.

이집트 신 죽이기

앞서 언급했듯이, 모세의 본명에 있었던 신명을 적출한 자가 모세였는지 혹은 편집자였는지 우리는 확정할 수 없다. 모세의 이름 앞에 이방신의 이름이 붙어 있는 전통이 구약성경의 내적 및 외적 자료에 전혀 남아있지 않다는 점은, 상당히 이른 시기부터 신명이 생략된 모세의 이름이 전달되었다는 의미로 읽는다. 따라서 우리는 모세 자신이 이집트 신의 이름을 지웠다는 가능성에 열려 있어야 한다. 이렇게 가정할 경우, 모세는 본인의 삶과 불가분의 관계로 엮여 있었던 이집트 신에게 기록말살형을 통해 사형 선고를 내렸다고 볼 수 있다. 물론 신명을 지웠다고 해서 그 신이 문자적으로 죽었다는 의미는 아니다. 모세의 본명에 포함되어 있던 신명은 다른 이집

---

34 고대 이집트인들은 살아 있을 때 본인들의 무덤을 준비하는 데 많은 공을 들였다.

트인들의 이름 속에 여전히 포함되어 있었고, 수많은 이집트의 신전들 속에도 남아 있었다. 하지만 그 신이 확실히 죽은 장소가 하나 있었다. 바로 **모세의 삶**이었다. 모세는 본인의 이름에서 이방신의 이름을 적출함으로써 본인이 더 이상 이방신에게 속해 있지 않다는 사실을 선포했던 것 같다. 이는 고대 근동의 구성원이 고대 근동의 신에게 할 수 있는 최고의 공격이자 반역이었다. 그리고 자신과 연결되었던 신과 완전히 결별했다는 점을 가장 확실히 드러내는 장치였다. 그 결과 모세의 정체성을 구성했던 이집트 신은 모세의 삶에서 소멸해 버렸다.[35]

반쪽짜리 모세, 차고 넘치는 하나님

하지만 여기에는 큰 대가가 따랐다. 당시에 '이름은 존재의 핵심을 구성하는 요소'였다는 점을 고려할 때, 모세의 본명에서 이집트 신의 이름이 지워졌다는 사실은 모세의 존재를 구성했던 요소의 절반이 사라졌다는 의미로 이해된다. 다르게 표현하자면, 모세 스스로 존재의 반을 내어버림으로써 탈신을 감행했다는 뜻이다. 고대 근동

---

35 "기록말살형"은 출 32:32에 기록된 모세의 요구 - 본인의 이름을 생명책에서 지워달라는 요구 - 를 더욱 풍성하게 이해할 수 있도록 돕는다. "그러나 이제 야훼께서 그들(히브리 민족)의 죄를 용서하여 주십시오. 그렇게 하지 않으시려면 당신(야훼)께서 기록하신 책에서 저의 이름을 지워주십시오"(출 32:32, 『새번역』). 모세는 야훼 하나님께 본인의 이름을 지울 수 있는 권한이 있음을 인정하고 있다. 모세가 이방신의 이름을 지웠다는 내용을 기억할 때, 본문은 유의미한 대비 구도를 형성한다.

의 구성원이었던 모세에게 이는 결코 쉬운 일이 아니었을 것이다.

존재의 반을 잃어버린 모세. 그는 삶의 공백을 느꼈을까? 그렇지 않았다고 본다. 왜냐하면 이방신의 이름이 사라진 자리에는 세상이 감당할 수 없는 거대한 초월자, 곧 전지전능하고 무소부재하신 야훼 하나님께서 차고 넘치게 들어오셨기 때문이다. 그의 삶에 들어오신 야훼는 지금까지 그가 만났던 이방신들과 다른 차원에 계신 분이셨다. 하늘과 땅을 채우시고, 산과 바다를 채우시는 분. 동쪽과 서쪽을 채우시고, 북쪽과 남쪽을 채우시는 분. 상천하지를 가리지 않고 놀라운 능력을 행하시는 분. 이와 같은 초월자께서 반쪽짜리 모세를 가득 채우셨다.

야훼의 아들

이제 우리에게 마지막 질문 하나가 남았다. 모세가 반쪽짜리 이름을 유지했던 이유, 즉 본인의 이름에 야훼 하나님의 이름을 넣지 않은 이유는 무엇일까? 그는 이집트의 작명 전통에 따라 신명이 사라진 자리에 야훼의 이름을 넣을 수 있었다. '야훼+모세'(야훼의 아들)처럼 말이다. 그런데 이와 같은 전통은 남아 있지 않다. 혹시 모세는 이방신의 이름이 있었던 자리에 감히 야훼 하나님의 이름을 넣을 수 없다고 생각했던 것일까? 아니면 그가 삶을 통해 경험했던 야훼 하나님은 단지 하나의 이름에만 귀속될 수 없는 초월자라는 점을 나타내고 싶었던 것일까? 어쩌면, 모세라는 반쪽짜리 이름에는 위에 제시된 모든 가능성들이 포함되어 있을지도 모른다. 그리고 우리가 알지 못하는 또 다른 의미들이 들어있을 수도 있다. 많은 질문들이 꼬리에 꼬리를 물고 찾아오지만, 우리가 확신을 가지고 말할 수 있는 부분이 하나 있다. 모세는 모든 존재들을 존재하게 하시는 존재의 근원이자 이유인 야훼 하나님 안에서 본인의 정체성을 찾아갔다는 점이다.

정리하기

오직 야훼만 예배하라

우리는 제4장을 통해 오직-야훼-신앙을 보존하기 위해 여러 가지 노력을 기울였던 구약성경의 저자들을 만났다. 그들은 이방신들의 한계 드러내기, 이방신들을 조롱하기, 이방신들의 신성을 강등시키기, 이방신들로부터 신성을 적출하기와 같은 방법들을 통해 야훼를 제외한 모든 신들이 예배를 받을 가치가 없는 존재임을 논증했다. 사방팔방이 이방국으로 둘러 쌓였던 언약 백성, 그래서 다신론의 유혹에 끊임없이 흔들렸던 언약 백성에게는 야훼 하나님의 초월성과 더불어 이방신들의 비초월성에 대한 가르침이 필요했다. 성경의 저자들은 두 가지 가르침을 병행하며 언약 공동체 안에 오직-야훼-신앙이 구현되도록 애를 썼다. 이와 같은 노력으로 인해 언약 백성은 조금씩, 조금씩 그들의 정체성을 찾아갈 수 있었다.

총정리

우리는 제1장에서 제4장까지의 여정을 통해 언약 백성의 오직-야훼-신앙을 고대 근동의 보편적인 다신관과 비교해 봤다. 함께 살펴본 바에 따르면 오직-야훼-신앙은 이스라엘의 하나님께서 다른 이방신들과는 달리 무소부재하고 전지전능한 초월자라는 믿음에 기인했다. 언약 백성에게 요구되었던 오직-야훼-신앙은 뜬구름 잡는 식의 형이상학적 슬로건이 아니었다. 대신 그들의 삶을 총체적으로 움직이는 원동력이었다. 그러므로 많은 신들을 섬겼던 이방 민족들과 달리 언약 백성은 오직 야훼 한 분 만으로 만족해야 했다.

하지만 다신론의 세상에서 계시된 오직-야훼-신앙은 탈고대 근동적 신앙을 요구하는 혁명과도 같았다. 수많은 신들이 힘을 합쳐야 감당할 수 있는 삼라만상의 질서를 겨우 한 명의 신이 감당할 수 있다는 신앙은 다신론의 토양에서 결코 당연하게 받아들일 수 있는 개념이 아니었기 때문이다. 이런 이유로 인해 언약 백성 중에는 오직-야훼-신앙을 올곧게 따랐던 자들과 그러지 못했던 자들ㅡ야훼 신앙을 거부했던 집단들(다른 신들을 따르는 자들)과 잘못 수용했던 집단들(야훼와 다른 신들을 함께 따르는 자들)ㅡ이 늘 공존했다.

이러한 배경에서 야훼 하나님께서는 언약 백성을 오래 참고 기다리시며 당신의 초월성을 점진적으로 그리고 지속적으로 계시하셨다. 세상을 창조한 신도 당신이고, 사람을 만든 신도 당신이며, 병을 고칠 수 있는 신도 당신이라는 사실을 계시하셨다. 기근을 없앨 수 있는 신도, 가뭄을 해결할 수 있는 신도, 전쟁을 승리로 이끌 수 있는 신도 당신이라는 점을 보여주셨다. 그리고 오직 당신만이 하늘과 땅, 산과 바다, 도시와 외곽, 사람과 짐승의 영역을 주권적으로 다스릴 수 있는 신이라는 점도 보여주셨다. 산 자의 영역과 죽은 자의 영역 모두 야훼의 영역이었다. 이스라엘은 물론 이방국들도 모두 야훼의 주권 아래 있었다. 이방신들의 생사화복에 개입하는 미크레조차도 야훼 하나님의 영역이었다. 이 세상 그 어디에도 야훼의 주권을 벗어나는 영토는 없었다. 히브리 민족이 이집트의 압제를 받을 때도, 이스라엘 백성이 이방국들 사이에 포위되었을 때도, 북왕국이 앗시리아에 의해 몰락했을 때도, 남왕국이 바벨론 포로기를 지낼 때도 야훼께서는 모든 영역에서 지존하셨다.

다신론의 토양에 뿌리를 내렸던 언약 백성은 이와 같은 야훼의 초월성을 이해하는 데 오랜 시간이 걸렸다. 그래도 그들은 하나님께서 내려 주시는 계시의 단비를 맞으며 조금씩, 조금씩 믿음의 뿌리를 내렸다. 비록 적잖은 무리가 다신론의 토양 위에서 아등바등했지만, 오직-야훼-신앙을 향해 올곧게 자라는 남은 자들은 언제나 존재했다. 그리고 결국 언약 백성은 칠전팔기하며 야훼 하나님을 모든 신들 위에 계시는 **신들의 신**이자 예배를 받기에 합당하신 **유일한 신**으로 이해하기 시작했다.

'야훼를 신으로 섬긴다'라는 의미는 삶의 그 어떤 영역에도 다른 신들의 자리를 내주지 않겠다는 뜻이었다. 요람에서 무덤까지 그 어디에도 이방신들에게 내어줄 자리는 없었다. 하늘에서 스올까지, 동쪽에서 서쪽까지, 낮부터 밤까지 오직 야훼 하나님만 예배를 받으시기에 합당한 신으로 모셔야 했다. 언약 백성은 삶의 모든 자리들을 오직 야훼께 드리기 위해 노력했다. 언약 백성의 삶에 들어와 있던 이방신들은 점점 탈신되었고, 이방신들이 탈신된 자리에 전지전능하고 무소부재한 초월자께서 유일한 신으로 들어오기 시작하셨다. 갈팡질팡 오직-야훼-신앙으로 시작했던 공동체가 지고지순 오직-야훼-신앙을 국가적으로 추구하는 공동체로 성장했던 것이다.

이것이 바로 야훼 하나님과 언약 백성의 파란만장한 여정을 담고 있는 구약성경의 이야기이다.

다음 장으로

우리는 제5장을 통해 지금까지 나눴던 내용들이 21세기의 현대인들과 어떤 관계가 있는지를 살펴볼 것이다. 이 작업은 구약성경의 세상—신들의 세상—과 21세기의 세상이 크게 다르지 않으며, 따라서 구약성경의 내용은 21세기의 현대인들에게 여전히 유의미한 가르침을 주고 있음을 보여줄 것이다. 우리가 지금까지 살펴봤던 내용을 기억하며 제5장을 읽는다면, 구약성경을 통해 우리에게 말씀하고 계시는 하나님의 음성을 들을 수 있다. 기대하는 마음으로 본서의 마지막 장으로 향하자.

제5장

환생한 신들의 세상

제5장 환생한 신들의 세상

"우리는 바알과 아스다롯과 같은 풍요의 신들을 섬기지는 않지만, 풍요를 가능케 하는 돈을 신처럼 섬기기도 한다. 우리는 세크메트, 닌티, 에쉬문과 같은 치료의 신들을 섬기지는 않지만, 치료를 가능케 하는 의학을 신처럼 섬기기도 한다. 우리는 토트, 에아, 나부와 같은 지식의 신들을 섬기지는 않지만, 지식을 가능케 하는 학문을 신처럼 섬기기도 한다. 이처럼 고대의 신들은 새로운 시대의 옷을 입고 다른 이름으로 환생했다. 전쟁의 신들은 군사력으로, 성의 신들은 외모지상주의로, 재물의 신들은 물질만능주의로 환생해 현대인들의 시선을 야훼 하나님으로부터 돌리고 있다. '오늘날 우리의 황금 송아지는 주차장, 회의실, 거실 구석, 유명인과 라이프 스타일 잡지에서 찾아볼 수 있다'라는 … 표현은 결코 과장이 아니다. 지금 우리가 살고 있는 세상도 고대 근동의 세상과 마찬가지로 신들의 세상이다."

새롭게 환생한 신들

오직-야훼-신앙과 현대 성도들

이제 우리에게 한 가지 중요한 질문이 남아 있다. "지금까지 살펴본 구약성경의 오직-야훼-신앙이 현대인과 무슨 관계가 있을까?"라는 질문이다. 우리는 구약성경에 등장하는 바알, 아세라, 아문, 그모스, 다곤, 갓, 므니 등이 실존한다고 믿지 않는다. 주변을 둘러봐도 병이 낫기 위해 에그론의 바알에게 기도한다거나, 풍요를 위해 아세라에게 간구한다거나, 미래를 예측하기 위해 므니에게 절하는 사람들은 없다. 이와 같은 이유로 다수의 현대인들은 "야훼 이외의 다른 신들을 섬기지 말라"는 구약의 가르침이 본인들과 전혀 무관하다고 생각한다.

만약 독자들도 그렇게 생각한다면, 나는 우리가 사는 세상이 여전히 신들의 세상이라고 말하고 싶다. 어쩌면 이 세상은 고대의 세상과 비교할 수 없을 정도로 더 많은 신들로 채워져 있는지도 모른다. 단지 우리가 그 사실을 모르고 있을 뿐이다. 어떻게 그럴 수 있을까? 질문의 답은 의외로 간단하다. 신들로 기능하는 대상이 바뀌었을 뿐이기 때문이다.

새로운 신들

위에 열거했던 고대의 신들은 더 이상 현대인에게 신들로 기능하지 않는다. 그렇다고 해서 현대인이 신들을 섬기지 않는다고 말할 수는 없다. 고대의 신들과는 다른 유형의 신들이 현대인의 삶을 지배하고 있기 때문이다. 이들은 노골적인 이름으로 자신을 드러내지 않는다. 대신 모든 사람에게 친숙한 이름, 모든 사람이 원하는 이름, 그러나 모든 사람으로부터 숨겨진 이름으로 자신들을 계시한다. 바로 **돈, 명예, 권력, 학문, 성** 등으로 불리는 신들이다.

물론 돈, 명예, 권력, 학문, 성 등은 인격을 지닌 신들이 아니다. 하지만 이것들은 주변에 있는 그 어떠한 인격체들보다 더 깊고 치밀하게 우리의 삶에 개입한다. 그리고 수많은 추종자들까지 만들어 낸다. 그나나 로빈슨(Gnana Robinson)의 일갈처럼, 현대인들은 바알과 아스다롯을 풍요의 신으로 섬기지는 않지만 "소비주의적 유물론"으로 환생한 바알과 아스다롯을 섬긴다.[1] 이런 현상은 바알과 아스다롯에게만 한정되지 않는다. 성의 신, 성공의 신, 재물의 신, 권력의 신 등도 새로운 이름으로 환생하여 추종자들을 모으고 있다. 팀 켈러(Timothy Keller)의 설명을 들어보자.

> "우상숭배"란 단어를 들으면 현대인은 목상 앞에 절하는 원시인의 모습을 떠올린다. … [하지만] 우리 현대 사회도 고대 사회와 근본적으로 다르지 않다. 문화마다 그 문화를 지배하는 우상이 있다. "제사장"과 토템과 의식도 있다. 사무실이나 헬스장이나 스튜디오나 경기

---

1   Gnana Robinson, *Let Us Be Like the Nations: A Commentary on the Books of 1 and 2 Samuel* (ITC; Grand Rapids, MI: Eerdmans, 1993), 44-45.

장 같은 신전이 있어, 행복한 삶이라는 복을 얻고 액운을 물리치려면 거기서 제사를 드려야 한다. 미모와 권력과 돈과 성취의 신이란 바로 우리 개개인의 삶과 사회 전반에서 신적 위치를 점한 이것들이 아니고 무엇이겠는가? 우리가 아프로디테(성의 신) 동상 앞에 무릎을 꿇지는 않을지 몰라도, 오늘날 많은 젊은 여성이 외모와 몸매에 과도히 집착한 나머지 우울증과 각종 섭식 장애에 시달린다. 실제로 아르테미스(다산의 여신)에게 향을 피우지 않아도 돈과 성공을 세상 최고의 가치로 떠받들면 우리도 자녀를 일종의 인신제물로 바치는 것이다. 직장에서 높은 자리로 올라가고 더 많은 재물과 위신을 얻고자 가정과 공동체마저 팽개친다.[2]

고대 근동의 만신전을 채웠던 신들이 명예, 권력, 학문, 성 등의 이름으로 현대에 환생한 셈이다.[3]

우리의 현주소

잠시 우리의 모습을 돌아보자. 우리는 바알과 아스다롯을 풍요의 신으로 섬기지는 않지만, 풍요를 가능케 하는 돈을 신처럼 섬기기도 한다. 우리는 세크메트, 닌티, 에쉬문을 치료의 신으로 섬기지는 않지만, 치료를 가능케 하는 의학을 신처럼 섬기기도 한다. 우리

2   팀 켈러, 『내가 만든 신: 하나님 자리를 훔치다』 (두란노, 2017), 15-16.

3   James L. Garrett, *The Collected Writings of James Leo Garrett Jr. 1950–2015* (ed. W. Richardson, et al.; Eugene, OR: Resource Publications, 2017), 190.

는 토트, 에아, 나부를 지식의 신으로 섬기지는 않지만, 지식을 가능케 하는 학문을 신처럼 섬기기도 한다. 이처럼 고대의 신들은 새로운 시대의 옷을 입고 다른 이름으로 환생했다. 전쟁의 신들은 군사력으로, 성의 신들은 외모지상주의로, 재물의 신들은 물질만능주의로 환생해 현대인들의 시선을 야훼 하나님으로부터 돌리고 있다. "오늘날 우리의 황금 송아지는 주차장, 회의실, 거실 구석, 유명인과 라이프 스타일 잡지에서 찾아볼 수 있다"라는 키쓰 톤데(Keith Tondeur)의 표현은 결코 과장이 아니다.[4] 지금 우리가 살고 있는 세상도 고대 근동의 세상과 마찬가지로 신들의 세상이다.

더 위험한 우리의 상황

하지만 현대인이 마주하는 우상숭배의 위험은 고대인이 마주했던 위험보다 더 크다. 고대의 신들과 현대의 신들 사이에는 커다란 차이점이 있기 때문이다. 아래에 살펴볼 차이점은 현대의 신들이 고대의 신들보다 더 위험한 이유를 보여준다.

첫째, 고대의 신들이 지역적이라면 현대의 신들은 우주적이다. 고대인의 개념에 따르면 이집트에는 이집트의 신이, 우가릿에는 우가릿의 신이, 그리고 바벨론에는 바벨론의 신이 따로 있었다. 그리고 같은 만신전의 신들이라 할지라도 장소에 따라 주신과 객신으로 구분되었다. 그래서 특정 신에게 제물을 바치기 위해서는 특정 신

---

4   Keith Tondeur, *Your Money and Your Life: Learning How to Handle Money God's Way* (rev. ed.; London: SPCK, 2010), Heart Problem?

전을 방문해야 했고, 특정 신에게 기도하기 위해서는 특정 산당에 가야 했다. 게다가 아무리 만신전 최고의 신이라 할지라도 신상이 없으면 활동에 제한이 있다고 여겨졌다. 이처럼 고대의 신들은 장소라는 한계를 뛰어넘지 못했기 때문에 제한된 장소에서 종교 행위가 이루어졌다.

놀랍게도 현대의 신들은 장소의 한계를 초월한다. 새롭게 환생한 신들―돈, 명예, 권력, 학문, 성 등―은 지구 온 지역에 빈틈없이 퍼져 있다. 그리고 남녀소노, 동서고금, 빈부귀천을 가리지 않고 모든 부류의 사람들을 숭배자로 모집하고 있다. 과거에는 신당과 신전을 중심으로 활동했던 신들이 이제는 추종자들의 안방, 거실, 부엌에까지 들어간다. 과거에는 신상을 통해 존재의 영역을 확장했던 신이 이제는 신상이 없어도 인터넷을 타고 온 세상을 누빈다. 이와 같은 우주적 양상은 고대 근동의 신들에게서 찾아볼 수 없었던 초월적 능력이다.

둘째, 고대의 신들이 명시적이라면 현대의 신들은 암시적이다. 고대인은 신들을 숭배하고 있다는 인식하에 종교 생활을 했다. 본인들이 풍요의 신 바알과 아스다롯을 섬긴다는 사실을 인지하며 살았다는 의미이다. 하지만 현대인들은 이러한 인식조차 없이 종교 생활을 하고 있다. 일례로 무신론자들을 보라. 그들은 돈, 명예, 권력, 학문 등을 숭배하지만 정작 본인들은 스스로를 무신론자라고 생각한다. 물론 유일신론자들도 마찬가지다. 이들은 본인들이 한 분의 신을 섬긴다고 생각하지만, 그 삶 속에는 이미 다른 신들―돈, 명예, 권력, 학문 등—이 자리하고 있다. 이처럼 현대의 신들은 고대의 신들과는 다르게 숨어서 역사한다. 이에 대한 켈러의 지적을 들어 보자.

> 무엇이든 우상이 될 수 있으며 이미 우상이 되어 왔다. … 삶의 무엇이든 우상 노릇을 할 수 있다. 모든 것이 하나님의 대용품, 즉 "가짜 신"이 될 수 있다. … 우리는 우상을 나쁜 것이라 생각하지만 그 자체가 나쁜 경우는 거의 없다. 더 좋은 것일수록 그것이 우리의 가장 깊은 욕구와 희망을 채우리라는 기대도 커진다. 무엇이든 가짜 신이 될 수 있으며, 특히 삶의 가장 좋은 것일수록 더 그렇다.[5]

이런 이유로 로버트 L. 몽고메리(Robert L. Montgomery)는 고대인의 우상숭배를 "원시적인 우상숭배"로, 현대인들의 우상숭배를 "더 교묘하고 위험한 형태의 우상숭배"로 표현했다.

> 원시적인 우상숭배의 형태는 신들의 형상을 숭배하는 일과 관련이 있지만, 더 교묘하고 위험한 형태의 우상숭배는 하나님의 자기 계시적 요소들을 우상으로 만드는 것이다. … 우상숭배와 관련된 미신을 경멸하는 사람들도 돈과 명예와 권력을 사랑함으로써 다른 사람들보다 더욱 강렬하게 하나님을 대적할 수 있다. 이러한 우상숭배의 형태는 문자적인 우상을 숭배하는 것보다 훨씬 더 위험하다. 왜냐하면

---

5   켈러, 『내가 만든 신』, 20-22.

그것은 대개 신들의 형상 앞에 절하는 일보다 덜 명백하기 때문이다.[6]

현대인들은 결코 우상숭배의 안전지대에 있지 않다. 오히려 우상숭배의 지뢰밭에 있다고 볼 수 있다. 그러므로 우리는 숨겨진 지뢰를 찾아 제거해야 한다. 지뢰가 보이지 않는다고 안심하면 안 된다. 안 보이기 때문에 더욱 철저히, 그리고 집요하게 찾아내야 한다. 우리가 몸담은 세상은 "더 교묘하고 위험한 형태의 우상숭배"가 일어나는 세상이기 때문이다.

우리의 사명

우리가 사는 세상이 결코 우상숭배의 안전지대가 아니라는 사실은 "야훼 이외의 다른 신들을 섬기지 말라"는 구약성경의 가르침이 우리에게 여전히 유효하다는 사실을 천명한다. 그렇다. 구약성경의 오직-야훼-신앙은 우리에게 현대의 만신전에 적극적으로 대응할 것을 명한다. 언약 백성이 오직-야훼-신앙을 위해 고대의 다신론과 혈투를 벌였듯이, 우리도 현대의 다신론과 맞서 싸울 것을 요구하고 있다. 또한 구약성경은 우리에게 최선을 다해 우리의 삶에 숨어 들어온 신들을 찾아 탈신하라고 가르친다. 구약성경이 보여줬던 탈신 작업은 고대 근동 지역에서만 필요했던 구시대의 유물이 아니라

---

6   Robert L. Montgomery, *Following the Human One: The Way to Fulfillment and Flourishing* (Eugene, OR: Wipf & Stock, 2017), 57–58.

지금 여기에서도 필요한 우리의 사명이기 때문이다.

신중함이 필요한 탈신 작업

하지만 탈신 작업을 시작하기 전에 우리가 알아야 할 점이 있다. 사람마다 결핍된 영역이 다르므로 각각 다른 요소들을 신으로 섬길 수 있다는 점이다. 예컨대 혹자는 권력의 노예로 살고, 혹자는 성의 노예로 산다. 혹자는 명예의 노예로 살고, 혹자는 지식의 노예로 산다. 이는 철수에게 신으로 기능하는 요소가 영희에게는 신으로 기능하지 않을 수 있고, 영희에게 신으로 기능하는 요소가 철수에게는 신으로 기능하지 않을 수 있다는 의미이다. 그러므로 우리는 개인의 탈신 작업을 우리의 탈신 작업으로 일반화해서는 안 된다. 결국 개인에게 숨어 들어온 신들을 찾아 제거하는 작업은 맞춤형 작업일 수밖에 없다.

신들의 신, 맘몬

그럼에도 불구하고 우리가 쉽게 동의할 수 있는 부분이 하나 있다. 현대의 만신전에서 신들의 신으로 군림하는 신이 누구인지 쉽게 지목할 수 있다는 점이다. 그 신이 누구일까? 바로 맘몬(Mammon)이다. 물질만능주의로 환생한 맘몬은 만신전 꼭대기에서 "돈이면 다 된다"라는 일그러진 사상을 통해 땅끝에서부터 추종자들을 모으고 있다. 그리고 그 어떤 신들보다 빠르고 확실하게 하나님의 자리를 탈취하고 있다. 곧 살펴보겠지만, 이 세상은 맘몬에게 전지전능성과 무소부재성까지 부여하고 있다. 맘몬은 21세기의 모든 사람에게 가장 큰 영향력을 끼치고 있는, 그래서 우리가 가장 적극적으로 탈신해야 할 신들의 신으로 부상했다.

돈 ≠ 맘몬

물론 돈은 그 자체로 맘몬이 아니다. 돈은 중립적인 도구일 뿐이다. 우리는 하나님의 영광을 위해 돈을 벌 수 있고 사용할 수 있다. 하지만 돈이 도구의 자리를 벗어나 신의 위치로 승격될 때, 맘몬은 돈을 통해 환생한다. 잠시 열왕기하 18장에 등장하는 느후스단을 떠올려 보자. 느후스단은 하나님께서 허용하신 도구였다. 언약 백성은 느후스단을 통해 하나님께서 보이셨던 초월성을 기억하며 초월자 야훼를 향해 시선을 고정해야 했다. 그러나 그들은 도구를 신으로 승격시켰다. 예배를 돕는 대상이 예배를 받는 존재로 둔갑했던 것이다. 바로 그때, 느후스단은 탈신의 대상이 된 것이다. 이처럼 돈이 도구의 자리에서 일탈하여 신의 자리에 앉을 때, 돈은 맘몬, 곧 탈신의 대상이 된다.

이제 우리는 현대의 만신전에서 신들의 신으로 기능하는 맘몬을 만나보려고 한다. 지피지기 백전불태(知彼知己 百戰不殆)라고 했던가? 맘몬이 어떻게 신들의 신이 되었는지, 그리고 세상은 왜 맘몬에게 전지전능성과 무소부재성을 부여하는지 알게 된다면 우리는 더욱 효과적으로 맘몬을 탈신할 수 있을 것이다.

신들의 신, 맘몬

초월자가 된 맘몬

고대 근동 시대는 의학이 낙후된 시대였기 때문에 사람들의 평균 수명이 매우 낮았다. 또한 군주 제도와 영욕 문화로 구동되는 사회였기에 명예를 얻는 데 큰 노력이 따랐다. 아울러 인터넷 시대가 아니었기 때문에 정보 공유와 정보 획득에 상당한 제한이 있었다. 이와 같은 한계는 고대인들이 치료의 신, 수명의 신, 문자의 신, 지식의 신, 다산의 신, 풍요의 신 등에게 매달렸던 이유를 알려준다.

하지만 시대가 바뀌었다. 과학의 발전, 의학의 발전, 경제의 발전, 그리고 자본주의 체제의 확산은 고대 근동 사람들이 상상조차 할 수 없었던 세계를 만들었다. "돈이면 다 된다"는 논리가 통하는 신세계가 탄생한 것이다. 현대인은 돈으로 음식을 사고, 거주지를 사고, 정보를 사고, 건강을 사고, 권력을 사고, 학위를 사고, 성을 사고, 사람을 산다. 머지않아 유전자 변형을 통해 수많은 질병을 정복하고 수명도 연장할 수 있다고 하니, 돈으로 수명과 장수까지 살 수 있는 시대도 오고 있다. 말 그대로 "돈만 있으면 모든 것을 다 소유할 수 있는 시대"가 도래한 셈이다.

사람이 존재하는 모든 곳에 있는 무소부재한 돈! 사람에게 불/필요한 정보까지 제공할 수 있는 전지한 돈! 사람이 원하는 일들을 가능하게 하는 전능한 돈! 결국 물질만능주의 사상에 잠식된 현대인은 본인도 모르는 사이에 돈에게 초월성을 부여했다. 그리고 돈을 만신전의 최고의 신으로 섬기기 시작했다. 언약 백성이 모든 이방신들을 탈신하고 그들의 자리에 야훼 하나님을 모셨던 것과는 달리, 현대인들은 모든 영역에서 야훼를 탈신했고 그 자리에 맘몬을 앉혔다.

> 돈은 신의 속성을 가질 수 있다. 그래서 돈의 신적 힘을 경험하고 그것에 점차 마음을 뺏기면 자유는 사라지고 숭배와 복종 관계에 가까워진다. … 돈은 삶을 바꾸어 놓고 문화를 만들어 내는 강력한 신이 될 수 있다.[7]

이러한 켈러의 우려는 현실이 되었다. 돈은 이미 전지전능하고 무소부재한 초월자처럼 현대인에게 숭배받고 있다.

맘몬의 후예들

이런 현상은 우리가 무/의식적으로 노출된 주변 환경에 의해 더욱 빠르게 확산하고 있다. 앞서 살펴봤듯이, 언약 백성은 주변국이 따르던 다신론에 지속적인 영향을 받았기 때문에 우상숭배의 굴레에서 쉽게 벗어나지 못했다. 현대인들도 마찬가지다. 우리는 맘몬이 통치하는 세상에 태어나, 맘몬의 물질만능주의로 숨을 쉬며, 맘몬의 가치관을 먹고 자란다. 각종 대중매체를 통해 우리에게 무/의식적

---

7   켈러, 『내가 만든 신』, 17, 20.

으로 전달되는 물질만능주의 사상은 우리의 영혼에 시나브로 뿌리를 내린다. 그리고 "돈이면 다 된다"라는 사상으로 우리의 사고체계를 구축한다. 그 결과 우리는 우리도 모르는 사이에 맘몬의 추종자가 된다. 한평생 맘몬의 영향을 깊이 받는 현대인들은 우리가 생각하는 것 이상으로 이미 맘몬화 되어 있는지도 모른다.

아래는 우리가 맘몬의 후예인지 아닌지를 분간할 수 있도록 돕는 척도이다. 예컨대 솔로몬 쉼멜(Solomon Schimmel)은 현대인의 사고 속에 "더 많은 돈을 벌수록 더 행복해질 것이기 때문에 부에 대한 무제한적인 추구는 결국 우리를 더 행복하게 해줄 것"이라는 전제가 들어있다고 진단했다.[8] 그리고 이렇게 생각하는 현대인을 향해 "돈을 숭배하고 거기에 희망과 신뢰를 두는 것은 우상숭배의 일종"이라고 비판했다. 또 하나의 예를 들어보자. 우리가 여러 가지 선택지들 중에서 하나를 결정해야 한다고 가정하자. 그때 '어느 쪽이 하나님께 더 영광되는지'를 살피기보다 '어느 쪽이 더 많이 돈을 벌 수 있는지'를 따진다면, 우리는 이미 하나님의 자리에 돈을 앉힌 것과 다름없다. "경제에만 영향을 받은 것으로 보이는 특정한 결정 뒤에는 실제 형태의 우상숭배—돈 숭배—가 숨겨져 있다"라는 요한 바오로 2세의 일갈은 우리의 영혼에 경종을 울린다(Sollicitudo Rei Socialis §37). 하나의 예를 더 살펴보자. 톤데는 맘몬의 후예가 만드는 전형적인 변명을 이렇게 표현했다.

---

8   Solomon Schimmel, *The Seven Deadly Sins: Jewish, Christian, and Classical Reflections on Human Nature* (New York: Free, 1992), 166.

우리는 여러 가지 변명―가족에게 안전을 제공한다는 변명, 아이들의 미래를 위해 돈을 모은다는 변명, 우리의 생활방식이 과하지 않다는 변명, 하나님의 백성은 풍성해야 한다는 변명―들로 스스로를 세뇌하며 자신도 모르게 돈을 숭배하고, 돈을 삶의 제단에 올려놓기도 한다.[9]

만약 위에 언급한 예들이 우리의 삶에 나타난다면, 우리는 더욱 적극적으로 맘몬을 탈신해야 한다.

우리가 사는 세상은 돈을 만신전 최고의 신으로 승격시킨 세상이다. 그 어디에도 맘몬 숭배의 안전지대는 없다. 우리가 숨을 쉬는 모든 장소와 발을 딛는 모든 땅이 맘몬의 신전이 될 수 있다. 맘몬 숭배의 위험이 언제나 어디에서나 일어날 수 있다는 의미이다. 그러므로 우리는 수시로 자신을 점검하며 돈이 도구의 자리를 넘었는지를 살펴야 한다. 그리고 이미 맘몬이 된 돈이라면 탈신할 준비를 해야 한다.

탈신 준비하기

지금부터 우리는 우상숭배의 원인으로 작용하는 몇 가지 요소들을 분석해 볼 예정이다(이론의 영역). 그리고 그 요소들을 어떻게 없앨 수 있는지 함께 고민해 보려 한다(실천의 영역). 이론과 실천의 영역을 모두 공략할 때, 효과적인 탈신 작업이 진행될 수 있다.

---

9   Tondeur, *Your Money and Your Life,* Heart Problem?

미리 언급하지만, 맘몬을 탈신하는 작업은 쉽지 않다. 뼈를 깎는 아픔과 불굴의 의지가 필요하다. 아울러 하나님께서 주시는 지혜와 힘이 필요하다. 마치 언약 백성이 칠전팔기하며 이방신들과 싸웠듯이, 그리고 야훼의 능력과 모략으로 이방신들에게 맞섰듯이, 우리도 하나님을 의지하며 맘몬에게 맞서야 한다. 이 싸움은 오직-야훼-신앙의 후예들인 우리가 반드시 참여해야 하는 거룩한 싸움이다. 우리가 반드시 참여해야 하는 이 싸움은 구약의 언약 백성이 싸웠던 싸움이요, 신약의 교회가 싸우고 있는 싸움이다. 그리고 아무리 힘들어도 하나님의 영광을 위해 이겨야만 하는 싸움이다.

맘몬 죽이기

믿음의 결핍

더글라스 스튜어트(Douglas Stuart)는 우상숭배를 구성하는 두 가지 요소가 "믿음의 결핍"과 "다른 신앙"이라고 분석했다.[10] "믿음의 결핍"이란 '우리의 필요를 온전히 채울 수 있는 능력이 하나님께 없다는 불신'을 뜻하고, "다른 신앙"이란 '우리가 하나님이 아닌 다른 신들로부터 필요를 채우려 하는 태도'를 뜻한다. 우상숭배에 있어서 "믿음의 결핍"과 "다른 신앙"은 인과관계로 작용한다. 야훼께서 필

---

10 Douglas Stuart, *Ezekiel* (TPC 20; Nashville, TN: Thomas Nelson, 2004), Ezekiel 6:1-10.

요를 채울 수 없다고 불신할 때, 이방신들을 따른다는 의미이다.

구약성경이 묘사하는 우상숭배도 동일한 인과관계 속에서 발생했다. 예컨대 야훼 하나님께 공급의 능력이 없다고 불신했던 히브리 민족은 이방신들의 영토로 되돌아가려 했다. 야훼께 치료의 능력이 없다고 불신했던 아하시야는 에그론의 바알에게 치료를 받으려 했다. 하나님의 초월성에 대한 믿음의 결핍이 우상숭배의 원인으로 작용했던 셈이다.

현대인의 맘몬 숭배도 마찬가지이다. 우리가 맘몬을 따르는 이유가 무엇인가? 가장 근본적인 원인은 야훼의 초월성을 온전히 신뢰하지 않는 데 있다. 물론 우리의 입술은 야훼의 초월성을 부인하지 않는다. 오히려 야훼의 초월성을 고백하고 찬양한다. 주일날 교회의 회중 기도와 찬양에 자주 등장하는 "전지전능하고 무소부재한 하나님"이라는 표현이 이를 명시한다. 하지만 실제 우리의 행동은 전혀 다른 고백을 할 때가 있다. 이런 괴리감이 존재하는 이유가 무엇일까? 초월자 하나님에 대한 믿음이 우리의 심령 속에 깊이 뿌리내리지 못했기 때문이다. 이처럼 우리의 입술에까지만 닿은 가난한 믿음은 맘몬 숭배의 원인으로 작용한다.

욕심

스튜어트는 우상숭배의 저변에 하나님의 초월성에 대한 "믿음의 결핍"이 있다고 지적했다. 나는 우상숭배의 원인으로 작용하는 또 하나의 요소가 있다고 말하고 싶다. 바로 **욕심**이다. 욕심은 불신과 다르다. 불신은 하나님의 초월성을 의심하지만, 욕심은 하나님의 초월성을 의심하지 않는다. 욕심은 하나님의 초월성을 인정할 뿐만 아니라 하나님께서 우리의 필요를 채우시는 분이라는 고백에 열렬히 동의하기도 한다. 그런데도 욕심은 우상숭배의 강력한 원인으로 작용한다. 그 이유가 무엇일까? 욕심은 불만—'초월자 하나님은 우리의 필요를 채우지만 탐심을 채우지는 않는다'라는 불만—을 낳기 때문이다. 불만은 결코 불만에서 끝나지 않는다. 불만이 쌓이게 되면 욕심에 배고픈 우리에게 그 욕심을 채워줄 수 있는 다른 신을 찾도록 부추긴다. 마치 선악과를 제외한 모든 과일을 허락 받았던 아담과 하와가 선악과를 먹도록 유혹하는 뱀의 유혹에 넘어졌듯이(창 2-3장), 욕심이 낳은 불만은 우리의 탐심을 채워줄 수 있는 맘몬에게 절하도록 유혹한다.

물론 우리는 하나님을 온전히 떠나지 않는다. 단지 하나님을 통해 필요를 채우면서 맘몬을 통해 욕심을 채울 뿐이다. 이와 같은 행위—맘몬과 하나님을 함께 섬기는 우상숭배—는 맘몬만 섬기는 행위보다 더욱 무서운 형태의 우상숭배이다. 두 신을 함께 섬기는 사람들은 대부분 본인들이 오직-야훼-신앙의 소유자라고 착각하기 때문이다. 우리의 주변을 살펴보자. 교회 안에서 하나님과 맘몬을 함께 섬기는 자들이 분명히 있다. 놀랍게도 이들은 본인들이 하나님만 섬긴다고 굳게 믿고 있다. 욕심으로 인한 우상숭배가 불신으로 인한 우상숭배보다 더 교묘하고 위험한 이유가 바로 여기에 있다.

잠언 30장

필요와 욕심 사이에서 위험한 줄타기를 하는 우리에게 잠언 30장은 중요한 방향성을 제시한다. 잠언의 본문에는 우리가 취해야 할 태도와 피해야 할 태도가 무엇인지 명확히 설명되어 있다. 우선 우리가 취해야 할 태도부터 살펴보자.

> [7] 당신께 두 가지 간청을 드리니, 제가 죽기 전에 그것을 이루어 주십시오. [8] … 저를 가난하게도 부유하게도 하지 마시고, 오직 저에게 필요한 양식만을 주십시오. [9] 제가 배가 불러서, 야훼를 부인하면서 '야훼가 누구냐'고 말하지 않게 하시고, 제가 가난해서, 도둑질을 하거나 하나님의 이름을 욕되게 하거나, 하지 않도록 하여 주십시오. (잠 30:7-9, 『새번역』)

본문에 등장하는 기도자는 가난함과 부유함을 모두 거부했다. 그가 부유함까지 거부했다는 점은 매우 중요하다. 대개 우리는 가난함을 거부하는 기도는 하지만 부유함까지 거부하는 기도는 하지 않는다. 오히려 우리는 부유하게 해 달라는 기도를 한다. 하지만 잠언 본문 속의 기도자는 가난함과 부유함을 모두 거부했다. 그 이유가 무엇일까? 가난함과 부유함으로 인해 발생할 수 있는 최악의 경우의 수를 고려했기 때문이다. 기도자는 가난함이 도적질을 낳는 결핍으로, 부유함이 배교를 낳는 욕심으로 이어질 수 있다고 판단했다. 본인의 연약함을 잘 알았던 기도자는 결국 가난함과 부유함을 모두 거부했다. 그리고 제3의 길을 택했다. 적당함, 즉 필요를 구했던 것이다. 스티븐 J. 레녹스(Stephen J. Lennox)의 표현처럼, 본문의 기도자는 "만족할 줄 아는 사람"이자 "언제 '충분합니다'라고 말해야 하는지 아는 사람"이었다.[11] 이와 같은 기도자의 모습은 **맘몬**의 세상에 살고 있는 우리가 본받아야 할 모습이다.

이번에는 잠언 30:15-16을 통해 우리가 멀리해야 할 태도를 살펴보자.

> [15] 거머리에게는 '달라, 달라' 하며 보채는 딸이 둘이 있다. 전혀 배부른 줄 모르는 것이 셋, 만족할 줄 모르는 것 넷이 있으니, [16] 곧 스올과 아기 못 낳는 태와 물로 갈증을 없앨 수 없는 땅과 만족하다고 말할 줄 모르는 불이다. (잠 30:15-16, 『새번역』)

본문에 등장하는 거머리과 사람들은 앞서 살펴본 기도자와 상반된 태도를 보인다. 이들은 필요를 넘어 욕심까지 채우려 한다. 늘 "달라, 달라" 하며 탐심의 영역을 채우려 한다. 그러나 탐심의 영역은 채워도 채워도 만족함과 배부름을 느낄 수 없는 밑 빠진 독과 같다. 그래서 채우면 채울수록 공허함만 쌓인다. 결국 이들은 필요를 채우시는 야훼 하나님께 만족함을 느끼지 못하고 더욱 빠르고 파괴적으로 맘몬에게 달려갈 것이다.

---

11 Stephen J. Lennox, *Proverbs: A Bible commentary in the Wesleyan tradition* (Indianapolis, IN: Wesleyan Publishing House, 1998), 316.

우리의 모습

잠시 우리 자신의 모습을 돌아보자. 우리는 사시사철 목마름, 배고픔, 부족함을 느낀다. 우리는 배가 부를 때도 부족함을 느끼고, 등이 따듯할 때도 부족함을 느낀다. 오늘을 먹고 살 양식이 충분히 있음에도 불구하고 늘 부족함을 느낀다. 우리가 항상 부족함을 느끼는 이유가 무엇일까? 인간의 욕심은 밑 빠진 독과 같으므로 채워도 채워도 만족함을 모르기 때문이다.

맘몬의 세상에 태어난 우리에게는 필요의 영역과 더불어 욕심의 영역까지 존재한다는 사실을 기억해야 한다. 우리는 두 영역 사이에서 위험한 줄타기를 하며 갈팡질팡한다. 게다가 각종 대중매체는 "욕심의 영역을 채워야 영혼이 만족한다"라는 물질만능주의적 사상을 퍼뜨리며 필요를 채우시는 하나님으로부터 우리의 시선을 훔쳐 간다. 우리의 시선이 욕심의 영역에 오래 머무르다 보면 결국 불만이 자라게 되고, 불만을 품은 우리는 욕심을 채워주는 맘몬을 향해 떠나게 된다. 이러한 방식으로 야훼와 맘몬을 함께 섬기는 우상숭배가 탄생하는 것이다.

잠언 30장은 이와 같은 위험을 마주한 우리에게 중요한 지침을 준다. 욕심의 영역을 추구하는 거머리를 누르고, 필요의 영역을 추구하는 기도자를 깨우라는 지침이다. 우리의 삶 속에는 기도자와 거머리가 함께 공존한다. 기도자는 적당함을 간구하는 반면, 거머리는 부유함을 갈구한다. 둘 사이에서 갈팡질팡하다가 종종 넘어지는 우리는 깨어 분별해야 한다. 무엇이 거머리의 욕심이고, 무엇이 기도자의 필요인지 구분해야 한다. 이를 분별하지 못하면 효과적인 맘몬 탈신 작업이 어려워진다.

필요와 욕심 구별하기

사실 필요와 욕심의 영역을 구별하는 일은 매우 어렵다. 사람에 따라 경계선의 차이가 있을 뿐만 아니라, 동일인이라 할지라도 때와 상황에 따라 경계선의 위치가 변할 수 있기 때문이다. 그러므로 필요와 욕심 사이의 경계선을 일반화나 고착화해서는 안 된다. 개인은 본인에게 있는 필요와 욕심의 영역을 구분하기 위해서 수시로 깨어 있어야 할 뿐만 아니라 본인에게 있는 경계선을 타인의 삶에 대입하려는 태도를 버려야 한다. 타인의 경계선을 내게 그대로 적용하려고 해서도 안 된다. 요컨대 필요와 욕심을 구별하는 작업은 하나님과 나 사이에서 일어나는 지극히도 개인적인 맞춤형 작업이다. 그렇다면 효과적인 맞춤형 작업을 위해 우리에게 필요한 부분이 무엇일까?

무엇보다 가장 중요한 부분은 수시로 하나님의 특별계시인 성경 앞에 기도하며 바로 서는 일이다. 성경을 주야로 묵상하며, 그 말씀을 바르게 이해하고 적용할 수 있도록 기도해야 한다. 성경에는 이 세상을 초월하는 하나님의 지혜가 담겨있다. 이 지혜는 우리의 안팎을 우리보다 더 깊이 아시는 초월자의 지혜이기도 하다.

시편 139편을 떠올려 보자. 우리는 이 시편 본문을 통해 야훼 하나님의 전지성에 대해서 살펴봤다. 시편 기자는 야훼께서 자신을 살살이 살펴보셨기 때문에 그의 모든 것을 환히 알고 계신다고 고백했다. 그리고 야훼께서 아시는 범위가 본인의 외적인 부분뿐만 아니라 내적인 부분까지 포함된다고 명시했다. 이는 내가 나를 아는 것보다 야훼께서 나를 아시는 정도가 더 정확하다는 의미이다.

이사야 55장도 이런 사실을 계시한다.

> [8] 야훼께서 말씀하신다. '내 생각은 너희 생각과 다르며 내 길은 너희 길과 달라서 [9] 하늘이 땅보다 높은 것같이 내 길은 너희 길보다 높고 내 생각은 너희 생각보다 높다.' (사 55:8-9, 『현대인의 성경』)

맘몬을 탈신하기 위해 필요와 욕심의 차이를 구별하는 일은 매우 중요하다. 그러나 이를 구별하는 작업은 무척이나 어렵다. 맘몬은 우리보다 더 지혜롭다. 따라서 우리에게는 맘몬을 초월하는 분별력이 필요하다. 이 분별력은 세상으로부터 오지 않는다. 오직 맘몬 위에 계시는 초월자, 그리고 나를 나보다 더 깊이 아시는 초월자에게서 온다.

> 지혜란 야훼께서 주시는 것, 그의 입에서 떨어지는 말로 지식과 슬기를 깨치게 된다. (잠 2:6, 『공동번역』)

> 야훼를 두려워하여 섬기는 것이 지혜의 근본이요, 거룩하신 이를 깊이 아는 것이 슬기다. (잠 9:10, 『공동번역』)

우리는 하나님의 말씀에 지속적으로 자신을 노출함으로써 말씀에 담긴 지혜를 캐내야 한다. 그리고 계시의 근원인 하나님께 기도함으로써 필요와 욕심 사이에 올바른 경계선을 그을 수 있는 힘을 공급 받아야 한다. 복 있는 사람은 맘몬의 꾀를 따르지 아니한다. 거머리의 길에 서지도 아니한다. 스올과 아기 못 낳는 태와 물로 갈증을 없앨 수 없는 땅과 만족하다고 말할 줄 모르는 불의 자리에 앉지도 않는다. 오로지 하나님의 말씀을 즐거워하며, 밤낮으로 그 말씀을 묵상한다. 하나님의 말씀에 세상을 이길 힘과 지혜가 담겨 있기 때문이다. 이를 고려하며 잠언 본문의 가르침을 확장하여 적용한다면 다음과 같다.

> 첫째, 하나님의 말씀에서 필요와 욕심을 구별하는 지혜를 찾을 것
> 둘째, 필요의 영역을 채워 달라고 기도할 것 (내 안의 기도자 깨우기)
> 셋째, 욕심의 영역을 채워주지 말라고 기도할 것 (내 안의 거머리 죽이기)

이와 같은 방식으로 **맘몬**을 탈신하는 작업이 시작될 수 있다.

돈 부리기

맘몬을 탈신하기 위해 우리에게 필요한 또 하나의 작업이 있다. **성경의 가르침대로 물질을 사용하는 일이다.** 물질을 하나님의 뜻대로 사용함으로 맘몬을 탈신한다는 개념은 매우 중요하다. 많은 사람이 필요 이상의 돈을 쌓아 둠으로 개인의 미래와 안전을 보장하려고

한다. 그리고 모아둔 돈의 분량으로 삶의 안정감을 측정하기도 한다. 많이 모이면 평안치가 올라가고, 적게 모이면 불안치가 올라간다는 뜻이다. 만약 우리에게 이런 모습이 나타난다면, 우리의 미래와 안전은 오직 하나님께 달려있다는 성경의 가르침을 기억해야 한다. 그리고 돈이 내 삶에서 맘몬으로 환생하지 못하도록 막아야 한다. 이를 위해 우리가 할 수 있는 효과적인 방법이 있다. 성경의 가르침대로 물질을 사용하는 것이다. 즉, 돈에 부림을 당하지 않기 위해서 돈을 성경의 가르침대로 부리라는 의미이다.

그렇다면 성경은 돈을 어떻게 사용해야 한다고 계시할까? 마이클 J. 윌킨스(Michael J. Wilkins)는 질문의 답을 세 가지로 요약하여 제시했다.[12]

> 1. 가족이 다른 사람들에게 짐이 되지 않도록 돕기.[13]
> 2. 도움이 필요한 타인들, 특히 믿음의 가족들을 돕기.[14]
> 3. 세상에 복된 소식이 전파되는 일을 지원하기.[15]

윌킨스의 요약에 따르면 돈이 사용되는 범위는 개인에게 국한되어 있지 않다. 비록 물질은 개인이 소유하고 있지만, 개인에게 소

---

12 Michael J. Wilkins, *Matthew* (Grand Rapids, MI: Zondervan, 2009), 304.
13 살전 4:11–12; 살후 3:6–15; 딤전 5:8.
14 잠 19:17; 행 11:27–30; 롬 15:25–27; 고후 8:1–15; 갈 6:7–10, 엡 4:28, 딤전 5:3–7.
15 고전 9:3–14; 빌 4:14–19; 딤전 5:17–18.

유된 물질이 사용되는 범위는 개인을 넘어 믿음의 공동체로 확장된다. 그리고 믿음의 공동체를 넘어 세상으로까지 확장된다.

놀랍게도 '개인 → 믿음의 공동체 → 세상'으로 흐르는 돈의 방향성은 세상을 품으신 하나님의 마음이 향하는 방향성과 일치한다. 하나님께서 개인에게 물질을 허락하신 이유에는 당연히 개인의 안녕이 포함되어 있다. 그러나 허락의 이유에 개인의 안녕만 포함되어 있다고 생각해서는 안 된다. 개인에게 소유된 물질은 개인의 안녕을 넘어, 안녕하지 못한 가족들, 안녕하지 못한 타인들, 그리고 안녕하지 못한 세상을 향해 뻗어 나가야 한다. 이것이 우리에게 물질을 맡기신 야훼 하나님의 의도이다. 옆으로 뻗어 나가야 할 물질이 위로만 쌓이게 될 때, 그 물질은 바벨탑이 된다. 하지만 바벨탑은 무너져야 한다. 행여라도 우리가 은연중에 바벨탑을 쌓고 있다면, 성경의 가르침대로 물질을 사용함으로써 바벨탑을 무너뜨려야 한다. 돈으로 쌓아 올린 맘몬의 바벨탑이 무너질 때, 우리는 물질만능주의라는 현대적 우상숭배에서 벗어날 수 있다.

우리의 노력

기억하자. 돈은 하나님의 도구이다. 도구는 하나님의 뜻대로 쓰일 때 가장 아름답다. 만약 우리가 하나님의 초월성을 불신하거나 필요 이상으로 채우려는 욕심을 키운다면, 돈은 우리 안에서 맘몬으로 환생한다. 이를 막기 위해서 우리는 하나님의 계시를 통해 개인의 필요와 욕심의 영역을 구별할 수 있는 지혜를 공급받아야 한다. 그리고 하나님께 필요를 채워 달라는 기도와 더불어 욕심을 죽일 수 있는 힘을 달라고 기도해야 한다. 아울러 성경이 계시하는 방법대로 돈을 사용함으로, 내 삶의 주인이 맘몬이 아니라 하나님이라는 사실을 고백해야 한다. 이렇게 다방면으로 노력할 때, 우리는 보다 효과적으로 맘몬을 탈신할 수 있다.

물론 맘몬을 탈신하는 작업은 결코 쉽지 않다. 우리가 살고 있는 세상은 이미 맘몬의 지배를 받고 있기 때문이다. 어쩌면 맘몬을 탈신하려는 시도 자체가 세상의 중력과 관성을 역행하려는 무모한 도전처럼 보일 수 있다. 그렇기에 오직-야훼-신앙을 물려 받은 우리는 더욱 열정적으로 맘몬을 탈신해야 한다. 우리가 맘몬의 문화에 편승하지 않고 삶에서 맘몬을 탈신할 때, 우리의 참된 주인이신 하나님께서 영광을 받으신다.

고대 근동 시대의 다신관을 역행했던 언약 백성을 떠올려 보자. 특히 수많은 노력을 통해 이방신들을 탈신하려 했던 구약성경의 저자들을 기억해 보자. 그들은 당시의 주류 신학이 만들었던 다신관을 따라 살지 않았다. 오히려 다신관을 역행하며 주류 신학에 맞대응했다. 태양신과 달신을 하나님의 권세 아래 완전히 종속시켰고, 이방의 오그도아드를 존재에서 흔적으로 강등시켰으며, 아세라를 두 번이나 죽이기까지 했다. 성경의 저자들이 이처럼 적극적으로 탈신을 감행했던 이유가 무엇인가? 그것은 바로 오직-야훼-신앙을 보존하고, 그 신앙을 후대에 물려주기 위함이었다. 그들의 숭고한 노력으로 인해 구약성경에 뿌리내린 오직-야훼-신앙은 신약성경이 계시하는 삼위일체 하나님을 향한 성도의 지조와 절개 속에서 꽃을 피웠다. 이제 구약의 오직-야훼-신앙은 신약의 오직-삼위일체 하나님-신앙을 통해 우리에게 맘몬을 탈신할 것을 요구하고 있다. 즉, 성부 하나님의 영광과 성자 하나님의 은혜, 그리고 성령 하나님의 내주하심을 기억하며 삶의 모든 영역에서 맘몬을 탈신하라고 가르치고 있다. 구약의 언약 백성이 뼈를 깎는 아픔을 참으며 탈신을 감행했듯이, 이제 신약의 성도들도 최선을 다해 탈신을 감행해야 한다.

독자들이여, 하나님께서는 오늘도 남은 자들을 찾고 계신다. 하나님의 영광을 위해 맘몬의 가치관을 역행하려는 남은 자들, 하나님의 영광을 위해 삶의 모든 영역에서 맘몬을 탈신하려는 남은 자들, 하나님의 영광을 위해 맘몬의 거머리를 죽이려는 남은 자들, 하나님의 영광을 위해 내 안의 기도자를 깨우려는 남은 자들, 하나님의 영광을 위해 돈의 개념을 재정립하고, 삶의 필요와 욕심을 명철하게 구별하며, 돈을 거룩하게 사용함으로 돈을 부리려는 남은 자들, 그리고 이 모든 과정이 하나님의 도우심을 떠나서는 결코 이루어질 수 없음을 깨달아 하나님의 말씀과 지혜를 간절히 구하는 남은 자들 말이다. 이와 같은 남은 자들을 통해 오직-야훼-신앙은 오직-삼위일체 하나님-신앙에 담겨 다음 세대로 흘러갈 것이다.

정리하기

맘몬 탈신하기

우리는 현대의 만신전에서 신들의 신으로 기능하고 있는 맘몬을 탈신하는 방법을 살펴봤다. 차례대로 요약하자면 다음과 같다.

1. 고대 근동 시대와 마찬가지로 현대에도 인간에게 신처럼 기능하는 요소들이 있음을 이해하기.
2. 신으로 기능하는 많은 요소들 중 돈이 신들의 신(맘몬)의 자리에 위치함을 이해하기.
3. 맘몬의 물질만능주의가 우리의 사고체계 속에 깊이 들어와 있음을 이해하기.
4. 맘몬을 향한 우상숭배의 저변에는 불신과 욕심이 자리하고 있음을 이해하기.
5. 우리에게 야훼의 초월성에 대한 불신이 있는지 살펴보기.
6. 우리에게 필요를 넘어 탐심을 채우려는 욕심이 있는지 살펴보기.
7. 나의 심령을 조명해 주는 하나님의 말씀에 지속적으로 노출되기.
8. 하나님의 말씀을 통해 필요와 욕심 사이에 있는 경계선을 수시로 찾기.
9. 하나님께 가난함과 부유함이 아닌 적당함을 달라고 기도하기.
10. 물질을 성경의 가르침대로 사용함으로 돈을 도구로 부리기.

이렇게 이론과 실천의 영역을 꾸준히 공략할 때에야 비로소 우리는 맘몬을 탈신할 수 있다.

우리가 나아가야 할 방향

우리가 기억해야 할 부분이 있다. 제5장은 다수의 사람에게 신들의 신으로 기능하는 맘몬을 탈신하는 방법만 다루었다는 점이다. 우리가 탈신해야 할 대상은 맘몬 이외에도 많다. 맘몬은 환생한 신들로 구성된 현대의 만신전에 속한 하나의 신일 뿐이다. 만신전에는 다수의 다른 신들도 포함되어 있다. 군사력으로 환생한 전쟁의 신, 외모지상주의로 환생한 성의 신 등도 모두 탈신의 대상이다. 그러므로 우리는 하나님의 특별계시인 성경을 통해 다른 신들에게 대적할 수 있는 지혜와 지식을 지속적으로 공급받아야 한다. 그리고 하나님께 기도함으로 세상을 이길 힘을 공급받아야 한다. 그렇게 내 삶에 역사하는 신들을 하나 둘씩 찾아내 탈신하며 내 삶의 모든 영역을 하나님께 돌려 드리는 일이 오직-야훼-신앙의 후예인 우리가 참여해야 하는 거룩한 싸움이다.

물론 이 싸움은 결코 쉽지 않다. 실제로 하나님의 자기 계시를 온 몸으로 목도한 언약 백성조차도 수없이 넘어지는 과정을 거쳤다. 신들의 세상 속에서 오직 한 분의 신만 따르는 일은 탈고대 근동적인 신앙을 요구하는 일이었기 때문이다. 하지만 그들은 결코 포기하지 않았다. 오래 참고 기다리시는 야훼 하나님과 함께 삶의 영역에 깊이 들어와 있는 이방신들을 하나씩 탈신하며 칠전팔기의 자세로 싸웠다. 그 결과 언약 백성은 오직-야훼-신앙을 굳건히 붙드는 탈고대 근동적 민족으로 거듭났다. 언약 백성의 지고지순 오직-야훼-신앙이 하루아침에 형성되지 않았듯이, 우리의 지고지순 오직-삼위일체 하나님-신앙도 하루아침에 형성되지 않는다. 가난한 신앙이 부유한 신앙이 되기 위해서는 큰 노력과 많은 훈련이 필요하다. 그 과정에는 넘어짐, 아픔, 땀, 눈물이 동반된다. 그리고 넘어지면 일어나고, 무너지면 다시 세우는 칠전팔기의 도전 정신이 필요하다. 바로 그와 같은 과정을 통하여 하나님을 향한 우리의 신앙이 점점 더 부유해진다.

다시 한번 기억하자. 하나님께서는 오늘도 당신의 사람을 찾으신다. 하나님을 사랑하기에 그분의 말씀을 주야로 묵상하는 자들, 하나님을 사랑하기에 내 삶에 환생한 신들을 의지적으로 찾아내어 거부하는 자들, 하나님을 사랑하기에 다른 신들을 열정적으로 탈신하는 자들, 하나님을 사랑하기에 세상의 문화에 편승하지 않는 자들, 하나님을 사랑하기에 미련한 자로 취급 당하나 그것을 영광으로 알고 감내하는 자들, 바로 이런 남은 자들을 통해 오직-야훼-신앙은 다음 세대로 이어질 것이다. 그리고 그 남은 자들의 무리 중에 우리 또한 포함되기를 진심으로 소망한다.

탈박제 작업의 이유

이제 마무리할 시간이 되었다. 우리는 탈박제 작업이라는 커다란 목표를 안고 여기까지 함께 왔다. 탈박제 작업의 목적은 암기의 영역에 고착되어 있는 "전지전능하고 무소부재한 하나님"을 이해의 영역에서 마주하는 일이다. 이 과업이 필요하다고 판단했던 이유는 하나님을 교리적으로 암기하는 일에는 빨랐지만, 하나님을 성경을 통해 이해하는 일에는 게을렀던 내 자신의 모습이 한국 교회 안에서 반복되지 않기를 바라는 염원 때문이었다.

탈박제 작업과 예배

암기를 넘어 이해의 영역에서 하나님을 만나는 일은 매우 중요하다. 우리는 하나님을 이해하는 만큼 하나님을 예배할 수 있다. 하나님을 얕게 이해하는 자들은 하나님께 얕은 예배를 드린다. 하나님을 깊이 이해하는 자들은 하나님께 깊은 예배를 드린다. 만약 우리가 하나님을 전심과 진심으로 깊이 예배하기를 원한다면, 우리를 전심과 진심으로 깊이 예배하게 하시는 하나님을 만나야 한다. 이 만남은 암기의 영역에서 일어나지 않는다. 오로지 이해의 영역에서만 일어난다.

예배는 결코 강요할 수 없다. 그 누구도 우리에게 예배를 강요할 수 없다. 강요를 통해 드려지는 예배는 하나님께서 기쁘게 받으시는 예배가 아니다. 예배란 지극히 작은 피조물이 형용할 수 없이 거대한 창조자 앞에 섰을 때, 그리고 벌레보다 못한 죄인이 은혜와 사랑의 구원자 앞에 섰을 때, 영혼으로부터 불가항력적으로 터져 나오는 존재의 행위이다. 이와 같은 행위는 성경에 계시된 하나님을 이해의 영역에서 만날 때 시작된다. 결국 탈박제 작업은 초월자 하나님을 바르게 예배하기를 원하는 모든 성도에게 필요한 과업인 것이다.

탈박제 작업의 방법

탈박제 작업은 단시간에 끝낼 수 없다. 구약성경은 고대 근동 지역에 살았던 일차 독자에게 익숙한 요소들—당시의 세계관, 문화, 언어, 사상—을 통해 하나님의 초월성을 계시했다. 이 요소들은 성경의 저자와 일차 독자 사이에 공유되었던 상식이지만, 성경의 이차 독자인 현대인에게는 매우 생경한, 그래서 따로 공부하지 않으면 알 수 없는 연구의 대상이다. 우리가 성경을 읽을 때마다 커다란 의미의 공백들을 만나는 이유가 여기에 있다. 성경과 우리 사이에 놓인 의미의 공백들은 효과적인 탈박제 작업을 위해 반드시 넘어야 하는 벽으로 작용한다.

우리는 이 문제를 극복하기 위해 고대 근동 시대의 배경지식을 최대한 복구하며 구약성경에 접근했다. 고대인들은 신들의 세상에 살았다는 점, 자연과 신은 동일하게 여겨지지 않았다는 점, 신과 신상 사이에는 중요한 차이가 있었다는 점, 오직-야훼-신앙은 탈/비고대 근동적인 신앙이었다는 점, 언약 백성의 신앙은 하나님의 자기 계시에 기인했다는 점, 언약 백성의 율법은 맹종이 아니라 믿음을 요구했다는 점, 언약 백성 사이에도 신앙의 차이가 있었다는 점, 성경의 저자들은 다신론에 맞서기 위해 많은 노력을 기울였다는 점 등은 우리가 고대 근동의 눈으로 야훼 하나님을 볼 수 있도록 안내했다. 그 결과 의미의 공백들로 인해 가려져 있던 전지전능하고 무소부재한 하나님께서 이해의 영역에서 서서히 모습을 드러내셨다.

선순환 구조

이를 통해 우리에게 유의미한 변화가 찾아왔다. 선순환 구조―이해의 영역에 들어오신 하나님께서 암기의 영역에 계신 하나님께 생기를 불어 넣고, 암기의 영역에 계신 하나님께서 이해의 영역에 계신 하나님을 연상시키는 구조―가 형성된 것이다. 이제 우리는 "무소부재하고 전지전능한 초월자"라는 표현을 듣고 더 이상 찰나의 하나님, 단면의 하나님, 흑백의 하나님을 떠올리지 않는다. 대신 고대 근동의 세계에서 당신을 초월자로 위풍당당하게 계시하셨던 영원의 하나님, 입체의 하나님, 오색의 하나님을 떠올린다. 이처럼 탈박제 작업은 우리에게 하나님에 대한 이해를 넓혀 주었고, 그 결과 하나님을 향한 우리의 예배에 깊이를 더해 주었다.

끝이 아닌 시작

물론 본서에서 진행했던 탈박제 작업은 하나님을 알아가는 여정에 있어서 빙산의 일각일 뿐이다. 우리에게는 아직 갈 길이 많이 남아 있다. 암기의 영역에 박제된 하나님은 우리가 상상하는 것보다 훨씬 더 크다. 이를 명심하며 우리는 한평생 탈박제 작업에 힘써야 한다. 하나님을 이해하는 깊이와 너비가 지속적으로 넓어질 수 있도록 최선을 다해야 한다. 어제보다 깊은 오늘의 예배, 오늘보다 깊은 내일의 예배를 위해 나아가야 한다. 비록 하나님께서 우리를 아시는 만큼 우리가 하나님을 다 알 수는 없겠지만, 목마른 사슴이 시냇물을 찾듯이 우리도 거룩한 예배를 향한 갈증을 느끼며 생수의 근원이신 하나님을 찾아야 한다. 우리의 삶을 구성하는 모든 영역에서 하나님을 향한 '일편단심 민들레'와 같은 예배가 일어날 때까지 우리는 쉬지 않고 구도자의 길을 걸어야 한다.

하나님의 약속

독자들이여, 하나님께서는 당신을 간절히 찾는 자를 만나 주시겠다고 약속하셨다. 이 약속은 오늘날 우리에게도 유효하다. 구하면 주시겠다고 약속하신 하나님, 두드리면 열어줄 것이라고 약속하신 하나님을 붙잡고 그분을 간절히 찾아보자. 그러다가 행여라도 인생의 여정에서 우리가 마주할 기회가 생긴다면, 그동안 우리를 만나주신 하나님에 대한 이야기로 함께 대화의 꽃을 피워보자. 모세를 전율시키셨던 하나님, 다윗을 노래하게 하셨던 하나님, 엘리야를 감동시키셨던 하나님, 그리고 우리의 기도에 응답하시는 전지전능하고 무소부재한 초월자 하나님을 말이다.

그 날이 오기를 학수고대하며 여기에서 펜을 놓는다.

신들과 함께: 고대 근동의 눈으로 구약의 하나님 보기

초판1쇄   2023. 12. 20
저자   이상환
편집자   박선영 서요한 이판열 이학영 정유경

발행처   도서출판 학영
이메일   hypublisher@gmail.com
총판처   기독교출판유통

ISBN   9791198268488 (03230)
정 가   19,000원